名师名校名校长

凝聚名师共识
固化名师关怀
打造名师品牌
培育名师群体

顾明远题

思意数学教学论

林 伟 著

吉林出版集团股份有限公司
全国百佳图书出版单位

图书在版编目（CIP）数据

思意数学教学论 / 林伟著. — 长春：吉林出版集团股份有限公司，2022.11

ISBN 978-7-5731-2762-4

Ⅰ. ①思… Ⅱ. ①林… Ⅲ. ①中学数学课－教学研究 Ⅳ. ①G633.602

中国版本图书馆CIP数据核字（2022）第220959号

SIYI SHUXUE JIAOXUE LUN

思意数学教学论

著　　者　林　伟
责任编辑　李　娇
装帧设计　言之凿

出版发行　吉林出版集团股份有限公司
地　　址　吉林省长春市南关区福祉大路5788号
邮　　编　130000
印　　刷　北京政采印刷服务有限公司
电　　话　0431-81629968
邮　　箱　11915286@qq.com

开　　本　710 mm × 1000 mm　1 / 16
印　　张　19.5
字　　数　330 千
版　　次　2022 年 11 月第 1 版
印　　次　2022 年 11 月第 1 次印刷

书　　号　ISBN 978-7-5731-2762-4
定　　价　58.00 元

循理致思
思则林泉
天籁
因数得意
意则磊落
奇伟

二〇二二年
壬寅初冬

PREFACE

序 言

以“思”为核，以“意”为魂，发展数学核心素养

——写在《思意数学教学论》出版之际

（代序一）

进入新时代，随着基础教育课程改革的不断深化，核心素养成为基础教育的核心关键词。随着2017年各科普通高中课程标准和2022年各科义务教育课程标准的颁布，发展学生学科课程核心素养也成为学科教学的核心目标。作为一门基础学科，数学在形成人的理性思维、科学精神和促进个人智力发展中发挥着不可替代的作用，数学素养是现代社会每一个公民应当具备的基本素养。而数学教育，特别是基础教育阶段的数学教育，承载着立德树人的根本任务，发挥着素质教育的功能，它能帮助学生掌握适应现代生活和进一步学习必备的数学知识、技能、思想和方法，发展数学核心素养。

在近期颁布的《义务教育数学课程标准（2022年版）》中，将“三会”（会用数学的眼光观察现实世界、会用数学的思维思考现实世界、会用数学的语言表达现实世界）作为基础教育阶段数学课程的核心素养的统领。核心素养的培养要落实到教学中，如何在数学教学中落实发展学生的“三会”，也将是数学教学的核心任务。对此，林伟老师32年的数学课堂教学探索和研究给我们以启示，其“思意数学”教学正是发展学生数学核心素养的有效途径。

“思”就是思考、思辨、思维和思想，“意”就是意象、意境、意蕴和意义。

“思意数学”以“思”为魂，以“意”为核，融思之规律、意之方法，思意于一体，让感性与理性相长、知性与悟性交融，是培养学生数学思维能力与核心素养的数学教育。1933 年，傅种孙先生曾在其《高中平面几何》的编辑大意中提出几何学习不仅要“知其然”“知其所以然”，还要知道“何由以知其所以然”。“思意数学”的核心就是要“何由以知其所以然”，就是要以问题为引领、以思维激发为主线、以数学意境为学习路径、以生活情意为学习动力，从数学思想、数学方法和数学情感入手，以境生情、以境启思、以思寻意，构建“融思之规律、意之方法，思意于一体”的学习过程，从而分析数学现象，揭示数学规律，激发和引领学生探究解决数学问题，促使学生知识的掌握、能力的培养、素养的发展。

本书是林伟老师“思意数学”教学思想的全面总结，林伟老师从“思意数学”的理论依据出发，详细介绍了“思意数学”的基本内涵，包括“思意数学”的核心理念、学理原点、课型体系、架构系统、基本流程、实施模型、导向指引、评价标准等。作为本书的核心部分，林伟老师给出了“教材—教师—学生”三位一体的“思意数学”教学设计结构，把教材表现为活动，通过问题引导系统，引导学生思维，结合具体教学案例，从十五个方面阐释了“思意数学”的教学实施策略，并结合概念课、定理课、习题课、复习课、讲评课、课题研究课等几方面，给出了具体实施的教学设计案例。其教学实施既有理论性，又有操作性，可供教师们研究借鉴。

回看林伟老师的教学历程，从一位普普通通的乡村教师到中学正高级教师、二级教授、国家“万人计划”教学名师、“苏步青数学教育奖”获得者……林伟老师的这些成绩都是他实实在在“学”“研”“行”的结果。从 1990 年开始，他先后开展了“学导法教学”“三二六课堂教学”“四主五环节目标教学”“三段五步教学”“思维学导式教学”“思维表达型课堂教学”“思意数学教学”的实践研究与探索，逐步形成“数学思维教学”和“数学意蕴教育”相结合的

“思意数学”教学思想。正如他自己所说：“尚学”滋养了其气质，让专业知识更厚重；“勤研”使其探索奋进，使专业能力更精进；“砺行”让其扎根课堂，使专业素养更厚实。同时，他还充分发挥名师的示范引领作用，其“思意数学”教学思想不仅在深圳，在广东，乃至全国都有重要影响。

除了担任数学老师，林伟老师还是学校副校长，主持名师工作室工作。他一直喜欢教学研究，能把自己的实践经验转化为研究成果，并对我国的数学教育和教学发挥作用，通过数学教学培养学生的数学素养，培育学生的理性精神，发挥数学教育的育人功能。在此也愿我们广大的数学教研员和数学教师像林伟老师一样，热爱数学教育教学研究，为我们共同的数学教育理想贡献自己的一份力量。

李海东

2022 年 5 月 4 日

以境启思，以思寻意

（代序二）

有幸与林伟老师认识并多次一起研讨、交流，他对教育教学的执着追求让我感动，他幽默、深刻的语言给我留下了深刻的印象。

林伟老师坚持30多年的“思意数学”教学研究与实践，高站位制定数学教学理念和目标：以境生情，以境启思，以思寻意；高价性重构数学课型体系和内容：单元课型系、主题性课型系和统整性课型系；高赋能构建数学教学范式和策略：概念课教学范式、定理课教学范式、习题课教学范式、复习课教学范式、讲评课教学范式和课题研究课教学范式；高标准制定数学教学评价内容和要求：有知识、有思想、有生活、有方法、有境界。引导学生在做中学、学中思、思中行，为促进学生素质全面发展做出非常有益的探索，并且取得明显的成效。

林伟老师提出了“思意数学”的教学主张，并且不断地实践探索，开辟了数学教学的新思路，克服了“重形式呈现，轻课标落实”“重知识学习，轻情感体验”“重教师展示，轻学生学习”。从课时设计走向大单元“七大重构”：内容的重构，关注学科知识的结构化；学情的重构，设计脚手架帮助学生突破；目标的重构，通过基础性的知识技能进行意义建构的学习目标；评价的重构，从对学习的评价到促进学习的嵌入式评价；结构的重构，以大主题或大概念统整下真实情境的“整体—部分—整体”任务活动结构方式；任务的重构，以任务引导、统领整个单元学习活动；作业的重构，设计了分层分类适合的作业。“思意数学”教学从情感入手，关注学生，达成“三维目标”，打造有温度的课堂；将教学内容整合主题化，层层递进，引导学生对话主题并进行深入的思考与探究，打造有深度的课堂；将教学手段多元化，改进“教”与“学”的方式，打造有效度的课堂；注重价值引领，培养学生数学学科核心素养和思维品质，促进学生个性全面和谐发展与良好人格的养成，打造有高度的课堂。其彰显的是一种智慧，更是一种境界。从“思意数学”走向“思意教育”，不断释放出数学教育独有的魅力。

林伟老师的著作中有不少教学改革的做法和成功经验，也不时闪烁着教育的智慧。我相信，用心阅读和体会的广大一线教师和数学教育工作者都将获益匪浅。

吴有昌

2022 年 5 月 6 日

启思寻意，思意融合

（代序三）

我和林伟老师相识于 8 年前（2014 年），那是第一次请他到深圳大学师范学院担任教育硕士论文答辩评委。在答辩过程中，通过林老师的提问与点评，我能够感觉到他是一个勤于思考、热爱数学教学与研究的一线教师。后来，林老师偶尔也会请我给他工作室的学员做讲座，在这个过程中，我也发现林老师对数学教学的研究在逐步深入。最近，当他把这些年的研究所得写成书稿交给我看时，我很是震惊。作为一名管理者，他能够 30 多年如一日执着地进行数学教学研究，并在研究中确立自己的教育主张，对“思意数学”不断探索与实践，取得一系列的研究成果，并形成一个体系，实在是难能可贵的。据我了解，他的这些成果对解决中小学数学教学中存在的一些问题起到了很好的作用，已经得到了推广应用，在省内外产生了较大影响。

针对当下数学教学中课型单一——重技能轻思维、教法单调，重教轻学、评价单一——缺少对育人功能的评价，林伟老师构建了“目标、内容、实施、评价”四位一体的教学实践模式。“思意数学”教学就是以问题为核心，以数学现象具体“意境”为学习路径，以贴近学生生活“情意”为学习动力，设计符合学生的教与学的学习路径，从数学智能、数学情感和数学方法入手，以境生情，以境启思，以思寻意，以“思”为魂，以“意”为核，构建“融思之规律、意之方法，思意于一体”的教学模式，提出了解决问题的具体方案，并结合具体案例进行说明，对中小学数学教学有很好的指导价值。

纵观整本书的内容，“思意数学”教学研究有以下几个亮点：

一是唤醒了教师的教学意识，发展教师的教学素养，提高学生学习质量。“思意数学”教学理论的构建是要经历一个较长时间的不断反复实践、提炼与总结表达的过程。教师在研究和实践中转变教育理念，获得理念的提升、理论的突破和实践的检验，对备课、教学、教研和教师成长共同体的建设都起到了很好的作用。

二是“思意数学”教学主张的提出，是以名师工作室为载体，以课题研究为主线，有计划、有步骤地研究与探索——

凝练出“思意数学”核心理念：以境生情，以境启思，以思寻意。

探索出“思意数学”的“六大特征”，即整合性、双主性、开放性、实效性、创造性和反思性。

探索出“思意数学”的“六种属性”，即认知性、情感性、实践性、交流性、创新性和互长性。

探索出“思意数学”的“四大原则”，即导学性原则、启思性原则、情意性原则和育人性原则。

探索出“思意数学”的“三大课型体系”，即单元课型系（概念课、定理课、例题课、复习课、讲评课、课题研究课）、主题性课型系（知识技能渗透课、思想方法提炼课、思维方式训练课、核心素养系统课）和统整性课型系（数学问题解决课、数学方法指导课、学习工具掌握课、数学人文教育课）。

探索出“思意数学”的“八个要素”，即教学要关注点、量、度、序、法、情、时、率等要素。这些要素分别与教学内容（点、量）、教学形式（度、序、法、情、时）、教学效率（率）相对应。

探索出“思意数学”的“六大教学范式”，即概念课、定理（公式）课、例题（习题）课、复习（专题）课、讲评课和课题研究课。

探索出“思意数学”的“十五大教学策略”，即引疑创境、归纳理线、思维迁移、情感焕发、缘文释道、诱发会学、思维拓展、以题带本、思维点拨、美育渗透、循序渐进、思维技巧、题组运用、激趣质疑、创新思维的教学策略。

探索出“思意数学”的课堂评价标准，即有知识、有生活、有思想、有方法、有境界。梳理了“教—学—评”一体化评价标准。

三是“思意数学”教学理论更好地促进了学校的跨越式发展。“思意数学”教学以思维为核心，充分发挥教与学的内在功能，体现了“问题—思维过程—数学素养—教学质量”的倾向，引导学生在做中学、学中思、思中行，促进其素质全面发展的教育教学模式，从而优化了教学思路，优化了教材组合，让学生在自主学习的过程中提高了发现问题、提出问题、分析问题和解决问题的能力。

本书对“思意数学”教学理论进行了较好的构建，并结合具体教学内容进行了详细的阐述。中小学教师通过阅读本书，可以对数学教学有新的认识，对数学教学设计有新的理解。同时，我也期待林伟老师继续进行研究，在“思意数学”教学理论的影响下，逐步打破学科界限，实现从“思意数学”向“思意教育”的跨越，不断释放出数学教育独有的魅力。

張文俊

2022 年 3 月 29 日

“思意”的应然

（自序）

2022年2月13日，我受邀作为全国名师联盟《百家讲堂》的主讲人。当主持人介绍我是全国著名教师时，我心里有点儿忐忑，暗暗回忆起我的“思意”成长之路。回溯自己的成长经历，我发现自己对“思意”的认识是由浅入深、由感性到理性、由零散到系统、与“思意”渐为一体的。

思意·生机：一次讲座，一个光环

我的教师生命成长起步于1995年的市师德报告团宣讲会。那天，我在会上做了题为“做一个无愧伟大时代人民教师”的主题演讲。没想到反响特别强烈，我的头上仿佛戴上了光环，我暗暗对“名师”心驰神往，对教学痴迷至极。

自那以后，我认识到拓宽知识面的必要性，体会到“有思想”的重要性。于是，我开始有意识地阅读教育学、心理学和人文科学方面的书籍。同时，我将思考注入课堂，开始了“思维学导式”教学探索，在各级各类研究课和比赛中不断实践、研究、反思和磨炼。在此过程中，我收获广东省两次教学成果奖和一次国家教学成果奖，我深切地体会到了研究、阅读、反思、写作是成长的翅膀这个道理。

思意·生活：一个迷思，一步台阶

记得2002年参加广东省首届高中数学骨干高级研修班学习，在此期间，我听了许多专家的讲座，也查阅了一些专业书籍。虽然自己在课堂教学、高考研究、教师培养等方面取得了一些成果，也将自己的一些看法理成文字发表，但是教学总是停留在经验的基础上，在如何有效组织教学、怎样引导学生思考等课堂教学方法和策略方面研究不足。通过这次学习，我开始关注学生，关注教学内容和教学形式的有趣，关注教什么、怎么教，开始思考孕育适合自己的教学范式。如何提出自己的教学主张，对此我一直感到迷茫，如同怎样用一条金线把自己教学的一点一滴穿起来变成有价值的项链一样。为了解决这个问题，我开始大量查阅文献，请教专家，观摩反思公开课，主动承担课题研究，深入研究课程……慢慢地走出迷茫的我，仔细收集、不断沉淀自己在教育生活中感受到的点点滴滴。

2006 年我参加广东省第三批“百千万人才工程”名师培养对象研修，其中有一个学习任务要求学员提炼自己的教学风格或教学主张。这次研修活动为我打开了新的研究之门，让我找到了问题的突破口。

后来，我通读了各个阶段的高中数学课程标准，这为我的教学理念找到了依据——高中数学课程以学生发展为本，落实立德树人的根本任务，培养和提高学生的数学核心素养。课程面向全体学生，使得人人都能获得良好的数学教育、不同的人在数学方面得到不同的发展，让学生获得进一步学习以及未来发展所需要的必备能力和关键品格。我想这些就是数学教育的核心和根本。

于是立足课程群的研究，结合自己在研究的课题，我走上了一条“学习—实践—反思—写作”之路。在全力构建“思意数学”的路上，我有了一次次思考、一番番实践、一份份反思、一项项成果。自那以后，尤其是研修硕士和博士期间，我终于明白了：所谓成果，原来是全身心投入教育生活的自然回报，在成长路上，思意生活是一种教育生活，也是教师成长道路上的必然样态。

思意·生长：一路磨炼，一番涅槃

打开研究思路的我，在思考、实践、表达中继续前行。记得 1996 年学校通知我参加广东省青年教师教学比赛，并邀请市教育局教研员到学校来指导教学，教研员对我说：“把数学思维与认知情感结合起来上课。”于是我就请教学校数学科组长，也是我当时读中学的数学老师，跟他一起磨课、备课、说课，然后上课、试讲，让大家听课，并提出意见，不断修改，研究如何把情感和思维融入课堂的每一个环节。从那之后，不论备课、上课，或者是研究，“思维·情感”这几个字一直伴随着我。直到2014年，广东省普通高中数学职务培训期间，省里要求我上一节录像课作为示范公开课，这也是我在已经评上正高级教师之后的一节面向全省数学教师的公开课。广东第二师范学院数学系主任语重心长地对我说：“林正高，你就把自己的风格和特色展现出来。”在备课时，我认真地思考“我希望学生在课堂上是什么样子”，然后思考“自己能为他们做些什么”。教师所有的想法和做法，最终指向的都是学生，我们的课堂教学不仅仅是教知识，更多的是教知识背后的意义，教学就是要引导学生尽量从“有尽”的“思”中解读出“无穷”的“意”来。

在实践中成长，在实践中增长智慧，在实践中凝练教学理念。经过一段时间的实践和梳理，我凝练出“思意数学”教学思想，并做了一些有意义的探索：“思意数学”的认知性、情感性、实践性、交流性、创新性和互长性，强调了教学目标定位适度、教学内容重构适合、教学方法选择适当、学习指导介入适时、作业训练匹配适量、过程测试评价适宜。在此基础上，逐步物化了一批成果：“思意数学”课堂构建，“思意数学”六种模式，“思意数学”课型构建，“思意数学”评价标准，“思意数学”教学理论与实践路径等。

构建“思意课堂”的“六真”“六求”“六精”，即真情真意，研究教材寻求精心；真情实意，学情分析力求精细；真心真意，教学设计应求精良；真心诚意，教学实施追求精准；真情实感，教学评价广求精确 ；真心实意，教学管理谋求精致。

思意·生命：一群身影，一份追求

何谓名师？要成为名师，首先要做到“站起来是一座山，内心充满激情和自信”；其次要做到“坐下来是一本书，有丰富的内涵，能让人读而不烦”；最后要做到“躺下去是一条路，能帮助别人和引领别人”。

非洲有一句谚语：“如果你想走得快，就独自行动。如果你想走得远，就结伴而行。”自2012年成立广东省林伟名师工作室以来，我以“思意数学”为载体，带着工作室学员们一起磨课、一起备课、一起说课、一起登台上课、一起研讨……在这些活动中，我发现了一个个代表着“民主精神”的身影：有兢兢业业的奉献者；有认认真真的求知者；有不断创新的开拓者；有在教坛饱经风霜的苍松；有在教研方面蓬勃萌动的新秀……名师工作室将这些“民主精神”化身的学员的智慧集中在一起，研究“思意数学”的内涵、模型、框架、属性、课型、路径、课程……“思意”究竟是什么？我再次思索这个问题。我想：“思意”是一种精神，是以学生生命发展为使命的精神追求，是教育者的一种生命自觉，也是团队成长的共生之力。

一路走来，随着对教育的理解逐步深刻，我将更加坚定地扎根于教育的沃土，更加真切地触摸教育的脉搏，不懈思索和追求教育的本质。做一名教师，除了要有高度、厚度，更要有宽度和温度，我将继续用“激励人、培养人、影响人”来指引自己今后的工作。以理想照亮航程，做“眼中有光”的新教师；以担当彰显力量，做“肩上有责”的新教师；以品行展示风采，做“心中有爱”的新教师；以行动书写育人答案，做“手上有法”的新教师。

林 伟

2022 年 3 月 21 日

CONTENTS

目 录

下篇 “思意数学”之教学实践

绪　论

追梦："思意数学"人生

时光荏苒，见证芳华，从我走上讲台到现在已经有 32 个年头了。32 年的时光里，密密麻麻地记载着我生命中最美好的青春岁月，让我留恋，让我难忘，更催我奋进。它是承载着我梦想的"思意"之旅。与孩子们为伍的日子里，我感受着喜悦和幸福，心怀感恩之情。孩子们澄明清澈的眼睛、天真单纯的心灵给我带来的愉悦，更加坚定了我将此生奉献给所从事的教育事业的信念。时光悠悠，几多风雨，几多欣喜，那些鲜活而丰盈的经历仿佛就发生在昨天。

一、梦想——涉足讲坛，让专业方向更坚定

曾几何时，我想成为一名画家，用多彩的画笔描绘美好的生活；也曾想笔下生花，在当代中国文坛上开拓出一片属于自己的天地。奇怪的是，在诸多的选择中，我唯独没有考虑过教师这一份职业。我最终被一所师范院校录取，我以积极向上的心态去面对。既来之，则安之，不负青春、不负韶华。随着时间的推移，我慢慢地感悟到"为人师表"的意义和价值。

教育是神圣而崇高的，引领着我一路前行，终生不悔，由于对教育事业和对学生的挚爱，使我能审视与认识自我，平衡好家庭与事业的关系，在物欲横流的时代里，甘守清贫，愿为人梯。32 年来，我立志从教，热爱学生，积极进取，勤于教研，为传道授业解惑而不懈努力。

为人师表要具备跨学科知识和面向未来的意识，才能肩负起历史的重担，才能担负起培育复兴和发扬光大华夏之人才的责任。20 世纪 90 年代我也有"下海"和转业的想法，但父亲极力反对，他希望我子承父业，也许这就是缘

分吧，源于对学生的热爱，从而坚定了我执着无悔、奉献终身的教育事业。在讲台上的这份满足和充实，我感觉到了教师是精神上的富有者，见证莘莘学子的成长与蜕变，被毕业多年的学生记在心间，这不就是最简单的精神满足和快乐吗？还有什么理由轻易放弃呢？人生充满了机遇和选择，然而当“下海弄潮”之风从我身边刮过的时候，我意识到这些勇敢的弄潮儿与坚守教师梦的我一样值得被尊重，也更加坚信了我的人生坐标就定在这三尺讲台上，这里有我的事业。

二、尚学——滋养气质，让专业知识更厚重

1988 年，我考上了师范院校，这也是人生最好的读书时期。我遨游在知识的海洋里，重新构建知识体系。除了课堂上学习教育学和心理学之外，我经常在学校图书馆阅读大量教育理论书籍，将书中触动我的内容记了一本又一本的读书笔记，也开始对教育科研产生了浓厚的兴趣。从此我对学习和研究“情有独钟”，这些为我专业发展注入了持久的动力，成为我生命中不可或缺的一部分。

1990 年 8 月，我被分配到离县城最远的渔港小镇上教书。其实，面对纷繁浮华的社会，身边有太多的诱惑常常会使人迷失自我。但是，从踏上讲台起，我就下定决心要当一名好教师，当一名“学者型”教师。我不断思索着做一名合格的教师应当从哪里开始，我曾经苦思冥想，却不得其解，当我读到“君子有三忧：弗知，可无忧与？知而不学，可无忧与？学而不行，可无忧与”时，我豁然开朗——获得教育的知识与信息、技能与能力以及实践经验是做好教师工作的基础。

成功绝非偶然，而是要有深厚的储备。正如苏联的苏霍姆林斯基所说：“教师所知道的东西，就应当比他在课堂上要讲的东西多 10 倍、多 20 倍，以便能应付自如地掌握教材，到了课堂上，才能从大量的事实中挑选最重要的来讲。”真正的成功之路遥远而艰辛，只有储备充足，厚积薄发，方能成就一番事业。这种“成功心理”始终催促我朝着这一方向努力，也是我寻求自我发展的内在动力——追梦的自觉性带给了我前行道路上不竭的力量和信心。

爱因斯坦说：“人的差异产生在业余时间。”我不是一个特别聪明的人，也

没有特别的过人之处。如果非要说出自己的特点，那一是比较用功，二是有独立思考习惯。30 多年来我很少休过节假日，大部分时间都用来读书、学习、研究和写作。我自费订阅了十几种刊物，购买了 3000 多册各类书籍，通过剪贴、笔记等形式积累了很多本教育教学资料，读书也成为我生活中的一部分。

陶行知先生说过："惟其学而不厌，才能诲人不倦；如果天天卖旧货，索然无味，要想教师生活不感觉到疲倦是很困难的。""三更有梦书当枕，半床明月半床书。"我非常喜欢读书，希望自己能体会这种读书的快乐，把读书变成一种习惯，也感觉到教师学习和阅读的重要性。多年来，学习和阅读使我认识自己、发现自己、提升自己。读一本书就如登上一层楼，研究一个问题就像开阔一部分眼界，我除了自学之外，也充分利用每一次外出学习的机会提升自己，我深深地意识到持续的学习使我站得高、看得远。与此同时，我为自己制订了一套自学计划。每次出差到外地，第一时间去一趟新华书店，学校阅览室成了我常去的地方，在图书馆的时光过得飞快，经常一坐就是半天，查阅资料，学习思考，设计修改教学设计……因为我要求自己把每节课都上成精品课，为实现这个目标，多少个寂静的夜晚，我都伏案研读，既与孤独为伍，也与快乐做伴，因为我深信，春耕夏耘，必将迎来硕果累累的金秋。

此外，我在工作中对自己有八字要求：学习、研究、实践、提高。只有适应知识的迅猛发展，才能做一名符合时代要求的人民教师。在不断的探索和学习中，我发现并归纳了完善自我的四种途径：

第一，需要认真学习教育教学理论。为了最快地了解教育教学的最新信息，我先后购买了 3000 多册教育理论书籍并订阅了 10 多种教育教学杂志。我通过学习吸收，丰富了我的知识认知体系，为提高教学质量夯实了基础。与此同时，我不断地参加新的研修和学习。2000 年，我参加了广东省首届数学教师骨干班学习，经过一年的学习，我对自己有了新的认识，也有了提升。2006 年至 2009 年，我又参加了广东省"百千万人才工程"名师培养对象高级研修，三年的磨炼，充实了自己的知识储备，进入了更深层的数学空间，从此构建了"思意数学"的研究框架。2011 年，我又被深圳市教育局选派赴北京大学参加校长后备班学习。后来，我又继续进修了法国布雷斯特高等商学院数据科学与教育管理硕士和美国内尔学院教育学博士。我十分珍惜每一次学习提高的机会，在学习期间，我认真补充专业知识，查找相关资料，聆听专家讲座，拜访专家学者，并阅读大量的教育教学学术专著。这种经历和体验，奠定了我的数学专业基础，提升了我的教育教学水平，也为梳理自己的教育教学思想积淀了丰富的素材。

第二，在学中教，在教中学。我既学习了前人和名师的教育教学精华，又在实践中不断地充实和提升自我。1996 年 11 月，为了参加广东省青年数学教师优质课比赛，我认真研究教学大纲，精心整合教材，细心处理知识点，有机渗透数学思想方法，有序组织课堂教学，有效落实核心素养，有层次地提高学生能力。我还前往市教育局教研部门求师请教，虚心请教经验丰富的教师。在他们的指导下，“同类项”这节课荣获了广东省青年数学教师优质课评比三等奖。通过这样在做中学，我学到了名师的宝贵经验，也把自己学到的东西应用于实践之中，从而加速了自己专业的成长。

第三，面对挑战，勇于实践。从事教育工作以来，我一直承担着较重的教学任务、班主任工作和行政管理工作，还担负着数学奥林匹克的辅导任务。虽然每天忙忙碌碌很辛苦，但是我现在非常感谢各级领导给我的任务和压力，如此才让我有了今天的成绩，是他们让我在实践中得到了锻炼，使得我迅速进步与成长。30 多年来，我不知道先后参加了多少次各级各类评优课，做公开课、研究课，我从来都没有推辞过和抱怨过，我认为这些都是一个教师专业发展的很好的锻炼机会。因此，每一节课我都是认真对待，全力以赴。不管是哪一种类型的公开课，在准备过程中，不管是对教材、教法、流程和教具等，还是一个手势和表情的配合，我都不断研究与探讨、反复琢磨和推敲。我也就是在这种磨炼中和大量的实践中提高了自己教育教学的水平，发展了自己的专业技能。

第四，在实践中总结，坚持写教学反思。教师写教学反思就是为了记录每一节课的得与失，总结教学中的经验与教训，同时也记载学生思维的障碍以及学生学习的得与失。因此，我尽可能写教学反思，这有助于我反思教学过程中的成功与失败，有利于今后改进教学方式，丰富自己的教育教学经验，提高专业和学术水平。

学习凝聚力量，没有厚积就没有薄发，没有深入就没有浅出，因为它凝集了巨大的能量。今天我之所以能在教育、教学、科研、管理等方面取得一点小小的成绩，首先归功于我的不断研究、实践和学习。

三、砺行——扎根课堂，让专业素养更厚实

教师的成长于课堂开始，教师靠课堂立身，教师的职业幸福主要来自课堂。课堂实践就是一位教师专业知识和技能的实践。课堂教学是“术”，专业研究是“学”；唯有“学”有专攻，才能“术”有所用。“学”“术”兼并，才能掌握专业与教学的平衡；“知”“行”合一，才能完成理想与实践的统一；“道”“路”并行，才能实现教学理想的愿景。教学就是要引导学生尽量从“有尽”的“思”中解读出“无穷”的“意”来。

教师的教育教学行为是由教育观、教学观、世界观以及价值观来决定的，教师素质直接影响着学生的成长。因此，我们要树立立德树人的思想，不断学习新的教育教学理论，更新教育教学观念，引导学生积极主动探究和获取知识，把核心素养落实到教学之中，培养学生良好的思维能力和意志品质。

（一）在处理“教与学”的关系中扮演“双重角色”，增强能动性

教师正确处理“教与学”的关系时要扮演好“双重角色”。一是扮演好“教”的角色。教师不仅要做学生获取知识的领路人，还要做学生人生规划的领航人。因此，教师不但要领悟课程标准、透彻理解教材、灵活处理教学、熟练驾驭教材，还要帮助学生树立正确的人生目标。二是扮演好“学”的角色。教师要考虑学生的能力水平、年龄特征和实际情况。以学生的角度去准备新的学习内容，对教学中可能会出现的问题和困难要有一定的预见性，并积极寻找解决问题的方法和对策。教师在教学中“扮演”双重角色的目的，就是调动和发挥学生的主观能动性，使师生的思维“同频”和教学同步，从而激发学生主动学习的动机和兴趣，促进学生知识与能力的和谐发展。

例如，在对椭圆的定义进行教学时，先引导学生仔细观察教具演示的过程（画出椭圆），让学生观察到什么是动的、什么是固定的、哪些量在变、哪些量不变。从而由学生归纳出：①F_1、F_2 是定点；②$|PF_1|+|PF_2|=$定长；③P是到 F_1、F_2 的距离之和等于定长的动点，从而很自然地概括得到椭圆的定义，并让学生自己描述出来。在此基础上放手让学生建立直角坐标系，自己推导出椭圆方程：$(a^2-c^2)x^2+a^2y^2=a^2(a^2-c^2)$，教师仅在令 $a^2-c^2=b^2$ 的地方稍做点拨，椭圆的标准方程就出来了。

（二）在知识发生的过程中渗透数学思想方法，培养能力

目前，数学教学中重知识、轻能力，重模仿、轻创新和“满堂灌”的现象还比较多。在教学过程中，我注重培养学生的参与意识，发挥学生的主体地位，让学生探究知识，经历知识的形成过程，而不是简单地把结论过早地抛给学生。我注意引导学生自觉地动脑、动口、动手，多给他们思考的时间和活动的机会，让他们敢于质疑、提出问题、大胆探索、发表见解，让学生在学习知识的过程中发展能力，成为学习的主人。在探索知识的形成过程中，渗透数学思想方法，引导学生自我获取知识的同时，让学生掌握抽象与概括、分析与综合、比较与类比、归纳与演绎等数学思维方法，让学生理解数学价值。数学思想方法是连接数学知识和数学能力的纽带和桥梁，我们要让学生从中学到基本的数学思想方法，提高思维能力。

如教学“复数”时，贯穿整个教学过程的思维主线是：①复数与实数的区别与联系；②解决复数问题的基本方法——转化为实数问题。

本课三大内容的关系是概念→运算→应用（包括解方程、解决几何问题等）。

在教学中，每一内容都要突出主线，同时，要注意三角知识的恰当应用及数形的结合。

因此，教师的讲课重点应放在引导、观察、分析上，也就是指导学生想问题，知道拿到一个问题时从哪想，第一步是什么、第二步是什么，循序渐进。如这样一道题：已知圆锥曲线方程是：$\frac{x^2}{m}+\frac{y^2}{3-m^2}=1$，离心率是$\sqrt{3}$，求曲线的焦点坐标。这道题的思路是，已知离心率$e=\sqrt{3}$⇒曲线是双曲线⇒有文字需要讨论⇒变标准方程⇒应用离心率的公式。

在解题时，要提倡通法，淡化特技。通法体现了思维的共性，以一道题带一类题，使学生把注意力放在问题的分析上，从而达到事半功倍的效果。

例如，我在1996年参加了全校青年教师评优课，在“指数函数”一节中，注重了“数形结合”的思想渗透教学。设计问题情境让学生分析理解指数函数的概念。学生在这一活动中经历了一个有价值的探索过程，也就是通过几个特殊案例归纳总结出数学的一般规律；同时，让学生运用数学语言表达自己的发现结果。在探索中，了解学习指数函数的意义，通过应用知识解决问题感受到学习数学的价值，这种数学思想反映了客观事物深层的内在联系，反映了“数与形”这一对矛盾与统一的辩证规律，从而给学生以形象思维、直观思维的启示。这节课受到了前来听课的全市兄弟学校教师的一致好评。后来，这一节课在中国教育电视台展播。因此，我认为在教学中挖掘和渗透数学思想，就是给了学生一把打开知识宝库、启迪思维的钥匙。知识使学生受益于一时，思维和方法将使学生终身受益。

我将注重培养学生思维和方法的理念渗透在数学课堂中，在课堂中探索并实践，在此期间，得到的认可也带给我不懈探索的动力。我执教的“同类项”这一节课荣获了广东省青年数学教师优质课评比三等奖，后来又一次参加“三讲一上一评”竞赛课时荣获了第一名。我执教的“导数在函数中应用”和“空间几何体的结构”在深圳市中小学优质课例视频资源征集及在线展播活动中荣获“优质课例视频质量奖”，其中“空间几何体的结构”这一节课由九洲音像出版公司出版并向全国发行。“高考中的三角函数”这一节课被作为广东省普通高中数学培训示范课。“椭圆及其标准方程”这一节课被中央教育电视台评为一等奖。

学生在课堂中不断地收获和成长，也正是他们的成长让我不断进步。我教的学生参加 1994 年、1995 年广东省高中毕业会考，合格率达到 100%。我与其他教师一起辅导学生参加的全国祖冲之杯数学竞赛、华罗庚杯数学竞赛、湛江市数学竞赛、全国高中（初中）数学联赛先后有 100 多人获奖。我教的学生参加 1996 年中考，数学平均分超 120 分，优秀率达 65%，比湛江市平均分高出 50 多分。我教的学生参加雷州市统考，数学平均分为 86.7 分，优秀率达 83.8%，比雷州市平均分高出 20 多分，优秀率高出 50%。2000 年，我执教的高三（1）班有 3 人突破 700 分，32 人考上本科；2003 年，我执教的高三（4）班上线率达 93.8%，班级数学平均分高于当地重点学校数学平均分；2012 年，我执教班级的学生高考本科率达 100%，重点率达 88.1%；2015 年，我执教班级的学生高考重点率达 100%。

先做合格教师，再做优秀教师。先求共性发展，再求个性发展。教学有法，但法的习得不是一蹴而就的，而是先得“一法”后兼及“他法”，先学“一家”后师法“众家”，然后融众家之长形成自己的风格，就像练书法一样，先“入格”后“出格”。

四、勤研——探索奋进，让专业能力更精进

有一句话:“走别人的路，虽然省力，却很难留下自己的足迹；走自己开辟的路，虽然艰难，却充满着奋斗的欢乐和笑声。”的确是这样，只有创新才能有所突破，只有改革才能谋求发展。我认同“以科研带教研，以教研促教学”，于是，从1992年起，我结合教育教学实际开始进行教育科研课题研究，希望在创新中寻求发展。

记得在1990年，我大学毕业到乡镇中学任教，在听遍全校数学教师的课后，我召开了学生座谈会，找到了学校数学教学质量不高的主要原因。这一阶段，我着重培养学生自学能力，初步构想出“中学数学‘学导法’教改实验”的基本框架。教学中，我采取了三条措施：第一，巧设悬念，诱发思考，激起学生“会学”的兴趣；第二，循思设疑，引导探索，提供学生“会学”的条件；第三，运用规律，培养能力，教给学生“会学”的方法。从激发学生兴趣入手，再搭建脚手架引导学生主动探索，最终使得学生习得方法、提升能力。课堂教学实施了“导向—自学—共议—练习—精讲—自结”的六个步骤。阶段性成果《中学数学“学导法”教改实验报告》获广东省教育科学研究成果奖，并在《数学教育学报》上发表。

1995年，我从乡镇中学调入市重点中学，面对重点中学学生，又结合前一阶段研究的成功成果，开展“思维学导法”教学的实验研究。阶段性成果《以思维为核心，发挥学生能动性，开展“思维学导法”教学的实践》获广东省中小学教育创新成果奖及广东省第一届普通教育教学成果二等奖。研究成果《中学数学“思维学导法”教学研究与实践》在《中国教育学刊》上发表，1998年10月被《中国人民大学报刊资料》全文转载。《数学教学中渗透创造性思维训练的尝试》一文发表在《数学通报》上。

1999年2月，我调任雷州市第二中学，任副校长，分管教学科研工作，主持了湛江市教育科学“十五”普教科研规划项目“培养学生问题意识和问题思维的实验研究”的研究。在此期间，构建了“三二六”课堂教学模式。阶段性成果《构建“三二六”课堂教学模式，提高课堂教学效率的实验研究》在1999年全国第二届教学与管理优秀论文评选中荣获一等奖，2000年4月发表于《承

德师专学报》上。2000 年 8 月又荣获由中国教育学会数学教育研究发展中心主办的第十届全国数学教研年会论文二等奖，并收入年会论文集。

2008 年我主持深圳市教育科学“十一五”规划重点课题“初高中过渡阶段数学学习状况分析及教学探究”，并将其作为研究基础，出版了专著《初高中衔接教材读本》，研究成果《初高中过渡阶段数学学习状况分析及教学探究》获得 2012 年广东省中小学创新成果二等奖和深圳市教育科研二等奖。

2010 年我主持深圳市教育学会“十一五”规划一般课题“新课程理念下的高中数学课堂有效教学的策略研究”（课题批准号：XH056），研究成果《高中数学课堂教学有效策略实践与研究》发表于《教师教育研究》，《实施有效教学策略，提高数学教学效能》发表于《数学教学通讯》，被中国人民大学《复印报刊资料：高中数学教与学》索印。

2012 年我主持广东省教育科研“十二五”规划项目“高中数学的高效课堂教学模式改革研究与实践”，出版专著《基于核心素养的数学教学设计与研究》，该成果获得广东省中小学教育创新成果奖。

2015 年我主持广东省教育研究院立项重点课题“中学数学‘思维学导式’教学的理论研究与实践”，出版专著《思维学导式数学教学概论》，该成果于 2013 年获得第八届广东省普通教育教学成果一等奖。2014 年研究成果《思维学导式数学教学模式的探索与实践》获得国家级教学成果二等奖。

2018 年我主持广东省教育科研“十三五”规划重点课题“高中数学核心素养的教学设计研究与实践”，以省级课题研究与实践为载体，全面培养学生的数学核心素养。《思意数学：林伟数学教学研究》发表于《高等教育前沿》。出版了专著《思意数学——林伟数学教学的研究》。

2021 年我主持深圳市教育科学“十四五”规划 2021 年度课题重点资助课题“‘思意数学’课堂教学设计与实施”，对“思意数学”进一步研究和梳理，构建了“思意数学”理论体系。《思意数学的教学理论探索与实践路径》《“思意数学”的课型构建与课堂教学实践》均被中国人民大学《复印报刊资料：高中数学教与学》全文转载。出版专著《“思意数学”让学生在实践中领悟数学意蕴》，研究成果《“思意数学”教学理论构建与教学实践》获 2021 年广东省中小学创新成果奖。

古语云：“不谋万世者，不足谋一时；不谋全局者，不足谋一域。”我主管教研工作后，把深入课堂听课、帮助教师磨课、自己上引路课、外出看课观摩等，与开发教学案例、总结教学经验和规律相结合，把读书阅刊、同事交流、问题争鸣等学习研讨活动，与总结教学经验、撰写教学论文相结合，把整体教学视导总结、录像或现场教学评优总结、教学质量评估总结、优秀论文评选总结等，与总结教学经验教训、调查教研工作相结合，把设计专题研究方案、实施专题研究、总结专题研究成果，与撰写教学论文、著书立说相结合，把准备教材教学辅导、各种专题教学讲座、骨干教师课堂培训、教学干部培训等讲稿，与著书立说、撰写教学论文相结合……总之，对于任何一项教学工作或上级交代的任务，我绝不敷衍了事，也不仅仅局限于做细做好、高质量完成，而是力争有更高的提升。

有人曾问我：“你为什么在那么忙的情况下，还能做到教学、科研两不误，不但书教得好，而且发表那么多论文，获得了那么多科研成果?”这个问题不好回答，我只能说，就是把平时的学习、工作、研究结合起来，多读书、多思考、多实践、多写作。读是积累，思是加工，做是实践，写是总结。这样就把读—思—做—写统一起来，这是我专业发展的有效途径。

记录平时的点点滴滴，思考教育教学经验教训，长期积累，境界渐高，受益良多。由于平时总是带着问题去实践、去思考、去写作，所以我多读书，学习前人的成功教育，并在实践与写作中加深对理论的理解，养成用理论去指导教育教学实践的习惯。

1992 年 11 月，我的第一篇教学论文《如何培养学生会学》发表在四川的《教育导报》上，时隔 20 多年了，但当时的情景让我终生难忘。因为是我的处女作，我从事教育工作的教学经验变成规规矩矩的铅字，这总令我内心充满喜悦，无比激动。常言道：“失败是成功之母。”其实，“成功更是成功之母”。因为成功更能激发人的兴趣、激情、勇气和信心，更能调动人的潜智。写作是专业成长的着力点，是一种锻炼，是思维运动的防晒剂，是教育经验的升华，从此我笔耕不辍。

我的第一部专著《数学教学论》是在 2001 年，这本书就数学实验、数学思维、复习指导、数学教学、高考研究等方面做了研究与探讨，并且在实践中取得了一些成效。之后便一发不可收拾，在《数学教育学报》《数学通报》《中国教育学刊》等刊物发表论文220多篇，出版专著《思维学导式数学教学概论》《思意数学——林伟数学教学研究》《师者行者——一位正高级教师的教育教学研究与实践》《在研究中寻找数学的真谛》《在实践中积淀教育智慧》《数学教学论》《基于核心素养的数学教学设计与研究》《“思意数学”让学生在实践中领悟数学意蕴》等10部。

五、辐射——示范引领，让专业思想更深远

每次应邀到全国各地讲学，我体会到，这不仅是把自己的教育教学理念进行梳理、凝练、传播和宣传的机会，更是我获得思想交流的机会，向教师、校长们学习，升华自己的机会。每一次外出讲学，从开始备课到制作课件我都一丝不苟，讲学时与学员交流我亦认认真真，每次回来之后进行反思都会发现有了很大的收获，让我找到差距，重构讲课内容，重新认识自我，使我的思想有了新的飞跃。每次学员、教师和校长们的评价、掌声、合影、签名也让我感到荣幸和莫大的鞭策和鼓舞，激励我不断前行。

这些年来，我先后去过全国各地讲学。我跑大城市，也跑小城市，我给校长、教师讲过《新高考背景下探索新型学校发展新路径》《追求卓越之路》《名师成长的新境界》《名师工作室品牌建设和行动实践》《全国卷数学高考命题与复习设计》《自主招生的探索与思考》《教会学生学会思考》《高效教研活动，凝聚教育智慧》《如何进行课题设计》《课题研究成果的提炼与表达》等150多个专题讲座，这些讲座受到了大家的欢迎。

2018年4月13日上午，我在广东第二师范学院给新一轮广东省“百千万人才工程”名师培养对象讲题为《高效教研活动，凝聚教育智慧》的专题讲座。有学员这样评价——

这场讲座于我而言，简直就是饕餮盛宴！我惊讶于小小个子的林伟教授竟然蕴蓄着巨大的能量和智慧！我还惊讶于一位数学老师竟然有如此深厚的文学功底！我更惊讶于已有如此成就的老师依旧保持对教育教学的激情和动力！

2018年12月17日，我为重庆市第二期高层次人才高级研修班讲题为《名师工作室品牌建设与行动实践》的专题讲座。重庆市合川中学高中英语教研组组长、正高级教师陈书元老师现场点评吟诗一首：

江城子·杏坛星

——致深圳市第二实验学校正高级教师林伟

高山流水遇知音，浅声吟，扶瑶琴。
倩语琴丝，流转入青云。
字字珠玑弦尽诉，催人进，动我心。
翰林卓伟杏坛星，点迷津，去雾尘。
高山仰止，向往丽景行。
阳光雨露润万物，育桃李，满园春！

学员及同行对我的肯定和赞许让我深深感动，我也从中体会到教育梦想之旅所给我带来的幸福和喜悦，我始终坚信：名师是做出来的！机会是自己创造的！不努力哪来机会？没有计划哪来变化？为学而教，不教之教。

作为广东省名师工作室主持人，又为广东省名师工作室主持人、广东省“百千万人才工程”名师培养对象、广东省骨干教师培训对象、教育部影子校长做讲座，我的确有一种自豪感。被多所大学特聘为兼职教授与青年学生交流，确有一种别样的滋味在心头。

工作室于2012年成立以来，以研修项目为载体和平台，构建学习共同体，并逐渐形成影响。我工作室先后承担了如下的研修项目：教育部影子校长培训项目、广东省校长培训项目、广东省新一轮“百千万人才工程”名师培养对象培训项目、广东省高中（初中）数学骨干教师培训项目、广东省普通高中教师职务培训项目、广州市名师培训项目、深圳市名师培训项目、肇庆市名师培训项目、河源市名教师培训项目、新疆塔县教师培训项目、贵州省毕节市名教师培训项目、湖南未来教育家培训项目、广西扶绥骨干教师培训项目、广东省后备校长培训项目、参加了“广东省2012年南粤名师大讲堂——走进惠州”送培下乡系列活动、四川省成都骨干教师培训项目、广东省农村教师培训项目、甘肃省陇南地区骨干教师培训项目、广东省农村教师置换培训项目、广东省新一轮名师工作室主持人培训项目、重庆市教育家培训项目、广东省高中数学科组长项目培训项目、广东省乡村骨干教师培训项目、广东省乡村校长培训项目等。

经过12年的探索和实践，工作室成为一个致力于中学数学教育教学研究的团队，以名师工作室为平台，以“思意数学”为主线，以教学、科研、培训为核心，形成了学习与研究共同体，以及一个融科学性、实践性、研究性于一体的研修团队。名师工作室组织开展研究、学习、实践，促进教师在共同体学习中主动发展。工作室本着“高起点、引方向、明目标、搭平台”的服务宗旨，以“建立制度，规范标准；形成机制，攻关难题；立项课题，凝练主张；培养队伍，建设平台；出版专著，形成影响”为目标，致力于构建“共同学习的平台、提升自我的平台、结交朋友的平台”。在工作室中，开设了“理想力课程”“学习力课程”“精锐力课程”“发展力课程”“表达力课程”“协同力课程”“艺术力课程”“创新力课程”“思想力课程”“影响力课程”等课程项目，确定了“名师课堂”“名师观点”“研修在线”“课程引领”“课题研究”“学术讲座”“经典课例”“读书感悟”“跟岗日志”等学习研修项目。

经过多年来的探索和实践，名师工作室研发出一套有效的研修模式——“1－3－5”名师工作室研修模式，该模式具体表现为聚焦1个中心、提升3个能力、落实5个环节，紧紧围绕“自主、合作、探究”为核心构建有效的学习方式，通过5个环节驱动3个核心能力的动态生成。在层层递进、螺旋上升的研修学习过程中，提高教师教育教学及研究力，转变学习方式和教学理念，加速其成为适应新时代发展的卓越教师。该模式的示意图如下图所示。

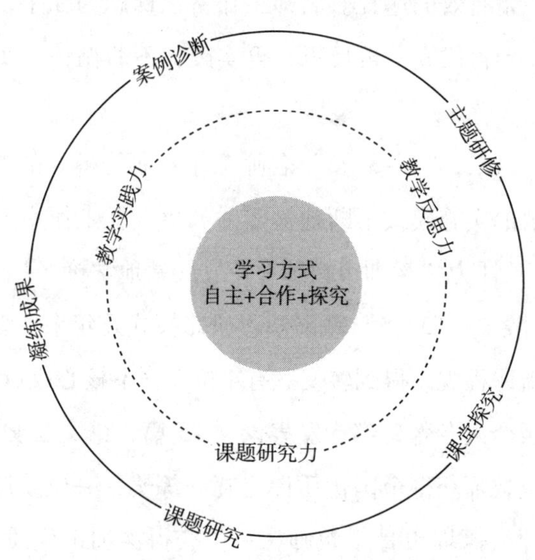

图1 “1－3－5”名师工作室研修模式示意图

“1－3－5”名师工作室研修模式：聚焦1个中心，指跟岗学习研修内容使学员转变教学观念，改变课堂教学方式。倡导自主、合作、探究的学习方式。以提升3个能力为目标，指提升学员课堂教学实践能力、提升学员教学反思能力、提升学员课题研究能力。3个能力的提升，是名师工作室研修的根本目的。学员课堂教学能力的提升是核心，学员教学反思能力的提升是纽带，学员课题研究能力的提升是追求。为实现3个目标，必须落实5个环节，即案例诊断、主题研修、课堂探究、凝练成果、课题研究。具体而言，案例诊断，是通过教育教学诊断与研究自身教育教学实践中的真问题，进而对教育教学实践中的真问题进行研究和改进；主题研修，是通过集体教研，形成学科集体攻关的方向和跟岗学习研修的行动方案；课堂探究，是组织学员围绕研修问题进行专项实验和改革的过程，全员参与备课、说课、磨课、评课、用课，研讨概念课、定理课、习题课、复习课、讲评课、课题研究课的教学策略和模式，共同寻找实现数学高效课堂的有效教学途径；凝练成果，是在课堂教学探究之后，对课堂教学探索中的有效做法和典型经验进行梳理和理性分析，生成有效的课堂教学模式，从而梳理和凝练出适合自己的教育理念和教学风格；课题研究，是促进教师专业发展的一条有效的途径。名师工作室以课题为抓手，通过在课题中研究、反思、实践，到再研究、再反思、再实践，不断循环，实现由经验型向专家型教师转变。

自工作室成立以来，“1－3－5”名师工作室研修模式的概念和内涵不断被丰富和延展，有效的实施模式不断地被实践和落实。工作室3次被评为“广东省优秀工作室”，被评为“深圳市教师专业发展基地学校”“深圳市首届教育科研基地学校”。实践“1－3－5”跟岗学习研修模式几年来，教师实施新课程的思想得到确立，新课程观念得到转变。有4位工作室核心成员主持了省级课题4项。团队成员出版个人专著3部，发表论文15篇，论文获奖10项，课程资源获奖5项。有一位教师获得全国优质课比赛一等奖；一位获广东省优质课竞赛一等奖；一位被评为深圳市骨干教师；一位获得深圳市优质课比赛一等奖；5位教师获市说课一、二等奖。工作室学员专业素养得到持续提高。工作室先后指导培养全省各地89名骨干教师和13名广东省“百千万人才工程”名师培养对象。其中有22位教师被评为中小学正高级教师，9位教师成为新一轮广东省名师工作室主持人，有9位学员评为广东省第九批特级教师。学员出版个人专著6部。多名学员送课下乡，还参加了广东省南粤名师大讲堂系列活动并产生了示范作用，多名学员多次在省内外研讨会上做专题讲座。目前，工作室已成为广东省基础教育的一个品牌。

其中，有一位来自广东省海丰县彭湃中学的学员吕喜文老师跟岗学习之后这样说：

2016年11月21日，有幸见到广东省最年轻的正高级教师、名师、省工作室主持人林伟老师，并随其跟岗学习两周。

激情永燃：生命与激情同在，不随年龄的增长、环境的变化、地位的变化而改变，日积月累而内化为一种精神气质。每天所见到的林老师，都是这样的一种姿态。

张扬个性：特色就是卓越，卓越就是魅力。细心观察，潜心教研；锐意改革，开拓创新。其教学理念：为学而教，不教之教。站在课堂上，您就是数学。

勤勉于行：课堂上的挥洒自如，背后不知有多少不眠之夜；数之不尽的荣誉，背后不知有多少的汗水。

读书养气：精湛的专业知识，开阔的人文视野，有深厚的专业素养。其教育理念：只有让教育适合学生，才能让学生适合教育。值得教育工作者深思。

师者情怀：广交朋友，团队合作；善于沟通，理解他人；聆听意见，无私分享；心有多宽，路有多远。

胸怀高远：谨言慎行，反思超越，自成一体的教学风格，在反思和批判中成长，成就一位名师。

笔耕不辍：勤于学习，述而也作。汲取养分，博采众长，著而精专。

这是我跟岗两周以来所认识的林伟老师。

在平凡的岗位上做着平凡的事情。在雷州从班主任到团委书记，到政教处主任，到副校长、市教育学会副会长、数学学会副会长；在深圳从教学处主任到科研处主任，再到教师发展部主任、校长助理，2018年10月提拔为深圳市第二实验学校副校长兼工会主席，2021年10月调任深圳市第二高级中学副校长，2022 年 7 月中共中央组织部、教育部等八部委联合开展国家乡村振兴重点帮扶县教育人才“组团式”帮扶工作，赴任广西环江毛南族自治县第二高级中学党委副书记、校长，兼任教育局副局长（支教帮扶时间为2 年）。我历经的不同岗位，让我逐渐理解了教育，使我坚定地扎根在教育的沃土，真切触摸教育的脉搏，也见证了我多年对教育的不懈思索与追求。我也先后被评为市教书育人优秀教师、中学教坛新秀、优秀青年教师、优秀团干、十佳青年教师、优秀辅导教师、市拔尖人才、市先进工作者、南粤教书育人优秀教师、广东省师德建设先进个人、全国教育系统劳动模范、全国模范教师（获“全国模范教师奖章”）、第三届全国“十杰中小学青年教师”提名奖，获得奖章和奖杯，在北京人民大会堂受到党和国家领导人亲切接见。两次参加湛江市普教系统师德优秀事迹报告团，到全市五县四区作巡回报告，引起强烈反响。调任深圳之后，我被确定为广东省“百千万人才工程”名教师培养对象。被评为广东省基础教育系统名教师、全国第二届教育创新改革优秀教师、广东省中小学名师工作室主持人、深圳市劳模创新工作室主持人、广东省“特支计划”教学名师、入选国家领军人才（国家“万人计划”教学名师）、深圳市示范性劳模和工匠人才创新工作室主持人、首批“粤派名师”数学学科工作坊主持人、全国优秀名师工作室主持人、全国先进名师工作室、全国名师工作室年度“引领示范奖”、“苏步青数学教育奖”、中国“好老师”等。

我的努力，获得了广泛的认同，多家报纸杂志和媒体单位对我的事迹进行了报道。《中国教育报》、《广东教育》、《师道》、《南方都市报》、《南方教育时报》、《教育家》、《南粤名师》、中央教育电视台、广东卫视台等报刊、电视台先后报道，我的事迹 3 次登上了中宣部“学习强国”平台，教育部将我的事迹收录于《师德启思录》（电视专题片第四集）作为电子教材向全国宣传。《中学数学》《少男少女——教育管理》《天津教育》《数学大世界》《教育教学研究》《教育周刊》《中小学班主任》等杂志对我做了封面人物介绍。

我觉得荣誉是一种肯定，更是一种激励，但荣誉只能代表着过去。归零，是一种最好的状态。因为我是一名普通的一线教师，要永远面对学生，也面对自己的生命，每一天都是鲜活的，每个孩子都是不同的。回顾教师生涯，我也曾获得过许多证书，但最让我难忘的不是证书所给我带来的快乐，而恰恰是那些经过艰辛的努力、付出辛勤的汗水和走过的踏实的脚印，它们深深地刻画在我人生的年轮中，让我久久不能忘怀。我也曾得到过许多赞誉，但最让我难忘的不是赞誉给我带来的快乐，而恰恰是省、市各级领导对我工作给予的支持，他们让我有了克服困难的勇气，使我走过难忘的教育历程；是同伴的支持使我们的工作目标得以实现，也使我成为一名合格的人民教师。

上篇

“思意数学”之理论研究

第一章“思意数学”之研究脉络

“思意”源于我三十多年来的一线数学教学的实践探索。从1990年开始，我先后开展了“学导式教学”“三二六课堂教学”“四主五环节目标教学”“三段五步教学”“思维学导式教学”“思维表达型课堂教学”“思意数学教学”的实践探索，逐步实现由数学思维教学向数学意蕴教育的发展。同时，我在2001年、2006年、2012年和2018年先后参加了广东省首届高中数学骨干教师培训、广东省“百千万人才工程”名教师培训对象培训、广东省名师工作室主持人培训学习，培训中有一项非常重要的学习任务就是提炼教育思想，随着探索和学习的不断深入，我逐步凝练出了“思意数学”教育教学思想，进而通过“思意教育”落地实践。在具体实施中，广东省数学跟岗骨干教师围绕“思意数学”核心理念和方法，组建学习共同体，集体研讨和学习。“思意数学”是工作室正在努力打造和提炼的标志性成果，在前行的路上，工作室践行的“思意教育”内涵被不断丰富和扩展。

追求“思意数学”教育，强调“融思之规律、意之方法，思意于一体”的学科特点，与落实数学核心素养无缝对接，有着广东省“百千万人才工程”导师团队的培养之情、催生之功和指导之力，积极借鉴名家的先进教育思想与先进教育模式的精华，以此持续性地丰富“思意数学教育”教学理论，推进新时代数学课堂的实践。

“思意数学”教学以《中共中央国务院关于深化教育改革全面推进素质教育的决定》的精神为指导，遵循教育教学规律，根据学生年龄特征和身心发展的规律，充分调动学生学习的积极性和主动性。实验目标为探索一条以培养学生的自学能力为主，以发展学生的思维能力为目的，既能减轻师生的过重负担，又能大面积地提高教学质量的新路子，为课堂教学改革提供可借鉴经验。实现以下具体目标：

第一，增强学生的自学能力。通过狠抓“先学后教”的落实，实验班的学生的自学能力有了明显提高，绝大部分学生学习的积极性、主动性得到较好发挥，并养成了自学的习惯，能读懂教材和其他相关材料，掌握科学的学习方法，善于总结自己的学习经验。

第二，增强学生的思维能力。通过狠抓思维训练，大部分学生有了良好的思维习惯，敢于和善于提出问题、思考问题、解决问题。不少学生掌握了分析和综合、比较和归类、抽象和概括、归纳和演绎等基本的思维方法。部分学生具备较强的思维能力和良好的思维品质，具体表现在思维的独立性（善于独立地发现、分析、解决问题）、灵活性（会具体问题具体分析）、敏捷性（解决问题迅速、准确）、逻辑性（推理严密、条理性强）、全面性（能全面深入地思考问题）、批判性（不盲从，善于比较、鉴别）等方面。

第三，减轻师生的过重负担。在实验的起始阶段，教师的负担会相对重一些（备课需要特别充分、实验方法需要摸索、学生的情况需要熟悉、实验方案需要吃透）。但一学期后，教师的负担减轻了一些，随着学生自学能力的提高，教师的负担会更轻。在实验的起始阶段，实验班学生的学习负担并不重于普通班的学生，等到他们具有一定的自学能力后，他们的学习负担会逐渐减轻。

第四，提高教学质量。通过狠抓教学的及时反馈与矫正，提高了课堂教学效率，同时在课堂上注意解决学习的主要问题，实行“小先生制”，使各层次的学生都能学有所得，大面积提高教学质量，师生关系融洽，师生的心理负担减轻，学生在思想品德方面表现良好。

多年来，“思意数学”教学实验坚持以教学实际为主，以课题研究为载体进行教学研究，经历了以下五个阶段：

一、初步研究与实践阶段（1990 年秋至 1995 年秋）

1990 年大学毕业后我被分配到乡镇中学，学生底子薄、基础差，班级内两极分化严重；教师采用以讲代学的“填鸭式”教学模式，学生学不会，教师教不动。面对如此严峻的现实，我尝试以创新课堂教学为突破口，进行课堂教学改革。起草课堂教学改革方案，提交给学校，得到了学校领导的大力支持，进行“学导法”课堂教学实验。路漫漫其修远兮，吾将上下而求索。经过5年的摸索，课堂教学实施了“导向—自学—共议—练习—精讲—自结”的六个步骤，从根本上实现了教师“教”有法、学生“学”得法的双赢目标，摸索出一条适合自己的发展之路。阶段性成果《中学数学“学导法”教改实验报告》获广东省教育科学研究成果奖，并在《数学教育学报》上发表。

在此期间，为了加强学生的自学能力培养，我提出了以下三条措施：第一，学生的自学能力的培养，必须在教师的指导下进行，巧设悬念，诱发思考，激起学生“会学”的兴趣；第二，学生的自学能力的培养，必须有计划、分阶段地进行，循思设疑，引导探索，提供学生“会学”的条件；第三，培养学生的自学能力的方法必须具有可操作性，运用规律，培养能力，教给学生“会学”的方法。从激发学生兴趣入手，再搭建脚手架引导学生主动探索，最终使得学生习得方法、提升能力。

二、不断研究与实验阶段（1995年秋至1999年夏）

1995年的暑假，我被调入环江毛南族自治县高级中学，面对重点中学学生，又结合前一阶段研究的成功成果，聚焦学生的思维能力的培养，如何融入数学思维？以中国教育学会“十五”规划立项课题“中学数学‘思维学导法’教学的实验研究”研究为切入口，我采取了以下五条策略：一是恰当选取培养学生思维能力的教学方法；二是精心构思，设计培养学生思维能力的教学方案；三是创造数学情境，培养学生思维能力；四是加强题目的变式训练，培养学生的发散思维；五是构建学生的知识体系，为提升思维能力提供坚实的基础。实验结果表明，实验班学生的学习兴趣较为浓厚，学习成绩均有较大幅度的提高，自学能力得到了较好的培养，思维能力有所发展，而学生的学习负担并没有增加。

这个阶段初步形成了“思维学导法”教学步骤，具体呈现为“目标导向—激学导思—引议释疑—精练强化—点拨提高—归纳自结”六个步骤。阶段性成果《以思维为核心，发挥学生能动性，开展“思维学导法”教学的实践》获广东省中小学教育创新成果奖，又在中央教育科学研究所主办的1996跨世纪中国教育论坛会议上获优秀奖，并被收入《中国当代教育教研成果概览》，获广东省第一届普通教育教学成果二等奖。《中学数学“思维学导法”教学研究与实践》在《中国教育学刊》上发表，1998年10月被中国人民大学《复印报刊资料》全文转载。

三、扩大研究与实验阶段（1999年秋至2012年秋）

这一阶段分为三个过程：

第一个过程是对雷州市第二中学数学组进行实验研究。1999年2月我调任雷州市第二中学副校长，分管教学科研工作。如何提升学生思维能力？通过以培养学生问题意识和问题思维为抓手，我以主持湛江市教育科学“十五”普教科研规划项目“培养学生问题意识和问题思维的实验研究”的研究为载体，有计划、有目的地开展研究，也很快取得了显著的效果。实验深受广大师生和学校领导欢迎，形成了“三二六”课堂教学模式的六个基本环节，具体呈现为：①基础目标，检测补偿；②交代目标，引导学习；③依据目标，引议释疑；④围绕目标，练习测试；⑤实施目标，精讲点拨；⑥对照目标，分类达标。阶段性成果《构建“三二六”课堂教学模式，提高课堂教学效率的实验研究》于1999年在全国第二届教学与管理优秀论文评选中荣获一等奖，2000年4月发表于《承德师专学报》上，2000年8月又荣获由中国教育学会数学教育研究发展中心主办的第十届全国数学教研年会论文二等奖，并收入年会论文集。

第二个过程是对深圳市第二实验学校数学组进行实验研究。2003年9月，我调任深圳市第二实验学校教学处主任。根据学校实际情况，就学段衔接、内容衔接、教法衔接、学法衔接和思维衔接的问题，在这一阶段进行了数学学科迁移实验，以主持深圳市教育科学“十一五”规划重点课题“初高中过渡阶段数学学习状况分析及教学探究”为研究基础，采取了四条措施：第一，用知识间内在的联系促进正迁移。从整体结构中研究每一局部知识的地位、作用及其间的联系，找出形成该知识系统最基本的概念、原则、思路、方法，并以其为核心，使其向各个方向迁移，从而获得有关新知识。第二，铺路搭桥，实现循序渐进，逐步迁移。给学生制造获得成功这一自我实现的机会，从而唤起学生的积极思维，使学生的知识、技能拾级而上，让学生感受成功的喜悦。第三，化归问题，突破局部，实现迁移。通过突破局部的知识点，从而可以确定未知目标的方法。第四，从多角度去认识同一知识，加速知识迁移。设计好解决方案，如果能找到几种方案，那么应该估计各种方案的难易繁简，选择较好的方案展开实施；或者将各种方案都实施后再去对比各方法的优劣，总结经验。研究成果《初高中过渡阶段数学学习状况分析及教学探究》获得广东省中小学创新成果二等奖和深圳市教育科研二等奖。

第三个过程着重研究如何提高教学效率。为此，我主持了深圳市教育学会“十一五”规划一般课题“新课程理念下的高中数学课堂有效教学的策略研究”，总结出了主体意识、目标意识、情感意识、动态意识、训练意识和反馈矫正意识，以及动机激发策略、设疑促思策略、参与探究策略、差异发展策略、交往互动策略和体验成功策略。研究成果《高中数学课堂教学有效策略实践与研究》发表于《教师教育研究》，《实施有效教学策略，提高数学教学效能》发表于《数学教学通讯》，被中国人民大学《复印报刊资料：高中数学教与学》索印。

四、深化研究与实验阶段（2012 年秋至 2015 年秋）

这一阶段分为两个过程：

第一个过程解决数学课堂教学习题化、解题化，教学方式单一的问题，着重学生非智力方面的探索。实施了四个措施：一是巧设疑，善激思，以适应学生好奇求异心理；二是多变化，找规律，以适应学生喜新求趣心理；三是多鼓励，勤表扬，以适应学生争强求胜心理；四是精讲解，多练习，以适应学生好动求乐心理。同时结合广东省教育科研“十二五”规划 2011 年度研究项目“高中数学的高效课堂教学模式改革研究与实践”的研究，主要从以下几个方面进行探索：一是研究课标，钻研教材；二是降低难度，注意教学内容和方法的衔接；三是转变教学方式，对学生进行分层教学；四是实施有效策略，落实新课程三维目标。总结出深度沟通原则、目标先行原则、因学设导原则、多元反馈原则，以及梳理出概念课教学范式、定理课教学范式、习题课教学范式、复习课教学范式、讲评课教学范式和课题研究课教学范式。该成果获得广东省中小学教育创新成果奖。

第二个过程着重学生情感因素的探索。主要从四个方面实施：一是引用史料，激发感情。运用数学教材中丰富的内容，激发学生的情感，同时能使学生的内心产生丰富的联想。二是创设情境，引发情感。通过幻灯片、录像、图片有声有色的解说，以及问题情境，把学生带入特定的氛围，使学生的内心产生微妙的变化。三是对比联想，丰富感情。对比联想是丰富学生感情的一个方法。可以是同学科内容对比，也可以是不同学科内容对比，以渲染气氛，使学生真切地感受到其思想蕴含，既巩固所学，又教育学生。四是点拨提示，启导感情。通过具体的教学过程，使学生从数学的外在美中领悟出它蕴含的内在美，教师及时给予点拨，使学生的心田受到滋润，能收到陶冶学生情操的作用。同时结合广东省教育研究院立项重点课题“中学数学‘思维学导式’教学的理论研究与实践”的研究，总结了“思维学导式”教学设计六大特点，即指向性、活动性、合作性、探究性、开放性和生成性。进一步梳理出主体参与、创设问题、暴露过程、民主和谐、因课而异、评价激励等教学原则，实施了“十种”教学艺术，即创设问题、暴露过程、巧设空白、激活思维、联想展开、诱导心理、逻辑图表、心理效应、激励点拨和变式延伸。出版了专著《思维学导式数学教学概论》，该成果于 2013 年获得第八届广东省普通教育教学成果一等奖。2014 年研究成果《思维学导式数学教学模式的探索与实践》获得国家教学成果二等奖。

五、创新研究与实验阶段（2015 年秋至 2022 年）

这一阶段分为两个过程：

第一个过程主要是解决数学课堂教学如何落实数学核心素养，以教学设计为抓手，以广东省教育科研“十三五”规划重点课题“高中数学核心素养的教学设计研究与实践”为载体，着重凝练“思意数学”设计策略和课型构建。以课程标准为依据，设计以核心素养为本的教学策略，并在多年来的课堂实践探索中落实学科核心素养，将核心素养的学习目标做更为深入、全面的研究。首先，综合课程标准、教材及学生身心发展特征等，确认新课程理念与具体知识之间的关系，分析学生的基本观念和具体知识方面的发展程度，最终构建以核心素养为“魂”的教学目标；其次，展开以核心素养为“魂”的教材分析，分别对教材内容及学生特征开展分析；最后，设计以核心素养为本的教学策略，包括情境设计、问题设计、小组活动设计和反思策略设计等。具体的实施路径，如图 1-1 所示。

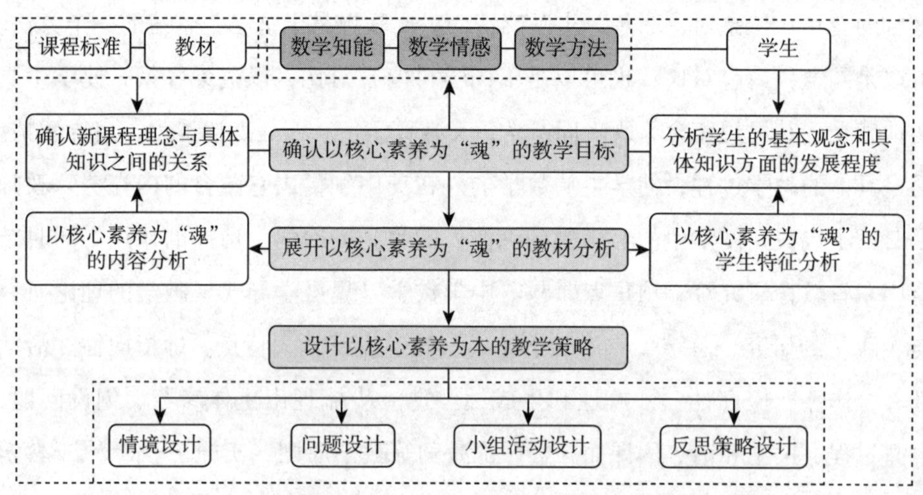

图 1-1　立足核心素养的“思意数学”教学设计模型示意图

设计教材的最终目的就是为了设计教学，“思意数学”教学设计特征强调了整合性、双主性、开放性、实效性和创造性，遵循教学设计目标性原则、导学性原则、互动性原则、系统性原则、启思性原则、情意性原则、育人性原则。因此，要从学生实际出发，充分挖掘教材中的数学知能、数学情感和数学方法。基于上述的流程，立足核心素养的“思意数学”目标，构建“思意数学”的课堂教学系统。

基于一线课堂中的深入探索及研究，构建“思意数学”的课堂教学系统。在“思意数学”教学课型体系的目标指引下，思意数学教学要关注点、量、度、序、法、情、时、率等要素，具体来说，“点”就是教学点（包括了知识点、能力点和非智力因素点）、“量”就是教学容量（包括了授出量、训练量和活动量）、“度”就是教学的度（包括了程度、密度和速度）、“序”就是教学程序（包括了智能的固有序列、学生认知程度和课堂的结构程序）、“法”就是教学方法（包括了教法和学法）、“情”就是教学之情（包括了教学情境、情感和情绪）、“时”就是教学时间（包括了时间分配、时段衔接和时段效率）、“率”就是教学效率（包括了时间利用率、课堂发动率和输出信息接受率）。形成了“思意数学”教学课型体系，包含了单元型课程、主题性课程和统整性课程三大课型系和十四个子课程。

“思意数学”教学设计思路主要包括以下三方面：一是以陈述性知识为主的教学设计。该设计思路主要是让学生提取与回忆重点知识，建立新的认知结构体系，破除新旧知识联系的隔阂。在设计中要体现出学生的活动过程和活动内容，注重学生获取知识的过程。二是以程序性知识为主的教学设计。程序性知识指按一定程序理解操作从而获得结果的知识，是处理事物的一整套操作规程。设计中包括设计思想、教材分析、学情分析、教学目标、过程设计、多媒体及教学实践活动后的反思等内容。三是以策略性知识为主的教学设计。策略性知识不是针对客观事物的，而是个人自身的认知活动。该教学设计是调控自身认知活动的策略，所设计的教学过程必须符合所教学生的实际情况，具有可操作性和实效性。

第二个过程是以深圳市教育科学“十四五”规划 2021 年度课题重点资助课题“‘思意数学’课堂教学设计与实施”为载体，对“思意数学”进一步研究和梳理，探索不同课型的构建以及教学策略，建立了以主动探究、交流与合作为主要特征的学习方式，体现了新课程改革“以人为本”，着眼于学生的发展特色；着重就“学生主体地位的确立”“启发式、导学式、讨论式、问题式教学”“课堂教学模式”“课堂教学原则”等进行深入研究，构建了“思意数学”理论体系。如图 1 – 2 所示。

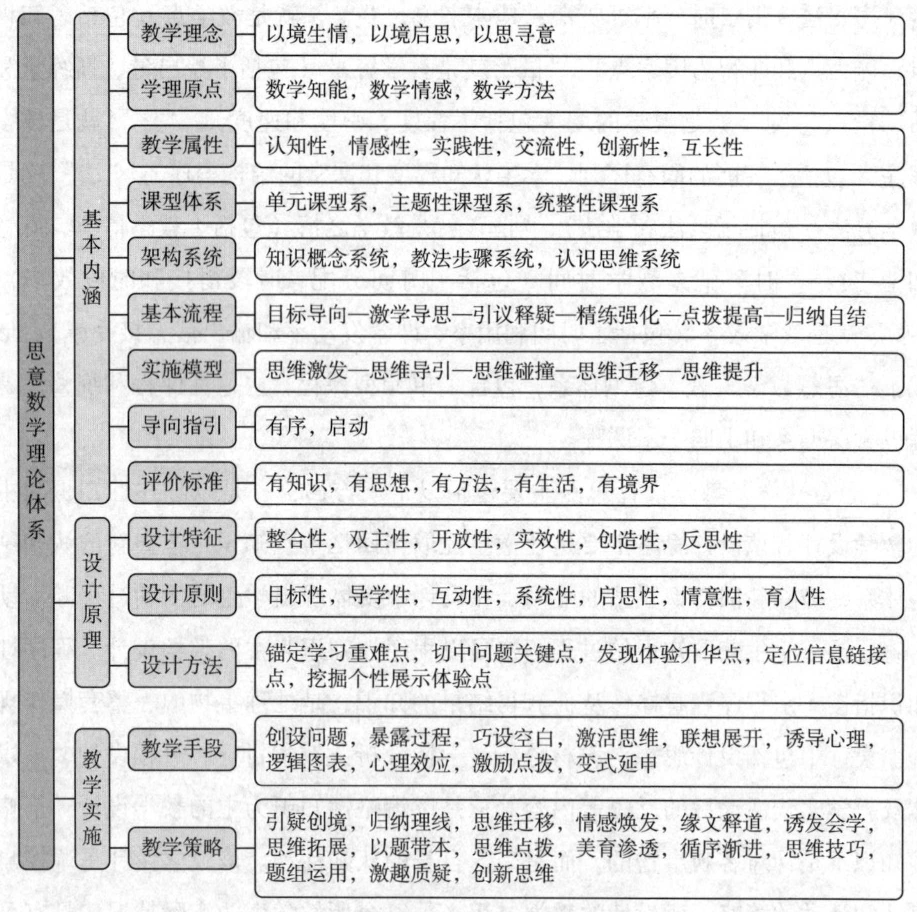

图 1－2 “思意数学”理论体系示意图

经过不断实践和总结、提炼，先后出版了《思意数学——林伟数学教学研究》和《思意数学：让学生在实践中领悟数学意蕴》。发表了 10 篇论文，其中《“思意数学”的教学理论探索与实践路径》和《“思意数学”的课型构建与课堂教学实践》两篇被中国人民大学《复印报刊资料：高中数学教与学》全文转载。研究成果《“思意数学”教学理论构建与教学实践》获 2021 年广东省中小学创新成果奖。

第二章“思意数学”之理论依据

“思意数学”就是以问题为载体，以思维为主线，学生从“思”到“意”的过程，通过学习领悟到数学的意蕴，从而提高学生的数学思维能力而开展教学活动。在“思意数学”课堂中，学生主动地探索数学知识、掌握数学技能和培育数学思维，重点发展学生思维的深刻性、灵活性、创造性、广阔性、敏捷性、批判性。其中，发展思维能力是数学教学的核心，这主要基于以下的理论支撑。

一、思维教学

思维是人类所具有的高级认知活动，是对新知识输入与脑内知识储存经过一系列复杂的心智操作过程。而数学在培养人的聪明才智方面起着巨大的作用。思维教学于20世纪初在美国萌芽，经历50至60年代的蓄势，70至80年代开始受英美两国思维教学运动的影响，从“潜学”成为“显学”，从隐性变为显性的过程。从实践层面来看，“思维技能”教学就是“授之以竿”，“思维倾向”教学就是“授之以饵”，“知识理解”教学就是“授之以渔”。三种取向的思维教学相互联系，层层递进。因此，“思意数学”坚持启发学生揭示数学本质，学以致用，充分暴露思维全过程，将思维外显化，感受数学意蕴和魅力。

我国心理学家林崇德认为，智力是解决某种问题所表现的良好适应性的个性心理特征，思维是智力的核心成分。他认为智力品质表现在知觉上，有选择性、理解性、整体性、恒常性；表现在记忆上，有意识性、理解性、持久性、再现性；表现在思维上，有灵活性、敏捷性、深刻性、创造性和批判性。培养思维品质是发展智力的突破口。

因而，“思意数学”教学实质上是提升数学思维活动的教学，在数学教学中，根据课程标准和“三维目标”的要求，不仅要加强学生对基础知识、基本技能、数学思想方法的理解、掌握和运用，同时，还要培养学生的数学思维能力和思维品质，数学学习的成败取决于学习者数学思维的发展。

二、心理学与脑科学原理

根据心理学原理，理性是按照一种明确的思维方向，对事物进行观察、比较、分析、推理、判断的心理机制；感性是指人的感知、情感、灵感、直觉、想象等心理机制。理性是建立在感性的基础上，感性认识是对事物现象的了解与认识，理性认识是对事物本质的理解与认识。因而，学生学习知识的过程就是一个从感性认识到理性认识的过程。学生有了感性认识，就容易形成理性认识，对学习和理解书本知识就容易了。现代脑科学也告诉我们：人的大脑的两个半球中，左半球主理性思考，右半球主情感活动。因此，教学过程就是师生情感交流的过程。对教师来说，教学目标的确定、教学内容的整合、教学方法的选择与学生互动等都有着情感交流的色彩。同时，对学生来说，教学过程应该是学生主动参与学习的过程，是学生对学习内容、学习方法和学习目标进行自我审视和反思的过程，这个过程就是学生个体情意焕发的过程。

“思意数学”教学就是构建符合学生发展特点的科学的数学教学情境，以“有疑则思”“有趣则思”“有需则思”“有用则思”的思维教学为起点，基于问题，展开思考，培养思维，通过“思要素”“思原则”“思现象”“思规则”的思维过程，感受“思意数学”课堂的数学意蕴。

三、系统论、信息论与控制论

（一）系统论

简单地说，“系统论是关于研究一切系统的一般模式、原理、规律的科学”（《教育研究》，1984 年第 5 期）。根据系统论原理，我们知道，教与学是相互联系、相互作用的一个整体。因此，用系统的方法（运用系统原理和系统观点，从全局出发，对系统内外各种联系及其规律进行系统考察和辩证分析，找出合乎目的并能达到目的的最佳方案方法）来处理教学问题不但是可行的，而且会取得良好的效果。

（二）信息论

简单地说，“信息论是关于研究控制系统中，信息的计量、传递、变换、贮存和使用的规律的科学”（《教育研究》，1984 年第5 期）。我们知道，教学是师生间的多边活动，教学活动就是师生之间、生生之间个人情感和动作的传递、反馈、再生和升华的过程。学生从教材、教师或同学那里得到信息，又通过表情、口头表达、练习、答问、做作业、考试等形式把信息输出给教师。教师根据学生的反馈信息与预定的教学目标的偏差来调整教学过程，有利于促进教学改革，提高教育教学的质量。

（三）控制论

控制论，《教育管理辞典》对其的解释为：“控制论是研究各种系统控制和调节规律的科学。”控制论以各系统所共有的通信和控制问题为研究对象，其任务是探讨各类系统所共有的信息交换、反馈调节、自组织、自适应等方面的共性，进行理论概括和总结，形成一套适用于各门科学的语言、概念、模型和方法。控制论的许多研究对象都是通信和控制系统，而通信与控制是分不开的，（信息）通信的目的是控制，要实现控制就必须有反馈。控制的实质就是应用反馈方法达到增强系统稳定或实现系统目标的目的。教学过程实质上也是通讯和控制的过程，它是一个可控的反馈系统。因此，利用反馈控制方法来研究教学过程是有重大意义的。

（四）“三论”的基本原理

系统论、信息论和控制论三者是相互联系的，其中的概念、思想、方法是相互渗透的。人们在研究通信和控制系统时都离不开系统、信息、控制等基本概念和“三论”的基本方法。查有梁教授认为，把“三论”作为一个整体来看，可以从中抽象出三条最基本的原理，即反馈原理、有序原理、整体原理。（《教育研究》，1984 年第5 期）下面逐一介绍这三条原理。

1. 反馈原理

“反馈”就是信息的反向输送，通过反馈信息才能实现控制。反馈是用系统运动的结果调整系统未来运动的一种自控方法。反馈实际上是一种双向系统，它的通道是一个闭合回路。教学是一种有目的的行为，而有目的的行为是离不开反馈的。教学的反馈就是既可以将教学内容输送出去，又可以把教学内容的作用、结果返送回来，并进行分析、评价、调节。师生双方始终要保持知识信息畅通，以达到教学同步，实现教学优化。教师可以根据反馈信息改进教法，实行因材施教，使教学更有针对性；学生可以根据反馈信息纠正错误，改进学法，从而提高学习效率。因此，教与学不是简单的“教师讲，学生听”这样一个单向的联系，而是教师的“教”指导着学生的“学”，而“学”的结果又影响着“教”。

在运用反馈原理时，应注意以下几点：

第一，教学信息的发送与接收必须保持同步。教学是师生的双边活动，师生双方要协调一致，产生“教学同频”，这样才能取得好的教学效果。因此，教师要把课堂教学组织成师生共同参与的双边活动，把学生看作教学的主体和积极参与者，让学生真正地理解知识、掌握知识。

第二，教学信息的反馈、评价、调控、矫正要及时。教师要努力做到当堂的教学当堂反馈、当堂评价、当堂调控、当堂矫正。要做到这一点，教师必须了解和研究学生。教师在备课时要根据前一个教学过程的反馈信息来确定教学任务，上课时要对学生的学习情况给予及时评价，并及时调整教学方法和进度。

第三，要指导学生进行自我调控。教学过程是教师调控的过程，也是学生在教师的指导下自我调控的过程。学生要进行自我调控，必须及时地获知自己的学习结果，及时地获得矫正性的信息。实验表明，学生在了解学习结果之后，其学习积极性比之前要高得多。因此，教师对学生在课堂上的练习、答问、讨论等情况要当堂给予客观的评价。课外作业及单元考试等的结果也要让学生及早知道。只有这样，学生才能及时地进行自我调整，改进自己的学习方法，从而提高学习效率。

2. 有序原理

“序”是指系统保持自己的整体特性与功能的内部结构方式和运动秩序。在教学过程中，学生的认识能力是发展变化的，学生的情感、意志和思想品德也是发展变化的。教学过程是一个由浅入深、由简单到复杂、由较低级到较高级的发展过程。传统教学体系的弊端之一就是教师只管讲，当书本的传声筒，不会启发学生思维，而学生是被动的信息储存器，学习缺乏思考，不敢发表自己的意见，教学信息得不到交换。这样的系统必然是封闭的，也就是说不可能有序，教学效果也就不可能好。

有序原理告诉我们，教学系统是一个开放、动态的系统，将师生双方纳入这个开放系统中，尽量争取与外界交换有用的信息。根据有序原理，在“思意数学”教学方式中，我们设计了“目标导向、激学导思、引议释疑、点拨提高、精讲精练、归纳自结”的教学流程。

在运用有序原理时应注意以下几点：

第一，要让学生开动脑筋，积极思考。教师要创造条件，让学生有充分的动脑、动嘴、动手的机会。还要鼓励学生发表自己的意见，交流自己的思想。教师要指导学生一边听讲（包括听同学发言）一边思考，一边阅读一边思考，一边练习一边思考。教师还要留有充足的时间让学生进行思考。

第二，要注意知识的系统性、逻辑性和连贯性。教师不仅要熟悉一单元、一课时的教材，还要熟悉一个学期、一个学年乃至整个学科的教材，要掌握知识的系统性、逻辑性和连贯性，再根据学生的知识基础和心理特点，安排好教学的顺序，还要注意采取恰当的教学方法与手段，把教材的知识结构和学生的认知结构统一起来。

第三，要注意知识教学、能力训练及思想品德培养的有序性。传统教学重视知识教学的有序性，却忽视能力培养与思想品德培养的有序性，从而使知识与能力、智力因素与非智力因素失调。学生能力的发展与思想品德的发展也是有顺序的，教师要按照这种顺序，使学生全面、和谐地发展。

3. 整体原理

系统论的宗旨是追求系统功能最佳，创造功能优化系统。“整体功能大于孤立部分功能之总和”是系统论的基本原理。无论研究一个要素或一个子系统，还是认识它们之间的联系和作用，都要从系统整体出发。传统教学普遍重视部分（如一个知识点、一节课）的教学，而忽视本学科的知识结构及知识间的内在联系，教师也只是把孤立的知识教给学生。这样的教学，其功能是不够优化的。整体原理是既强调将知识分解为部分，又强调将知识综合为整体。过分强调某一方面都不利于掌握完整的知识，都是不符合整体原理的。

整体原理告诉我们，要提高教学效率，首先必须从整体上把握问题，然后研究部分与部分之间的关系，最后再将部分综合为整体，以解决问题。根据整体原理，在“思意数学”教学方式中，我们为每节课设计了教学目标和小结，在每章节的开头及结尾处分别设计了内容提要和单元复习小结。

在教学每个章节乃至上每一堂课时，都要遵循“整体—部分—整体”的原则。教师课后要反思自己是否从整体上讲清了这部分知识，最终是否建立了整体结构。教学过程中教师不仅要研究各组成部分、各环节的优化，更要研究整个教学过程的整体优化，要使整个教学过程达到最优设计、实现最优控制、取得最优效果。

四、学习科学领域的研究

学习科学作为一门主要由生物科学和教育科学交叉而形成的前沿学科，旨在建立心智、脑与教育之间的桥梁，将认知神经科学、情感神经科学、基因科学和生物分子学等应用于教育和学习过程。学习活动的认知过程、社会情境和设计方式给学习、教育教学提供了很有价值的理论指导，学习科学的诸多理论和观点与思意数学的理念十分一致，有专家提出学习科学的理论基础是建构主义，表现为知识的建构性、认知的情境性、学习的社会性三个方面。因此，教育者或者说是环境建构者，要利用学习科学来帮助学习主体建构属于他自己的知识。也只有坚持以学习者为中心开展教与学，才能帮助学生通过自己实践去建构知识。而思意数学注重在真实的教学中，通过有趣且科学的问题引发学习动机，注重学习过程的有序性、科学性，适当地为学生搭建通道，通过学生自己分析和处理信息，使其感受和体验知识的生产过程，进而提升数学素养。

思意数学在以上理论的滋养下不断丰富着自身的内涵，随着时代的发展和技术的革新，思意数学也紧跟时代变化的步伐，关注最新的学习领域的研究和发展。如今如何利用信息技术推动学生有效学习，使教学更有效，更符合时代创新的需求，是我们每一个教育者需要继续探索的问题。

第三章“思意数学”之基本内涵

一、“思意数学”教学的核心理念

“思意”，解释为“心思用意”。“思意数学”中的“思”就是思考、思辨、思维和思想；“意”就是意象、意境、意蕴和意义。意是思维的本源，是思维的触发器。“思意”包罗了人的兴趣、态度、情感、意志、个性、思维、品质等。“思”和“意”是一种相互影响、共存共生的关系，以“思”为魂，以“意”为核，更落点于“思”与“意”的彼此交融、彼此支撑、彼此相长之实。

“思意数学”教学主要针对当下数学教学中课型单一，重技能、轻思维，教法单调，重教轻学，评价单一，缺少对育人功能的评价而构建。“思意数学”教学就是以问题铺路为指引，以思维激发为主线，以数学现象具体“意境”为学习路径，以贴近学生生活“情意”为学习动力，设计符合学生的教与学的学习路径，从数学智能、数学情感和数学方法入手，以境生情，以境启思，以思寻意，以“思”为魂，以“意”为核，构建“融思之规律、意之方法，思意于一体”，透过问题来分析数学现象，揭示数学规律，激发和引领学生探究以解决数学问题，“暴露”思维过程，发展多元智能，实现感性与理性合一、知性与悟性交融，促使学生形成自我的数学能力与素养的数学教育。也就是循“理”致“思”，教之思“道”，因“数”得“意”，得“意”忘“形”，学以致用。“思”和“意”之间的关系如图 3－1 所示。

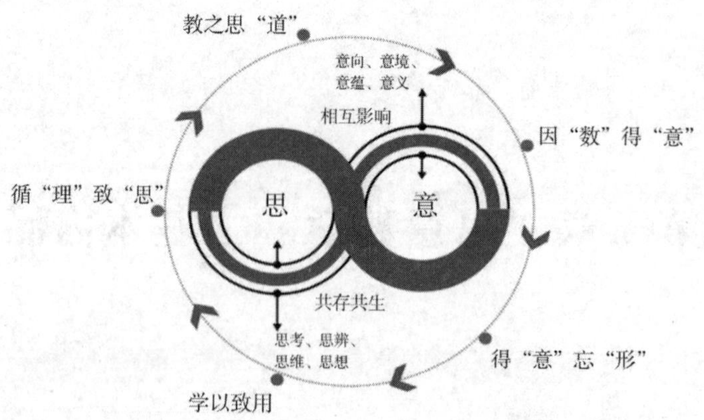

图3-1 “思”和“意”的关系示意图

“思意课堂”以“为学而教，不教之教”为教学理念，以“激情、自然、朴实、致用”为教学追求，思意课堂应该是充分彰显教育本体功能的课堂，是自觉遵循教学规律的课堂，是力图体现学习本质内涵的课堂。充分落实“立德树人”根本任务和促进学生健康成长，彰显育人的核心主题，坚持能力为重的主线，以追求学生健康成长为目标。就是课堂本真的挖掘，学生主体的回归，教师主导的强化，让学生在经历和体验中，焕发主体的积极情感，展开有深度的思维活动，培育高尚的道德品质、健康的身心品质、全面的知识结构和良好的能力结构，让学生获得灵动的生命智慧，最终真正实现生命的健康成长。

“思意数学”教学强调了教学目标定位适度，教学内容重构适合，教学方法选择适当，学习指导介入适时，作业训练匹配适量，过程测试评价适宜。

“思意数学”课堂教学的属性如下：

认知性：认知活动—合理—晓之以理—达理；

情感性：情感活动—合情—动之以情—通情；

实践性：实践活动—合用—导之以行—致用；

交流性：交流活动—合群—处之以群—平等；

创新性：创新活动—合新—创之以新—创新；

互长性：平等互动—合伙—共同发展—共进。

“思意教育”，简单来说，就是为“梦”而教、遵“性”而教、因“学”而教、为“生”而教、顺“势”而教、达“成”而教。具体解读为：

“教”之“底蕴”就是为“梦”而教。追求教育理想的梦想，充满激情，坚定自信，为教育事业奋斗终生。

“教”之“准则”就是遵“性”而教。教育要遵循学生成长的自然本性，遵循教育规律，因材施教，因势利导。

“教”之“本真”就是因“学”而教。教育就是根据学生的学习情况不断调整教师的教学行为，充分体现学生主体地位和教师的主导作用。

“教”之“意义”就是为“生”而教。教师一方面要关注学生，根据学生的成长规律、现阶段的学习特点设计教学，另一方面要关注学生的生成知识，利用突发事件的生成课堂，理智和灵活地调整教与学的策略，把生成的话题和学生感兴趣的事例作为教学和学习内容，从而激发学生学习兴趣和热情。

“教”之“智慧”就是顺“势”而教。教师要根据学生的需要和心理特点，利用并调动积极因素，引导学生从无意识为有意识的探求和认识事物并健康成长。

“教”之“境界”就是达“成”而教。教育就是要顺理而成长、顺理而成才、顺理而成功，它不是一般意义上的教，而是为了达到学生的成长、为了学生的成才、为了学生的成功而教。

二、“思意数学”教学的学理原点

“思意数学”教学关注学生核心素养与关键能力的培养，从“培养思意数学学习者”的角度出发，基于数学知能、数学情感和数学方法三个维度，凝练出“思意数学”学习者的核心特征。如图 3 - 2 所示。

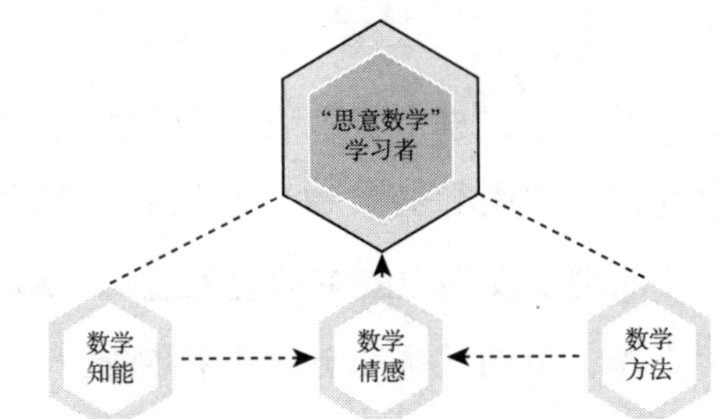

图 3 - 2 “思意数学”学习者的核心特征示意图

（一）增强数学知能

“思意数学”教学强调关注学生的注意力、观察力、记忆力、思维力和想象力。在“思意数学”教学实践中，总结出学生以上能力的发展特点和具体的教学实施策略。

1. 注意力

注意力的特点是广度性、稳定性、主动性、持久性。具体教学实施中，建议运用注意分配品质，科学安排学习、活动时间。利用无意注意的规律，通过项目式学习，深入探索，促进小组合作完成学习任务。

2. 观察力

观察力的特点是目的性、条理性、理解性、敏锐性、复杂性、精确性。具体教学实施中，建议运用多种感知激发观察兴趣，围绕目的展开学习。严密观察计划，掌握观察技能，探索问题本质，提高观察能力，多维思考精确答案。

3. 记忆力

记忆力的特点是敏感性、准确性、特点性、备用性。具体教学实施中，建议教师根据知识学习遗忘曲线的特点，调整优化教学节奏，合理安排教学活动。根据儿童记忆发展规律，注意强化训练儿童记忆，增强学生记忆效果。

4. 思维力

思维力的特点是敏捷性、灵活性、广阔性、深刻性、独立性、批判性。具体教学实施中，建议结合学生真实的、有挑战性的生活情境，创设发散性的问题情境，引导学生在多样化的问题中进行解决和探究，逐步深入、有逻辑地启发学生溯源、挖掘问题本质。

5. 想象力

想象力的特点是主动性、丰富性、现实性、折射性。具体教学实施中，建议教师充分地意识到自身作为“引导者”和“组织者”的角色，关注学生的主动探索精神和好奇心；不断地激发学生的主动想象意识，结合学生最近发展区，适时地提供学习脚手架支撑，帮助学生充分地发挥想象力和创作力；以学生生活为教学资源最丰富的“资源池”，从中提炼出学生关心的问题，启发学生生成生活化想象；教学中，提供多样化的案例资源，通过生动的案例，引导学生举一反三，感受多元想象的魅力所在。

（二）培植数学情感

“思意数学”不仅关注学习者数学知能层面的发展，也注重引导学生产生浓郁的数学学习兴趣，充满自信、自发地进行学习和探究，关注学习意志力和成就感。

1. 兴趣

兴趣的特点是指向性、广阔性、稳固性、效能性。具体教学实施中，建议从学生生活入手，寻找结合点，让学生兴趣盎然地投入学习；从 STEAM 等跨学科教学案例中，寻求跨学科学习启发，有机地整合知识点，拓宽学习兴趣；依照学生心理发展特性，培养稳固兴趣点，培养持续性的学习兴趣；搭建有指向性的问题解决情境，发展兴趣效能。

2. 内驱力

内驱力的特点是多样性、合作性、激励性、功能性。具体教学实施中，建议交叉运用科学的教学法，如问题驱动法，激发学生主动学习的意愿；倡导并组织学生进行小组合作学习，引导学生在合作中产生学习动机；明确学习反馈、评价、激励机制和方式，驱动学习效果的最大化。

3. 自信心

自信心的特点是积极性、持久性、发展性、目标性。具体教学实施中，建议将“正面引导”和“多元鼓励”相结合，调动学生积极性；提供合适、科学、有效、有趣的学习脚手架，引导学生探索试误；引导学生由浅入深地学习，动态化、持续性地发展自信；构建学习目标机制，逐步引导，鼓励学生达成目标，培养学习自信心。

4. 意志力

意志力具体表现为坚韧性和正向心。具体教学实施中，建议由易到难组合知识点，帮助学生积极面对挑战，提升意志坚韧性，在解决问题的过程中，不断探索问题解决的办法，调用先前知识，持续性探索和反思；利用数学独特的文化和数形美感，培育意志正向心。

（三）优化数学方法

“思意数学”教学关注数学学习方法和过程，具体表现为参与力、探究力、成功力、韧性力和评价力，在“思意数学”教学实践中，总结出学生以上能力的发展特点和具体的教学实施策略。

1. 参与力

参与力的特点是深度性、广度性、密度性。具体教学实施中，建议创设有意思、有挑战、有意义的问题情境，促成学生深度参与学习；提供多元、丰富、有效的学习方式，鼓励学生多维度参与学习；通过逐步、有序地聚焦问题本质，组织学生集中性参与学习探索。

2. 探究力

探究力的特点是主动性、持续性、深度性、创新性。具体教学实施中，建议首先，通过启发引思，引导学生发现问题，并主动投入到学习与探究中；其次，通过导疑悟思，提出并解释问题，鼓励学生持续探究；继而，通过研习整合，解决问题，鼓励学生大胆深度探究；最后，通过举一反三，联想发散，引导学生进行创新设计与发展。

3. 成功力

成功力的特点是针对性、激励性、多变性、发展性。具体教学实施中，建议组织成功教育相关活动，激励学生自主、自发性学习；遵循成功心理原理组织教学，引导学生热爱学习；基于成功心理的发展特点，提升学生学习成就感和自信心，养成优秀的学习习惯。

4. 韧性力

韧性力的特点是耐挫性、调整性、健全性。具体教学实施中，建议关注学生韧性发展，组织主题式心理咨询活动，辅助学生调节学习心态；通过问卷调查、观察等方法，关注学生心理健康，适时地提供帮助和引导，帮助学生保持良好心境，促进韧性力的发展。

5. 评价力

评价力的特点是激励性、过程性、针对性、综合性。具体教学实施中，建议教师根据学习任务的完成情况，提供及时评价反馈，激励学生大胆挑战和创新；注重过程性评价，关注学生的学习过程中的体悟和反思，组织学生进行自评、互评，教育学生关注自身过程性成长；进行精准评价，利用评价量规，引导、帮助学生进行精准的评价；综合评价，引导学生进行全方位、多角度的评价，发挥评价对学生学习的正向引导作用。

依据课程标准和学科核心素养的要求，围绕增强数学知能、培植数学情感和优化数学方法三个方面进行设计，具体的教学过程设计如图 3－3 所示。

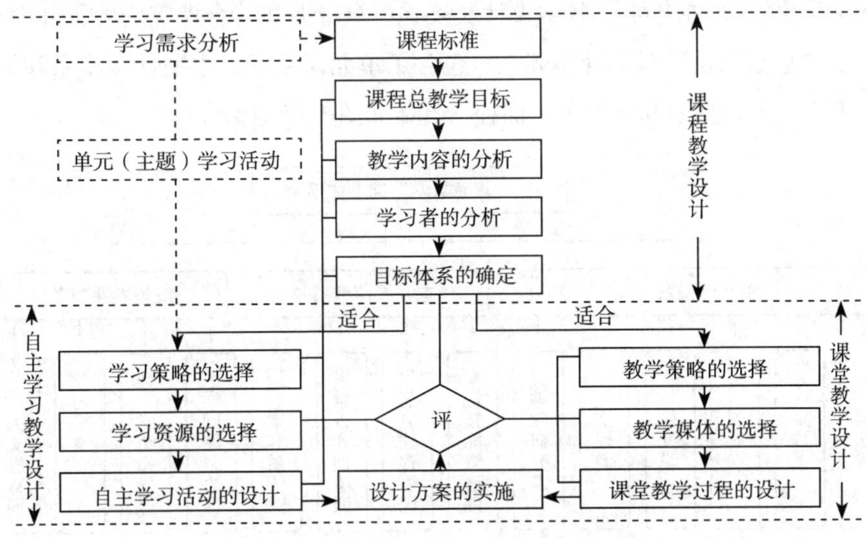

图 3－3 教学过程设计流程图

三、“思意数学”教学的课型体系

（一）“思意数学”教学课型体系的目标指引

“思意数学”教学的课型体系以学生思维发展的“四大特性”，即“能动性”“方向性”“创造性”“条理性”为目标指引。以上四个思维发展目标是互相促进、共同发展的，具体如图 3－4 所示。

图 3－4 “思意数学”教学课型体系的目标指引

（二）“思意数学”教学课型体系的基本框架

在“思意数学”教学课型体系的目标指引下，结合一线教学实际和生成性的教学反思、“思意数学”教学设计及教学组织遵循和符合课型的特征和要求，形成了“思意数学”教学课型体系，包含了单元课型系、主题性课型系和统整性课型系三大课型系和十四个子课程，具体如图 3－5 所示。

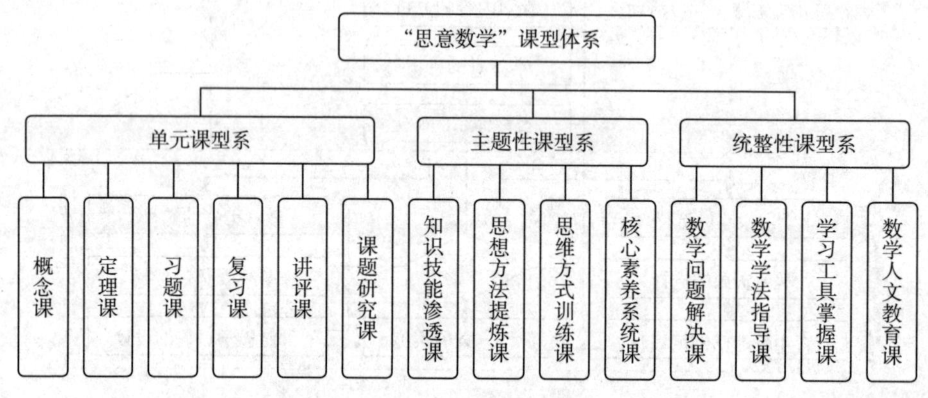

图 3－5 “思意数学”教学课型体系

1. 单元课型系

单元课型系包含了概念课、定理课、习题课、复习课、讲评课和课题研究课。

（1）概念课。以概念、定义为主的课，通过各种数学形式、手段，对研究对象的本质属性进行揭示和概括，引导学生理解研究对象的共同属性，进一步认识和理解概念的“内涵”与“外延”。

（2）定理课。以定理、公式、法则为主的课，旨在理解公式、定理的形成过程，揭示数学思想、思维方法及其应用。

（3）习题课。以例题、习题为主的课，教师有计划地对学生进行一系列基本知识训练，目的是巩固学生学过的知识。

（4）复习课。以学生进行“内化学习”为主的课。学生复习的过程就是对已学知识进行整理、巩固、提高的过程，目的是激活学生的思维。

（5）讲评课。讲评课是学生继续学习过程中的一个必不可少的环节。讲评课的教学目的和特点是“及时矫正错漏”“增强学习自信心”。

（6）课题研究课。课题研究课主要是以学生探究为主，由小组合作完成，目的是培养学生创新精神与实践能力。

2. 主题性课型系

主题性课型系包括四个子课程，即知识技能渗透课、思想方法提炼课、思维方式训练课和核心素养系统课。现分述如下：第一，知识技能渗透课旨在把相关联知识系统化和基本技能熟操化，加强知识与技能之间的联系；第二，思想方法提炼课就是把零散的思想方法进行梳理，形成系统；第三，思维方式训练课旨在构建学生数学思维体系，使数学认知结构与数学思维结构和谐统一，达到同步发展；第四，核心素养系统课旨在培养学生综合运用能力，提升数学素养，主要包括数学抽象、直观想象、数学运算、逻辑推理、数学建模和数据分析六大核心素养。

3. 统整性课型系

在教学过程中，数学思维层面素养能力等高阶目标的达成过程比较复杂，难以在某一节课上就得到比较完整的实现。高阶目标既要在低阶目标的实现过程中进行量的积累，也需要在特定的时机实现质的飞跃。以实现数学教学高阶目标为主要目的的课被称为统整课型，取系统整合之意。统整课型系包括四个子课程，现分述如下：第一，新的《数学课程标准》把“解决问题”（其实就是“问题解决”）列入了课程目标，因而问题解决课作为一种实现数学课程高阶目标的子课程，被列入统整课型系；第二，学法指导课是向学生有目的、有计划地传授学习方法方面知识的独立课型；第三，数学学习工具掌握课就是引导学生对多媒体数学教学软件的使用及掌握；第四，数学教学过程是认知因素与情感因素相互交织的过程。数学人文教育课注重数学认知过程，强调数学对思维品质的影响，强化数学认知与数学情感之间的关系。通过感知数学事例到判断、推理等思维过程，培养学生意志力；通过数学思维的抽象性，培养学生自信心；通过数学问题，培养学生竞争、参与、合作意识，进而升华为情感体验。新课程把数学情感因素、数学人文因素突显出来，因此，数学人文教育课成为实现数学教育高阶目标的主要课型之一。

四、“思意数学”教学的架构系统

基于一线课堂中的深入探索及研究，立足核心素养的“思意数学”目标，构建“思意数学”的课堂教学系统。思意数学教学要关注点、量、度、序、法、情、时、率等要素，分别与课堂教学内容（点、量）、课堂教学形式（度、序、法、情、时）、课堂教学效率（率）相对应。这些要素在课堂教学过程中形成错综复杂的关系，构成一个有机的整体，相互之间不断产生正向的促进作用，是提高课堂教学效率的根本途径。

其结构图如图 3 - 6 所示。

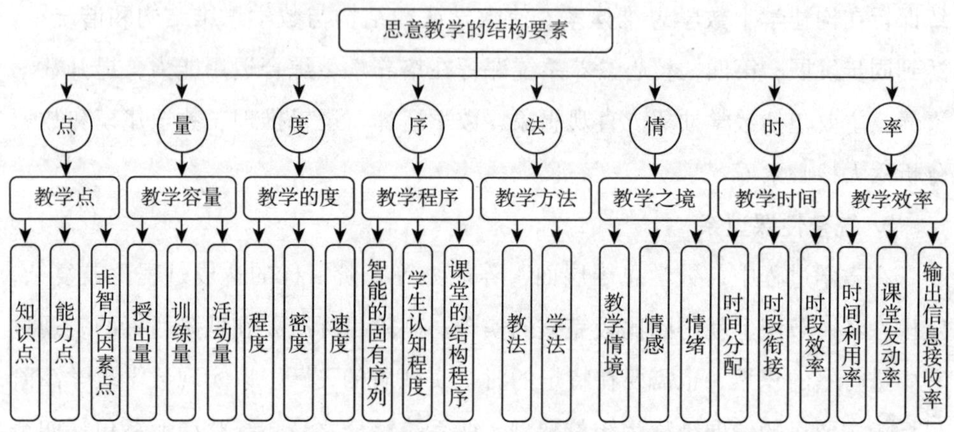

图 3 - 6 “思意数学”结构要素示意图

思意数学教学构建了“教材—教师—学生”三位一体，形成了“知识概念系统—教法步骤系统—认识思维系统”。符合学生认知规律，体现教师“导”的功能和学生“学”的功能，真正意义上把教材变成“学材”，拓宽了学生广远的意境，开启了学生思维，把教材表现为“活动”，呈现出“过程”的引导系统。如图 3 - 7 所示。

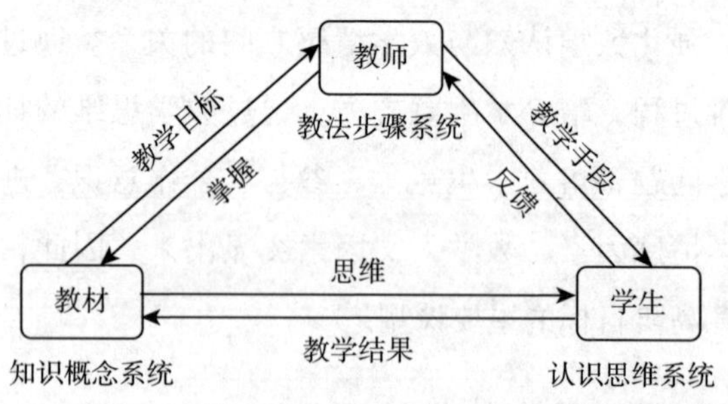

图 3 - 7 “思意数学”思维系统示意图

“思意数学”教学是一种教学范式，是一种以问题为主线的教学形式。以问题引路，围绕问题开展教学。学生通过问题的引导学习、理解所学内容。它能使课堂充满悬念，让学生的思维接受挑战，让学生的潜能得到充分的挖掘。有效的提问能使课堂教学达到最优化，它要求教师以教学相关知识为背景，灵活创设问题的情境，有效进行问题开发与设计，把学生的情感活动与认知活动结合起来，应用多元化的教学资源与手段组织教学，并对教学过程与结果进行合理的评价，使学生在生动和谐的课堂氛围中充分发展发散思维能力和收敛思维能力，从而提高自己。

基于上面的分析，形成了以下的教学设计系统图。如图 3－8 所示。

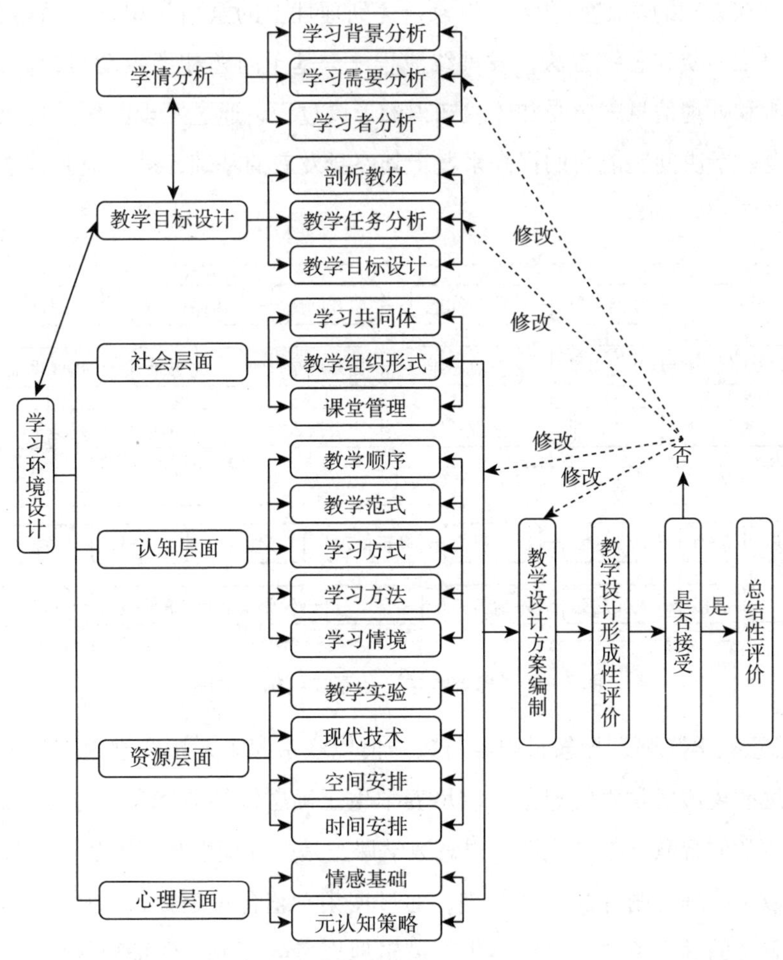

图 3－8　教学设计系统图

上图中各部分相互联系、相互制约，组成一个有机的教学设计系统。

五、“思意数学”教学的基本流程

“思意数学”就是围绕问题开展，再通过思维载体，提升学生数学思维与素养。其过程可表示为问题—思维起点选择—组织思维程序—得出结论。具体来看，问题线流程——紧扣问题（或主题），教师创设一个有目标、有情境、有秩序、富有启发性的问题来诱导和启发学生，让学生通过动手动脑、合作探究和教师启发指导等方式，使问题得以解决；思维线流程——以问题为载体，从“生”入手，设计符合学生实际和适合学生思维发展的问题，唤醒学生的认知情感，在感知的基础上思考、想象，达到理性上的全面认识，进而培养学生正确的思维品质和思维方法；发展线流程——基于问题和产生动机，促进学生自己分析和处理信息来感受和体验知识的形成过程，通过发现问题、提出问题、分析问题、解决问题能力的提高来奠定其终身发展的基础，进而提升数学素养。结构如图 3 –9 所示。

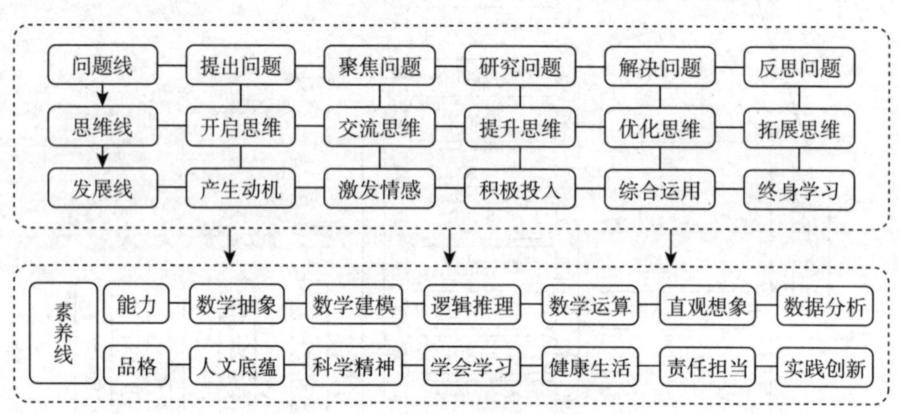

图 3 –9 “思意数学”的基本结构示意图

“思意教学”强调把教材内容与数学情境联系起来，拓宽学生广远的意境，通过广远意境激发学生的想象，以培养学生正确思维品质和思维方法。思意教学蕴含数学的智慧性与文化性，思意数学课正是一种理性状态下的思考和探索，融合了数学的理性精神与人文精神，通过搜集、整合一定数量和质量，并有利于多元思考的学习资源，引导学生有逻辑地思考与探究，保证思维的合理性和严密性，维持思维的活跃性和敏感性。让学生在感知的基础上，通过思维、想象达到理性上的全面认识。其过程可表示为问题—思维起点选择—组织思维程序—得出结论。

六、“思意数学”教学的实施模型

“思意数学”是一种教学主张，它秉持“为学而教，不教之教”的教学理念。“思意数学”教学就是运用思辨于数学教学，让学生领悟数学意涵。思意教学需靠思维能力来支撑，其质量的高低是由思维的质量决定的，这不仅关系到学生的思维品质和数学素养，而且关系到学生的思想发育和人生发展。思意教学蕴含数学的智慧性与文化性，融合了数学的理性精神与人文精神，思意数学课正是一种理性状态下的思考和探索，它建立在一定数量和质量，并且有利于多元思考的材料之上，因而能保证思维的活跃性和尖锐性，它顺应逻辑的思考能保证思维的合理性和严密性。“思意数学”的模型如图 3－10 所示。

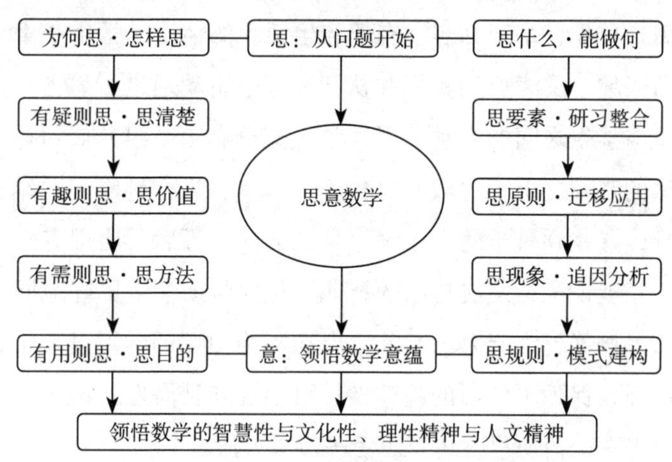

图 3－10 “思意数学”的模型图

七、“思意数学”教学的导向指引

（一）“思意数学”的教学主张

“思意数学”教学主张在施教过程中要“有序”和“启动”。在教与学的过程中，充分发挥教师的主导作用与学生的主体作用。

1. 有序

何谓“有序”原则？在实际教学中，教师应依照学生认知发展的特点和规律，充分发挥其主导作用，在解决问题的过程中，逐步地引导学生发现、掌握规律，有序、高效地学习，循序渐进地发展数学知能、情感，培养方法、技能。在学生的学习和思考层层递进的过程中，教师扮演“辅助者”“指导者”“引路人”的角色，助力学生通过提供的学习资源和支架，基于学习兴趣不断努力探究和发现，掌握科学的学习和思考的方法。以上遵循“有序”原则的教学过程可简单总结为设置疑问—指导交流—点拨关键—矫正训练。

2. 启动

“启动”原则围绕教学目标和任务，以学生为主体，构建自主、合作、互动型课堂，进而提升学习效率，通过启动“师生”“生生”之间的交流和互动，实现主动、多元、开放性教学模式。具体课堂中，学生在教师指引下，围绕学习目标和任务要求，不断地“动眼、动耳、动脑”，观察、思考和反思，不断完善自己的知识结构。在互动教学中，高效地接收知识和信息，动手探究练习、动口表达反思。首先，基于真实、有趣和生活化的情境，学生产生对学习任务的探究和学习兴趣，围绕典型实例和认知冲突，主动地进行思考；其次，教师通过组织学生与学生之间的互动，引发学生充分利用小组开展讨论、交流，在知晓他人想法的基础之上，比较和分析不同观点，进行判断和总结；再次，结合教师的指导，寻找到科学的学习和思考的方法；最后，运用有效的学习方法去解决问题，拓展训练，发展自己的智能，从而帮助学生更好地同化和吸收数学知能与方法，培养思维能力。在以“启动”为原则的学习过程中，学生的主体地位充分凸显，保障了学习的趣味性、科学性和延展性。该学习过程可简单总结为探索思考—交流所思—矫正思考—形成方法。

“思意数学”教学是把“四基”（基础知识、基本技能、基本思想、基本活动经验）教学与发展潜能的任务结合起来，通过“有序”和“启动”两个原则进行施教，两者互相促进、协同发展、水乳交融，使学生既扎实了知识基础，又提高了思维能力。在教学中，明确“两个特点”（数学学科的特点和中学生的心理特点）组织教学的各个环节，努力实现“三个过渡”（模仿性思维→独立性思维，具体形象思维→综合抽象思维，单一性思维→综合性思维）。“两个特点”是实现“三个过渡”的前提，“两个特点”的明确促使“三个过渡”顺利实现。具体的实施过程如图 3 - 11 所示。

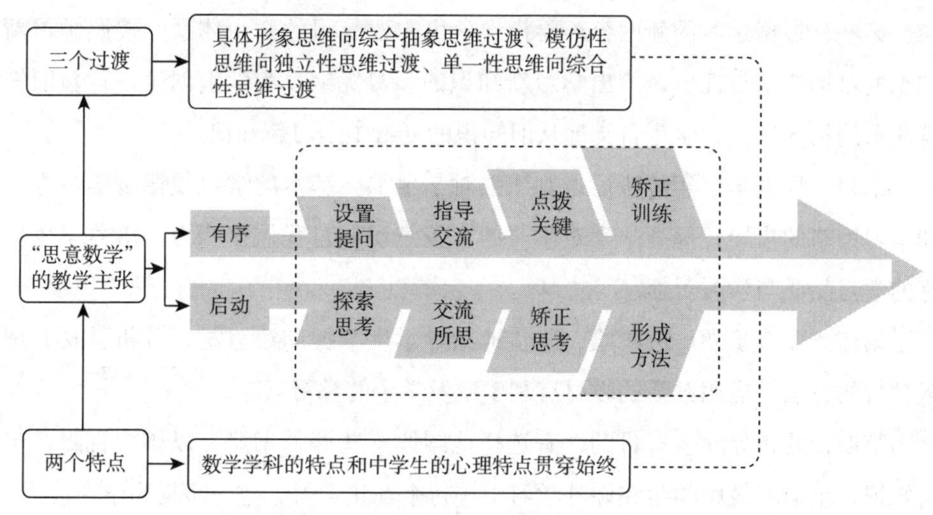

图 3－11 “思意数学”的教学主张示意图

“思意数学”教学，其基本思想是把教材转化为一个科学的、生动的、富有启发性和导向性的、符合该年龄段学生认识水平和心理水平的问题系统组成的“学材”，并由此去转化、规范教与学的方法，优化数学教学诸要素，减轻师生负担，提高数学课教学的效率和质量。

在数学教学中，以问题为核心，再现具体“意境”，激趣、设疑、引思，从感性走向理性，透过现象看本质，把最本质与最精髓的学科思想传授给学生，学生在学习的实践活动中通过自己的理解获得启迪与感悟，促进认识完善，形成知识结构，掌握数学思维方法。这就是情意飞扬，思维绽放，智慧流淌。

（二）“思意数学”的教学原则

教学原则是根据教学目标和对教学过程客观规律的认识而制定的指导教学实施的基本要求，是实施教学工作必须遵守和执行的基本准则。因此，我们根据“思意数学”教学方式实验的实验目标、实验设计以及新课程理念的要求，制定了几个“思意数学”教学应遵循教学原则。

1. 导学性原则

导学就是开导、引导和辅导学生学习，其目的是培养学生的主动学习能力，这也是现代教学对每位教师的基本要求。学生在教师的指导和帮助下才能逐步形成学习能力，进而从“被动接受者”转变为“主动学习者”。在课堂教学中，教师必须在“导”字上下功夫。在贯彻这条教学原则时要注意以下几点：

第一，根据学习的新内容，要指导学生构建复习的知识体系，按照学习新知识的目标要求与任务，给出学习新知识的预习提纲，为学生创设一种新旧知识联系的切入口，让学生自觉地从旧知识的复习中学习新知识。

第二，根据学生年龄特征，要加强对学生掌握基本的学习规律、学习方法和学习策略的指导，提高学生对学习的自我意识和自我监控能力，培养学生良好的学习品质与学习习惯。

第三，要有步骤、分阶段、逐步地指导学生掌握阅读教材、分析教材、理解教材的方法。运用鲜活的教材有利于激发学生的学习兴趣。

第四，要指导学生有目的、有选择地阅读一些课外书籍，以扩大视野，丰富知识，提倡和鼓励学生在课外学习中进行个性化学习，进一步提高学习能力。

2. 启思性原则

启思就是启发学生思维。思维是智力结构的中枢，思维是学习活动的核心。在教学过程中开启学生积极思维，也是创新教学对每位教师提出的基本要求。教师不但要使学生获得新知识，而且要发展学生的思维能力，特别是探究新知识、新方法和新策略的创造性思维能力。在贯彻这条教学原则时应注意以下几点：

第一，教师要努力创设问题情境，精心设置悬念，让学生在好奇心的驱动下进行学习，从而培养学生的问题意识和问题思维，激发学生强烈的求知欲望。

第二，教师要培养学生良好的思维习惯，要让学生敢于、善于质疑问难，从而养成爱动脑筋、敢于提问的好习惯。

第三，教师要教给学生思维的方法，加强学生的思维训练。在学习的各个环节，教师都要启发学生运用分析、综合、比较、归类、抽象、概括、归纳、演绎等思维方法，积极地进行思维训练。

第四，教师要培养学生良好的思维品质。通过有目的的安排，逐步培养学生思维的广阔性、敏捷性、独立性、灵活性、创造性和批判性等，帮助学生拓展思路，让学生学会从多方面、多角度思考问题。

3. 情意性原则

“思意数学”课堂教学关注学生的情感体验。情意性原则一方面是关注师生、生生之间的情感，另一方面是关注学生学习的情感。在教学中要营造和谐、平等、融洽的氛围，建立良好的人际关系，师生之间和生生之间相互尊重和理解，坚持教师与学生人格的平等。教师对学生遇到的困难要充分地理解、谅解和宽容，对学生的质疑和求异应持一种鼓励、宽容、欣赏的态度。同时，教学中要关注学生学习情感的体验，让学生体会学习的乐趣，领悟学习的价值，从而增强对学习的自信心。

4. 育人性原则

育人性原则就是指教师的任务不单是“教书”，更重要的是“育人”，要落实立德树人的根本任务。也就是说，教师在向学生传授知识和技能的同时，还必须不失时机地对学生进行思想品德教育，教会学生做人，使学生树立正确的世界观、人生观、价值观。贯彻这条原则时应注意以下几点：

第一，教师必须深入地了解每个学生的思想表现、学习基础、特长爱好、学习条件等情况，在面向大多数学生的前提下，还需要多关心、帮助学困生。要善于发现学生的闪光点，千方百计地寻找学生的成功和进步之处，并及时给予表扬和鼓励。对学生的不足之处，教师一要宽容，二要正确引导，让学生自我克服、自我矫正，切莫挖苦、讽刺学生，或对学生置之不理。

第二，教师要充分发挥榜样作用。要教会学生做人，教师自己就要堂堂正正地做人。教师要以身作则，严格要求自己，以自己的一言一行潜移默化地影响学生。

第三，教师必须深入地钻研教材，充分挖掘教材的思想性。要充分利用名人逸事等来培养学生的开拓意识、创新精神，要让学生有一定的组织管理、社会交往、与人合作和适应环境的能力，还要培养学生顽强拼搏的坚强毅力和审美能力等。

（三）“思意数学”教育的实践路径

一种教学思想的酝酿和形成，是一个漫长的过程，对于“思意数学”的探索虽已有一段时间，但依然还有很多需要完善和探知的空间，作为一个数学教师，将用更长的时间甚至整个教学人生去践行这一理念。“思意数学”具体的实践途径主要有以下四个方面：

1. 以课堂为载体，加强实践探索

对“思意数学”的课堂结构的探索，需要落实到具体的课堂实践中，“思意数学”课堂教学的基本流程为思维的激发—思维的导引—思维的碰撞—思维的迁移—思维的提升。这一课堂操作要点包括三个方面：一是聚焦问题，目的在于找到研究的切入口，借助多元对话互动、反馈、导向性评价，实现对知识的整体把握、多角度理解，把实际课堂教学实践活动中存在的典型问题、突出问题作为研究对象；二是需要教师实践，要求教师以教学相关知识为背景，灵活创设问题情境，有效进行问题开发与设计，把学生的情感活动与认知活动结合起来，真实、细致地描述实际的现象与问题，从而获得第一手研究材料，让知识的同化策略促进陈述性知识、程序性知识、策略性知识的综合运用，问题中心图式的运用，使之有利于顿悟的产生，成为改变思维的有效载体；三是在明确问题的基础上，通过对前沿性研究文献资料的学习，推进多元对话互动、反馈，进一步对问题进行审视、探究和评价，找出解决问题的方法，并把分析得出的改善课堂教学的思路运用到课堂上，用实践检验方法的有效性。最后，可以将资料、素材、思路教学进行系统梳理，凝练出有效的教学范式。“思意数学”教学范式流程如图 3－12 所示。

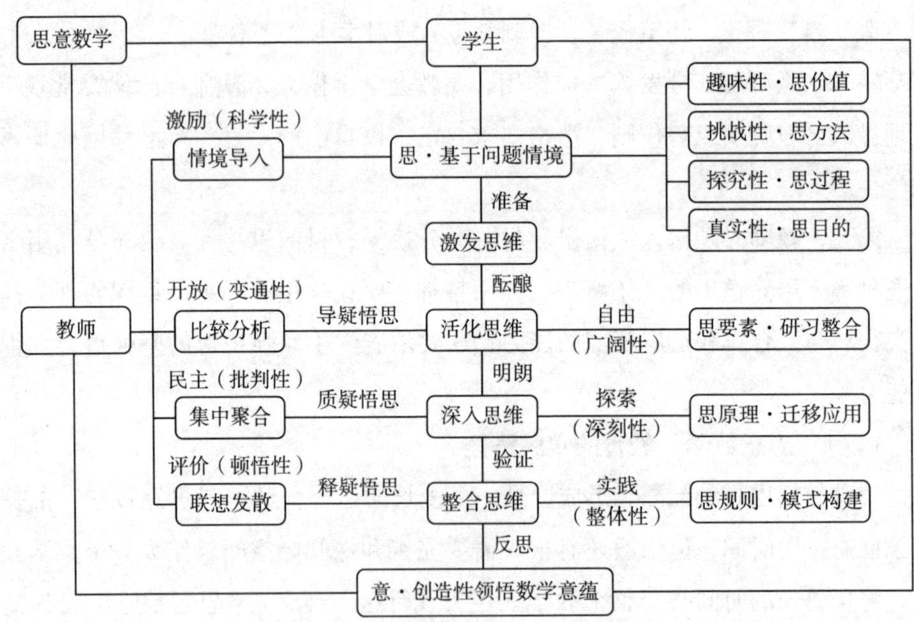

图 3－12 “思意数学”的教学范式图

2. 以课题研究为载体，加强实践探索

目前，工作室已成功申报了广东省教育科研“十二五”规划课题“高中数学的高效课堂教学模式改革研究与实践”、广东省教育研究院立项重点课题“中学数学‘思维学导式’教学的理论研究与实践”、广东省教育科学“十三五”规划重点课题“高中数学核心素养教学设计的研究”和深圳市教育科学“十四五”规划2021年度课题重点资助课题“‘思意数学’课堂教学设计与实施”，每一个课题研究的侧重点不同，分别有序推进，逐步聚焦，重点进行理论和实践两个方面的研究。邀请华南师范大学、广东第二师范学院、深圳大学师范学院、岭南师范学院、肇庆学院、韶关学院、嘉应学院的专家加入课题组，专门负责理论的研究、课题推进、诊断和指导，必须审视教学反思，修正已有的操作技能和实践性知识，调整认知结构，重新生成新的知识框架，在理论引领下，带领一线教师进行实践探索。

3. 以省名师工作室为载体，加强实践探索

2012年广东省林伟名师工作室正式挂牌。工作室成员有大学、中学数学教学法和课程论的教授，还有广东省跟岗数学骨干教师，以及工作室核心指导成员，且科研能力比较强。省市教育部门每学年都会安排多批骨干教师来工作室跟岗学习，工作室围绕“思意数学教育”这一主线进行探索与实践。开设了理想力课程、学习力课程、精锐力课程、发展力课程、表达力课程、协同力课程、艺术力课程、创新力课程、思想力课程、影响力课程。

在教师实施的教育实践中，“思意数学”通过“学习—教学—研究”的构建路径，融合教师学习共同体（名师工作室）中的跨学科学习力、创新意识和元认知技能，动态建构于课堂实践、教学艺术和教学价值理念与评价之间。“思意数学教育”的教师教育探索模型如图3－13所示。

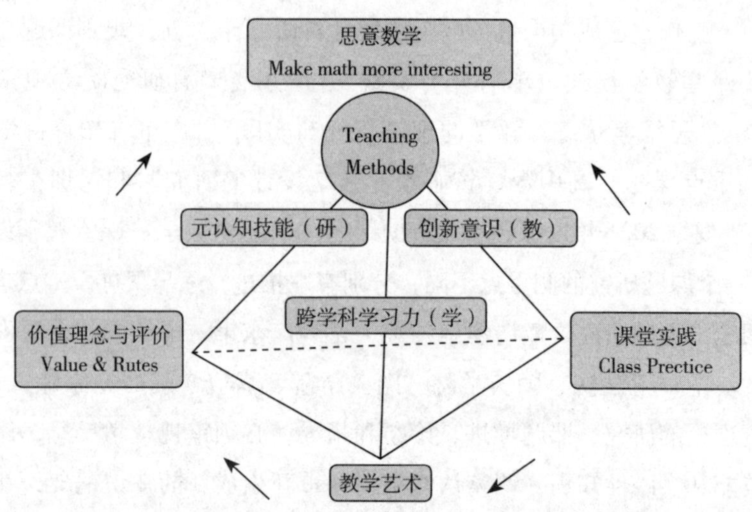

图 3－13 “思意数学教育”的教师教育探索示意图

4. 以师范课程为载体，加强辐射影响

作为受聘华南师范大学、深圳大学、广东第二师范学院、岭南师范学院的兼职教授，以及受聘于广东省省级教师发展中心兼职教授，力促在大学生和培训教师中开设职业选修课程“思意教育课程”，以课题研究成果引领教师关注课堂的生活、思维与生命，真正关注学生综合素养的发展，促进教师的教育理念更新，以期“思意数学”教育能在更广大范围内产生积极影响。

八、“思意数学”教学的评价标准

在“思意数学”教育的实践过程中，思考“什么样的课堂才是一节‘思意’好课?”经过不断地反思和学习，与同行的教师一起思索和摸索“思意数学”课堂的评价标准，最终形成了“有知识、有思想、有方法、有生活、有境界”五个维度的评价标准。如图 3－14 所示。

图 3－14 “思意数学”课堂的评价标准

第一是“有知识”。这是最基本的要求。是否有知识主要从学科知识和知识扩展这两个方面考虑，学科知识目标明确具体，知识点落实到位，课堂容量适当，知识扩展就是教学内容丰富，课堂重点突出，难点突破有效。

第二是“有思想”。教学，从本质上说，是引领学生认识自然、社会事物中所潜藏着的思想，以及正确使用言语等手段表述自己思想的过程。思想是比方法更高一层的东西，是道，而非术。可以说，思想是可以移植应用到其他领域、触类旁通的方法，是认识和解决问题的普遍的方法。要达成这一目标，课堂必须是有思想的，教师必须有思想、有不断更新知识的能力、有质疑和批判的精神、有独立思考和自我反思的品质。一堂有思想的课是能激发学生的心灵、启迪学生思维的。

第三是“有方法”。授人以鱼，不如授人以渔。有方法就是教法引导和学法指导。教法引导即要求教师教学组织有序、教学手段丰富、方法灵活有效、学法指导具体、落实学生问题到位、教学效果有效，最终目的是让学生自己悟出数学思想方法。

第四是“有生活”。教育即生活。“有生活”在这里主要是指教学情境和教学氛围。教学情境就是要创设情境生动，问题设计贴近生活，教学内容联系生活实际；教学氛围就是要课堂气氛和谐，学生学习热情高、参与面广，引导学生关注知识在生活中的作用，使学生明白知识可以改变人类生活，激发学生运用知识来创造和改变生活的欲望和热情。

第五是“有境界”。这里说的“有境界”主要包括学科素养和人文素养。学科素养就是培养学生学科学习兴趣，关注学生思维品质训练，落实提升学生学科素养；人文素养就是能有效激发学生的精神力量，引导学生树立正确的人生观、世界观和价值观。一个好的课堂，应当是充满正能量的课堂，是充满热情、激动、憧憬、情感激荡和心灵互动的课堂，是将精神和人格引向高尚的课堂。

基于上述评价标准，制定了以下“思意数学”的课堂教学评价表：

表 3-1 “思意数学”的课堂教学评价表

评价项目	评价要点		分值
有知识	学科知识	知识目标明确具体，知识点落实到位，课堂容量适当	10
	知识拓展	教学内容丰富，课堂重点突出，难点突破有效	10
有思想	学科思想	融入数学思想方法，运用数学方法解决问题	10
	育人思想	渗透立德树人的要素，有独立的意见表达	10
有生活	教学情境	创设情境生动，问题设计贴近生活，教学内容联系生活实际	10
	教学氛围	课堂气氛和谐，学生学习热情高、参与面广	10
有方法	教法引导	教学组织有序，教学手段丰富，方法灵活有效	10
	学法指导	学法指导具体，落实学生问题到位，教学效果有效	10
有境界	学科素养	培养学生学科学习兴趣，关注学生思维品质训练，落实提升学生学科素养	10
	人文素养	能有效激发学生的精神力量，引导学生树立正确的人生观、世界观和价值观	10

说明：优秀（90 分以上），良好（80～89 分），合格（70～79 分），不合格（70 分以下）

教师要有风格、有创新、有特色地展示自己，展示自己的知识和学术；有特色、有风格地授课，获得学生欢迎。此外，还要敢于开拓、敢于实验、敢于创造新方法、敢于启用新模式，从实际出发，从学生的实际学情出发，安排授课程序、选择授课模式、决定讲解内容。

教学活动是一个动态复杂的过程，在这种师生的双边活动中，教师要充分发挥学生的主体性，让学生的智慧放射光芒。把一堂课上好，这是教师获得成功和幸福的源泉，在内心深处怀抱对求真求善的渴望，追求教师与学生生命的共同融入，这便是教育的成功。

第四章“思意数学”之设计原理

课堂教学设计是一项系统设计，它必须依照一定的程序和步骤进行。教学设计是在教学开始之前对教学过程中的各种因素（如教学目标、教学内容、教学方法、学生特点、媒体设置等）的综合考量，“思意数学”教学设计依据现代教学设计的理论与操作方法，预先规划教学内容、创设教学情境、构建教学程序，恰当使用教学媒体，以期达成教学目标的全盘设计，从而提高数学课堂教学效率，促进学生个性发展。

一、“思意数学”教学的设计背景

（一）基于新课程理念创新课堂教学设计的需要

新课程标准强调“四基”（基础知识、基本技能、基本思想、基本活动经验），落实数学学科核心素养，实现“知识与技能”“过程与方法”“情感、态度与价值观”的教学目标。这对课堂教学提出了新的要求，教师要转变教与学的方式，真正在课堂教学中立德树人等。因而，新课程呼唤课堂教学设计的创新，克服新课程理念和教学行为相脱节的现象，使得新课程教学目标真正落实，提高教学效率。

（二）基于新课程课堂教学设计的应用理论和操作的需要

新课程教学实践需要在吸收现代课程论、学习理论、教学论、心理学、系统理论、传播理论、脑科学等理论的基础上，并根据新课程理念进一步研究，积极探索建构与新课程课堂教学实践相适应的教学设计理论和操作实施体系，这样才能为教师在课堂教学实践中提供专业支持。

（三）基于提升高中数学教师教学专业水平和素养的需要

新课程实施不仅需要教师是教材的“忠实执行者”，更需要教师是课程教学的“创新设计者”。因此，新课程理念对教师专业素养提出了更高的要求，在高中数学教师专业培训中，不仅要加强理论知识学习或某些专业技能的培训，更要加强教学设计方面的培训。要转变数学教师的课堂教学设计在传统意义上“学科本位”的教“课本知识”的设计，根据学生的经验和需要，对知识建构过程、课程资源、学习方式、学习情境、学习群体、教师角色等方面进行综合考虑，在课堂教学实践中整合三维教学目标，提高教学质量和效率。

二、“思意数学”教学的设计特征

《高中数学课程标准》明确提出了“知识与技能、过程与方法，以及情感、态度和价值观”三维目标。教学方案设计必须落实“三维目标”，教学设计是课堂教学的施工图，是提高课堂教学效率和全面落实核心素养的前提和基础。因此，符合新课程标准理念的教学设计应该具有以下主要特征：

（一）整合性

“思意数学”教学设计注重知识与能力，过程与方法，情感、态度与价值观的教学目标的有机统一整合；“思意数学”教学设计紧扣教学目标，让学生主动探究，获取知识，形成技能，掌握数学思想和方法，领悟数学意蕴，将培养学生丰富的情感、积极的态度和正确的价值观贯穿于各个教学过程设计中。

（二）双主性

一个教学目标的落实，是教师指导和引导学生来实现的。一个好的教学设计不仅要体现教师如何落实教，更要体现学生如何落实学，课堂教学贯穿师生的相互合作和互动。“思意数学”教学设计注重师生互动、生生互动，促进师生之间的知识互补、情感交流和思维的碰撞，以焕发课堂生命活力。

（三）开放性

“思意数学”教学设计在教学内容上从传统的书本知识向生活数学开放；在教学的过程中从单向的教师教、学生学向师生交往、生生互动开放；在教学方法上从灌输式的教学向学生的自主学习、合作学习、探究学习开放；在练习的设计上从标准答案向条件、算法、问题和结果开放。从而提高学生思维能力，培养学生创新意识和创新能力。

（四）实效性

一个好的教学设计最终能否实现，课堂教学目标能否有效落实是关键，贵于得法，重于实效。因此，教学设计要充分确定教学内容、创设教学情境、选定教学方法、选择教学媒介、安排课堂教学结构等，注重时效和实效，扎实有效地提升学生的数学核心素养。

（五）创造性

教学设计是教师课堂教学中的一项创造性工作。新课程理念对教师提出了更高的要求，教学设计留给教师灵活性和自主性发挥的空间更大，中学数学教材的综合性、生活性、人文性增强，教师融合信息技术，丰富课程资源，从而扩大了创造性发挥的空间。

（六）反思性

教学是一个不断改进、完善和提高的动态滚动过程，也是一个自我矫正、完善和提升的动态思考过程。一个教学设计不仅要关注课前的构思，更要关注课后不断地补充、矫正和完善。要让课堂教学情境、过程和操作环节融入教学设计之中，让具体的教学实施更切合实际。

三、“思意数学”教学的设计原则

（一）“思意数学”教学设计理论依据

“思意数学”教学设计是教师在学习理论、教学理论及传播理论的基础上，运用系统分析法对教师、教学内容、学生及环境等因素进行整体分析，确定教学目标，选择和运用教学、学习策略及教学、学习模式，为实现最优化的教学效果而制定的一种方案或策略。

1. “思意数学”教学设计依据学习理论

当代学习理论有两大学派：行为主义学派和认知学派。行为主义学习理论重视控制学习环境，尊重学生自定步调的个别化学习策略，重视客观行为与强化的思想，特别是在行为矫正（态度的学习）方面，强调外部刺激的设计，在学生出现正确的反应时应及时予以强化，主张在教学中采用小步子呈现教学信息。认知学派认为学习不仅依赖于当前刺激环境，而且也依赖于主体已有的认知结构。

2. “思意数学”教学设计依据教学理论

教与学虽然是完全不同的两个研究对象，但是它们联系得非常紧密。学习理论本身虽然并不研究教学，但它为教学设计提供了揭示教学的本质和规律的理论基础。教师在进行教学设计时要重视教学系统的实效研究，既要有正确的学习观，又要清楚地认识教学规律。

3. “思意数学”教学设计依据传播理论

传播理论探讨的是自然界一切信息传播活动的共同规律。传播理论不单纯研究教学现象，我们可以把师生之间、生生之间的交流看作一种双向信息传播的过程，借助传播理论研究教与学现象，从中找到一些教与学的规律。

（二）“思意数学”教学设计思路

基于上述理论，“思意数学”教学设计思路主要包括以下三方面：

1. 以陈述性知识为主的教学设计

该设计思路主要是让学生提取与回忆重点知识，建立新的认知结构体系，破除新旧知识联系的隔阂。在设计中要体现出学生的活动过程和活动内容，注重学生获取知识的过程。

2. 以程序性知识为主的教学设计

程序性知识指按一定程序理解操作从而获得结果的知识，是处理事物的一整套操作规程。设计中包括设计思想、教材分析、学情分析、教学目标、过程设计、多媒体运用及教学实践活动后的反思等内容。

3. 以策略性知识为主的教学设计

策略性知识不是针对客观事物的，而是个人自身的认知活动，是调控自身认知活动的策略，所设计的教学过程必须符合所教学生的实际情况，具有可操作性和实效性。

以上三方面之间的关系。如图 4－1 所示。

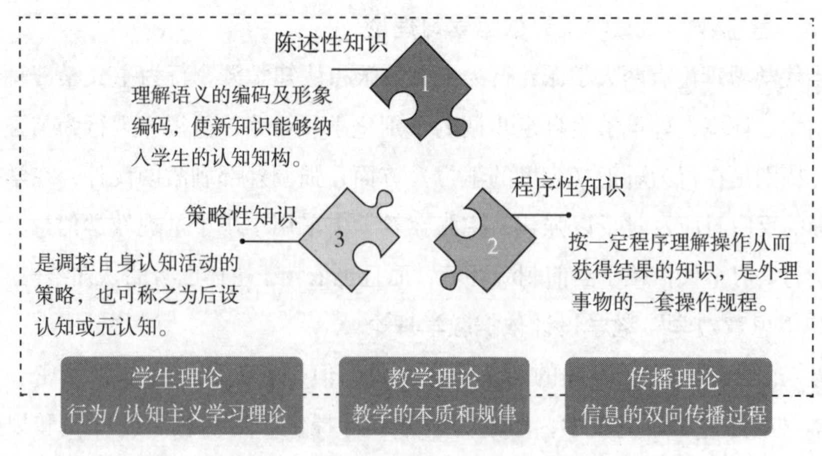

图 4－1 “思意数学”教学设计思路示意图

“思意数学”教学设计就是教师通过对教材内容重组，优化课程结构，突出数学主线，处理好熟悉学科核心素养与知识技能之间的关系，彰显数学的内在逻辑和思想方法，让学生的思维更加深刻和多元，使得学生思维激发、思维引发、思维迁移、思维提升，开发学生的潜能，开发学生思想的价值追求，使学生不断促进其自身的思意发展。具体如图 4－2 所示。

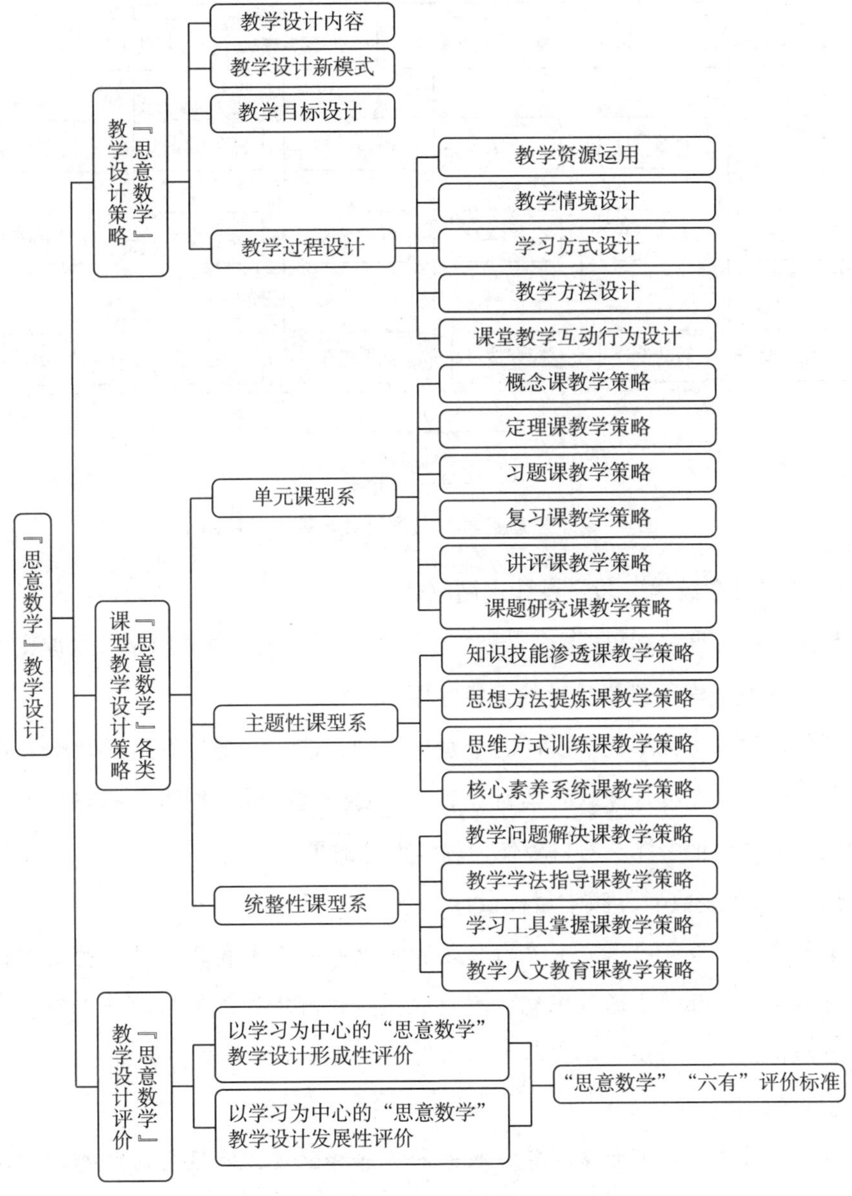

图 4－2 “思意数学”教学设计示意图

根据学生基础、需求、学习方式、学习路径等实际情况，依据课程标准，以学习活动作为课堂教学过程的中心，在现代教学理念指导下，对特定教学内容进行综合分析与设计的过程。具体如图 4－3 所示。

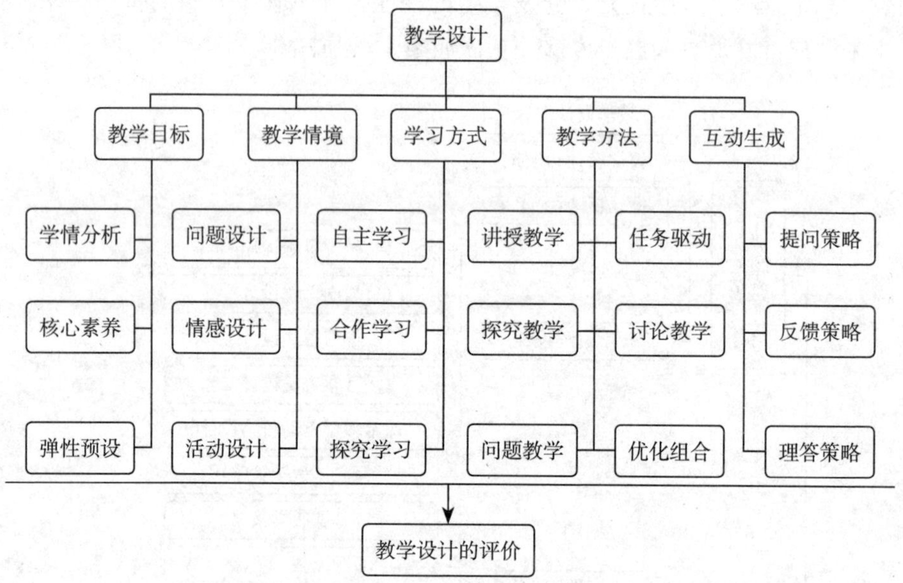

图 4－3 “思意数学” 教学设计与评价示意图

（三）“思意数学” 教学设计遵循原则

根据上面的理论和思路，“思意数学” 教学设计主要遵循以下几个原则：

1. “思意数学” 教学设计的目标性原则

现代教学理论强调教学设计的个别化原则，这一原则并不是说教学方式的个别化，因此，在设计课堂教学目标时，需要处理好班级整体目标与个体目标之间关系，应当把个体学习目标作为教学设计的重要目标。

例如：“等差数列” 教学目标设计。

本节课是一节复习课，主要内容是等差数列的概念和基本性质的运用，在教学过程中，要让学生通过探究，运用这些知识解决等差数列的基本题型。在教学过程中，通性通法、转化与化归的思想、函数思想等都要贯穿始终。

【教学目标】

知识与技能：理解和掌握等差数列的概念和性质，能运用这些知识解决数列的基本题型。

过程与方法：掌握等差数列判定与证明方法；运用方程的思想掌握解决等差数列问题的通性通法；运用函数的思想认识等差数列通项公式与前 n 项和公式，并能解决相应的一些综合性题目；能将复杂数列的问题转化为基本的等差数列问题。

情感、态度与价值观：感受数学文化，对我国古代优秀的数学成果进行传承与发扬；提高学生的整体素质，培养学生主动探究知识、合作交流的意识，激励学生勇于创新、勇于探索的科学精神。

2. “思意数学”教学设计的互动性原则

班级集体授课方式目前主要是师生互动、生生互动或生机互动。互动的目的是让学生处于积极学习的状态，教师对每一个学生都要及时作出判断以调整教学策略。

例如：“指数函数的概念”的两种教学设计比较。

第一种设计：

（1）教师先让学生看书，然后教师讲解指数函数的定义。

（2）教师设计一些例子，让学生按照指数函数的定义去辨别哪些是指数函数，哪些不是指数函数——教师引导和示范的过程。

（3）教师设计练习，让学生模仿刚才的方法辨别哪些是指数函数——学生自主学习的过程。

第二种设计：

有人说给我一张足够大的纸我就能登上月球！这是真的吗？

请大家拿出一张纸，设面积为 1 的纸对折 x 次后，问题 1：请写出纸的层数 y 与数次 x 的关系；问题 2：请写出面积 z 与数次 x 的关系。

学生分组讨论。

表 4－1　层数 y、面积 z 与数次 x 的关系表

数次 x	1	2	3	4	5	…	x
层数 y							
面积 z							

请问：这两个对应关系能否构成函数，为什么？若能，请分析这两个函数有什么共同特征？与同伴进行交流。

对两种设计的评价：第二种设计是通过对生活情境例子的探究让学生实验探索来认识和理解指数函数概念。通过问题情境让学生探索并归纳出其中所蕴含的一般数学规律；同时，通过与同伴探索交流，学生用数学语言表述自己的发现，让学生感受到了数学来源于生活，又应用于生活，领悟学习数学的价值。

3. “思意数学”教学设计的系统性原则

在教学过程的系统设计中，要考虑教学内容的组织安排、教学方法和教学媒体的选用、学生的已有水平及课堂教学结构的安排等，在设计过程中，必须注意课堂教学系统各要素以及整个过程中各环节之间的联系，从教学目标设计到教学过程设计，以及到最后的教学评价，每个环节相互联系、相互影响，它们之间环环相扣，每个环节的设计都要符合教学要求和学生实际情况，只有这样，才能获得最好的设计方案。

再以“指数函数的概念”教学设计为例。

2000 年 10 月 8 日，美国一城市的日报以醒目标题刊登了一则新闻：“市政委员会今天发布本市垃圾的体积达到 50000 立方体”，副标题是“垃圾的体积每三年增加一倍”，教师在数学课上宣读了当天这则新闻，并且利用这条新闻引入指数函数的学习。

任务：把三年作为垃圾体积的加倍周期，要求学生填写下表：

表 4－2　垃圾体积的加倍周期与垃圾体积的关系表

垃圾体积的加倍周期（三年）数	垃圾的体积 V（立方体）
1	
2	
3	
…	
n	

研究：(1) 设想报纸标题所述城市垃圾的体积每三年持续加倍，24 年后本市垃圾的体积是多少?

(2) 根据上面提供的信息，你估计三年前垃圾的体积是多少?

(3) 如果 $n=-2$，这时的 n、V 表示什么意思? 写出 n 与 V 的函数关系，并画出函数图像。

(4) 曲线可能会与横轴相交吗？为什么？

评析：从具体实际问题入手，背景材料新颖并且来源于生活，容易吸引学生的注意力，通过这样的教学设计，让学生逐步探讨指数函数的概念、一般形式、图像及性质。一环扣一环，形成了一个有机的整体。在这样的过程中，学生既掌握了数学知识，又自然而然联系到环境污染、废物利用、生态环境保护等问题——培养了学生的社会意识。

四、“思意数学”教学的设计方法

教学设计思路是教学设计和教学实施过程中的主线，在内部本质上主要体现了教师教学和学生学习的“思维发展主线”。教学思路的设计与实施，首先是教师在充分了解学生学习思维、充分研究教学目标和教材的前提下的“主观的创造性的活动”，然后才是课堂教学中师生双向思维发展变化的过程。

（一）让教学目标具有内驱力

教师在充分了解学生学习思维、充分研究教学目标和全面把握教材内容的基础上，设计教学目标具体化、教学内容和教学过程层次化，让不同层次的学生都有所收获。如制定“等差数列”的教学目标时，根据学生的实际学习水平、认知规律和学习能力，制定出了“识记、理解、掌握、灵活运用”四个层次目标的具体教学内容以及匹配的例题和习题。

1. 识记

了解等差数列、等差中项的定义及相关概念，并记住等差数列的通项公式和等差数列前 n 项和公式并进行简单的求值计算。

示例 1：在等差数列 -2，-4，$-6\cdots$中，求第 8 项、通项公式与前 10 项的和。

2. 理解

能判断一个数列是否为等差数列，会证明等差数列的前 n 项和公式。

示例 2：写出一个等差数列，并依照求和公式计算前 10 项的和。

3. 掌握

熟练运用等差数列通项公式及前 n 项和公式，并能运用它们解决实际应用问题。

示例 3：已知数列 $\{a_n\}$ 的前 n 项和是 $S_n=-3n^2+n$，求它的通项公式。

4. 运用

能根据给出的前 n 项和 S_n 的公式，证明一个数列是否为等差数列；能运用已知等差数列推证另一个数列是否为等差数列。

示例 4：已知数列 $\{a_n\}$ 的前 n 项和是 $S_n=5n^2+3n$，证明这个数列是等差数列。

把德育和美育目标有机地融入等差数列的生活实例之中，感悟和体会数学美。

（二）充分凸出学生的主体地位

“思意数学”教学设计关注学生的认知、情感、心理活动、习惯、方法、策略等方面的情况，对不同的学生提供行之有效的学法指导。高中数学新教材《不等式》的学习中，在学习了重要不等式和不等式的证明后，设计下列问题：

已知命题：如果 a、b 都是正实数，且 $a+b=1$，那么 $\frac{1}{a}+\frac{1}{b}\geqslant 4$.

（1）证明这个命题为真命题；

（2）根据已知条件还可以得到什么新的不等式，写出两个并给予证明；

（3）如果 a、b、c 为正实数，且 $a+b+c=1$，推广以上已知命题，还可以得到什么不等式，写出并给予证明。

让每个学生积极主动参与本组讨论与探究，很快掌握了（1）的两种证明方法。对于问题（2），让各组学生抢答，并对给出的答案给予证明；对于问题（3），要求每个学生独立探究后在组内陈述出推广命题，并严格证明，大多数学生通过上述两小题的研究和讨论，很快得到命题：如果 a、b、c 都为正实数，且 $a+b+c=1$，那么 $\frac{1}{a}+\frac{1}{b}+\frac{1}{c}\geqslant 9$，命题的证明也规范而严谨。

（三）使教材的认知结构和学生的认知构建和谐统一

教学设计就是教师对教学目标的确定、教学内容的重新组合和教学方法的选择要全盘考虑，力求让教材的知识结构和学生的认知结果匹配与和谐统一。例如，高中数学新教材中简单线性规划的教学设计框架如下：

1. 激学导思

提出问题，根据学生已有的函数和不等式知识，先让学生完成问题：已知

函数 $z=2x+y$，其中变量 x、y 同时满足不等式 $4\leqslant x+y\leqslant 6$ 和不等式 $2\leqslant x-y\leqslant 4$，求 z 的最大值和最小值。学生很快得出 $6\leqslant 2x\leqslant 10$，$0\leqslant y\leqslant 2$，因此得出 $6\leqslant 2x+y\leqslant 12$，于是得 $2x+y$ 的最小值是6，最大值是12。

2. 引议释疑

引导学生辨析和讨论上述结论是否正确，通过讨论探究，师生一致确定 $6\leqslant 2x\leqslant 10$，$0\leqslant y\leqslant 2$ 是对的，但用 x 的最大（小）值及 y 的最大（小）值来确定 $2x+y$ 的最大（小）值却是不合理的。事实上，由 $6\leqslant 2x\leqslant 10$，$0\leqslant y\leqslant 2$ 得出 $2x+y$ 最小值6，但此时 $x=3$，$y=0$，$x+y=3$，这与已知条件 $4\leqslant x+y\leqslant 6$ 不符，故这种解法不正确。

3. 点拨提高

教师引导和激励学生探索新的解决问题的方法。在教师的激学导思下，学生很快掌握了用数形结合法解此题的方法与步骤：转化、探求、表达、反思。

4. 形成概念

利用数形结合的方法说明线性规划的意义以及约束条件、目标函数、可行域、可行解、最优解等概念。

5. 归纳方法

结合例题的解决方法，师生共同归纳出线性规划问题的解题步骤：画、移、求、答。

6. 巩固提升

巩固提升这个过程就是帮助学生重新构建认知体系的过程，让学生通过质疑、探索、猜测和尝试，探究新知识。

（四）优化课堂教学情境

1. 精心创设恰当的问题情境，激发学生思考，提升学生思维

常言道，思源于疑，无疑不惑。教师根据学生实际情况和教学内容创设一系列问题情境，唤起学生的学习兴趣。如进行等比数列前 n 项和的公式教学设计时，以故事引入并提出问题：古印度国王舍罕王与大臣下棋时，重赏棋艺高超的大臣达依尔（国际象棋发明人），大家知道奖赏的办法吗？请知道这个故事的学生接着讲完，然后提出问题“棋盘上有多少颗麦粒？大臣是如何计算棋盘上的麦粒数的?”带着这些问题，学生积极主动地去尝试探索等比数列的求和问题。

2. 精心创设恰当的生活情境

“思意数学”教学设计注重生活情境的创设，让学生走进生活、体验生活，在生活实践中发展。例如，“分期付款中的有关计算”是学完数列这一单元后安排的一个研究性课题，让学生到银行了解分期付款问题，解决生活中某些分期付款问题，使学生学会自主学习、合作学习、探究学习，培养学生解决生活中实际问题的能力，以及学会在生活中实践和总结。

3. 精心创设师生交流互动的情境

“思意数学”教学设计注重师生互动交流、生生互动交流，教师用情感感化学生，用激励手段鞭策学生，用自己的行为规范、严谨治学精神感染学生。

师生交流的成功是课堂设计成功的主要因素。合理选择师生间交流的方式和策略，有助于调动每位学生的主动性、积极性、互动性和创造性。如在学习“绝对值不等式的解法”时，教师提出了下列问题：

（1）由 $|x|=2$ 的解是 $x=2$ 或 $x=-2$，能否得到 $|x|=a$ 的解是 $x=a$ 或 $x=-a$，为什么？

（2）$|x|<2$ 的解集是 $\{x|-2<x<2\}$ 是怎样得到的？

（3）$|x|>a$（$a>0$）的解集是 $\{x|x>a$ 或 $x<-a\}$ 吗？为什么要用“或”字连接？能用“且”字吗？两个字分别在何时使用？有何区别？

（4）教材例 1 中，若得到“$-5\leqslant500-x\leqslant5$”可以吗？解绝对值不等式时要注意什么？

学生通过以上四个问题的讨论、探讨和回答，对一些数学概念加深了理解，同时也掌握了解题的思路和方法。

4. 精心创设良好的心理情境

“思意数学”教学设计注重考虑学生的心理因素，营造轻松、愉快的学习气氛，如设计问题探究活动，合理分组，全面参与，有效探究；课堂提问设计有梯度；课堂活动设计能激发学生兴趣和热情，让更多的学生得到表现的机会，彰显自我。

课堂教学是学生在校学习的主要形式，课堂教学中，教师在指导学生掌握那些最基本的理论、最重要的知识和信息的同时，更重要的是要让学生学会如何获取、精选、综合和分析，学会如何在综合、分析和研究的基础上进行再创造。因此，教师要在课堂教学上下功夫，尤其应在课堂教学设计上进行思考、实践和创新。

五、“思意数学”教学的设计要求

（一）教学设计要突显师生和谐的关系

良好的师生关系是促进学生有效学习的前提，良好和谐的师生关系有助于在课堂中实施有效教学。教师和学生在人格上是平等的，教师对每一个学生都要一视同仁。即便学生有差异，教师也要因材施教、因势利导，让学生具有同等的发展机会，在教学过程中拥有相同的话语权。教师要创造条件激励学生敢想、敢说，在课堂上师生共享话语权。发现问题，鼓励学生质疑；分析问题，提倡学生讨论；解决问题，邀请学生评价。在教学中放手让学生去寻找、分析、发现、归纳、总结，让他们在交流、沟通、冲撞、合作中提高认识水平和表达能力。只有教师平等对待学生，才有利于培养学生独立的价值观、创新意识和创新精神，让学生的潜能和个性得到健康、充分的发展。

（二）教学设计要突出激发学生学习动力的内容

美国心理学家奥苏伯尔说过：“影响学习的最重要的一个因素是学习者已经知道了什么。”因此，在教学过程中，教师要了解学生的学习起点，从学生的逻辑起点出发，按教材的编排有条理地进行教学，实现有效学习。

设计学生主动质疑的学习内容。学起于思，思源于疑。学习贵在质疑。疑能引起学生的思考与探索，能激发思维积极活动。因此，教师应当创设科学有效的问题让学生质疑，增强学生的学习动力。

设计学生积极研讨的学习内容。研讨是学生学习活动中不可缺少的一种形式。教学中应尽量多地设计安排学生的动手活动，让学生合作探究、切磋问题、各抒己见，有效开发学生的心智。

（三）教学设计要突出学生活动的时间

教学是多边活动，也是多向传递活动。学生是教学中最活跃的动态要素。新课程改革要求学生自主发现问题、提出问题和解决问题。在教学过程中，教师要给学生足够的探究活动时间，让学生采集相关信息，分析与处理信息，得出结论，实现问题解决，并且开展表述和成果交流活动，让他们充分地表现自己、完善自己、创造自己。让学生深深体会体验的乐趣，产生积极的学习情感，激发科学探究的欲望和信心。

（四）教学设计要激发学生的兴趣

培养学生学习兴趣是实现有效学习的源动力。法国教育家卢梭认为："教育艺术是使学生喜欢你所教的东西。"兴趣是人积极探究事物的核动力，学生有了兴趣，学习活动对他来说就不是一种负担，而是一种享受、一种愉快的体验，学生越学越想学、越学越爱学。只有生动活泼的课堂形式才能不断激发学生的求知欲，"兴趣是最好的老师"，有了兴趣就会主动探索、深入研究，兴趣是学生学习的内在动力。

（五）教学设计要善用学生资源

善用学生资源是促进学生有效学习的路径之一。学生既是课堂教学资源的"建构者"，也是学习的主体。因此，在课堂教学中要有效利用学生资源，提高教学的针对性和有效性，避免教师"心中有案，目中无人"的教学现象。一是利用学生的错误资源。心理学家盖耶说得好："谁不考虑尝试错误，不允许学生犯错误，就将错过最富成效的学习时刻。"学生在解决问题过程中产生的错误在一定意义上也是教学的巨大资源，教学时充分利用这些资源让学生进一步思考与探索，有利于学生全面发展。二是善待意外资源。课堂教学是一个开放的、富有创造性和复杂性的过程，其间不确定的教学因素和教学情境会逐渐增多，有的时候课堂的"意外"也会出现。因此，在教学中教师巧妙地利用其中的"意外"生成资源，灵活地调整教学流程，更能促进课堂教学的生长点。

第五章“思意数学”之实施策略

课堂是一个充满活力的环境，将来自不同背景的学生聚集在一起，展现各种能力和个性。因此，在思意数学教学中，教师需要实施创新的教学策略，以满足学生的个性需求。

一、“引疑创境”的教学策略

（一）从学生学习心理入手

学生的学习兴趣对于他们的学习、智力发展、能力培养和未来成就都有重大的影响，要提高学生注意力和学习效率，必须要创设学生学习的最佳心理状态，寻找并建立情知融合点。主要从研究学生的学习心理着眼，从“奇、疑、争、用”四字入手，在数学教学中收到了一定的成效。

1. 引之以“奇”趣

“奇”，指教师所授教学内容、教学方法、手段的不断更新与变化，使学生感到新奇、刺激、有趣、迷恋，从而激起学生的无意注意。以引入新课为例，采用直观引入、设问引路、趣闻开头、温故知新等方法，上课一开始，就将学生的注意力抓住，使其充满好奇，产生强烈的“投入热”。如引导学生探索三角形三边的关系时，教师提出这样的问题：三根木棒能否组成一个三角形呢？大多数学生的回答是肯定的，这时教师拿出三根木棒进行演示，当学生看到居然有不能组成三角形的三根木棒时，自然会感到好奇，教师这时再把最长的一根木棒适当截去一截，与另两根一起组成一个三角形，此时时机已成熟了，教师再启发学生自己动手用木棒去寻找三角形三边的关系。

2. 导之以“疑”趣

“疑”，指教师捕捉学生的疑点，挖掘教材中可疑的内容而提出问题、设计认知冲突或讲述内容使学生产生疑惑、悬念，引起对新知识的学习兴趣。如讲授余弦定理时，可以从勾股定理出发，在 Rt△ABC 中的三边关系 $c^2=a^2+b^2$ 的基础上，提出如果不是直角三角形，其三边关系又会怎样?“钝角三角形中钝角的对边 c 与其他两边关系会不会有 $c^2=a^2+b^2+$（?），或是锐角对边 c 又会不会有 $c^2=a^2+b^2-$（?），从而引入余弦定理。

学生产生惊愕，由困惑不解而引起认识冲突，这样便激起了他们强烈的求知欲，为探索新知识奠定了良好的心理基础。

3. 激之以“争”趣

“争”，通俗来说，它是青少年学生争强好胜的心理反映，也是课堂教学得以进行的动力。课堂上教师若能精心设计一些能“一石激起千层浪”的问题，就会引起学生的“争”论。如矩形教学中，利用不稳定性，将一个平行四边形变成有一个角为直角的平行四边形，通过演示观察，提出如下问题，让学生争议、探索：在四边边长不变的情况下，平行四边形在变动中成为一个怎样的图形?（角）什么没有变化?（边）矩形的定义是什么？它是什么四边形的一种特殊情况？除具有这样图形性质外，还具有怎样的特殊性质？一连串问题激发学生主动去思考、探索。

在争议中，有时师生共同讨论，有时教师故意设立疑点，让学生分辨正确与错误、讲理由，教师适度解疑、适时点拨，争论中学生思维火花互相撞击，注意力高度集中，兴趣进一步被激发。

4. 晓之以“用”趣

“用”，就是理论联系实际，把所学知识用于解决实际问题，苏霍姆林斯基说：“兴趣源泉还在于把知识加以运用，使学生体验到一种理智高于事实和现象的权力感，在人们心灵深处，都有一种根深蒂固的需要，这就是希望感到自己是一个发现者、研究者、探索者，而在孩子的精神世界中，这种需要则特别强烈。”当学生感到一箭双雕，他学的东西能够用来解释某种现象或解决某一问题时，其兴奋与喜悦是无可比拟的，这会使他们兴趣盎然，以致产生无穷的动力。

例如，在韦达定理教学时，先让学生解下列方程：

（1）$x^2-5x-6=0$；

（2）$2x^2-7x-5=0$；

（3）$x^2+px+q=0$（$p^2-4q\geqslant0$）；

（4）$ax^2+bx+c=0$（$b^2-4ac\geqslant0$）.

引导学生求出两根之和与两根之积，再启发他们寻求方程两根与方程系数的关系，经过学生动手动脑，终于推导总结出韦达定理的表达式，学生高兴地说：“我们也能像韦达那样发现定理了”，从而大大激发了学生学习数学的兴趣和探索数学奥秘的热情。

总之，“奇、疑、争、用”可以调动每一位学生的学习积极性，打开每一扇求知的大门，造成一种兴趣、知识、能力同步良性循环的态势，从而提高数学课堂教学效率。

因此，我们可以这样设置数学问题情境。

（二）设置数学问题情境

1. 把握好问题情境的难度

问题情境通常要求建立在原有认知结构的基础上，处于多数学习者思维上的“最近发展区”，即要“跳一跳就能摘到果实”。这对于学习者既新颖又有兴趣，既有能力去解决问题，也便于实现新旧认知结构的转变。

2. 设置能够引起交流、辩论的问题情境

这类情境往往比较复杂，仅凭个体思维难以完成，若正确引导，组织讨论，各抒己见，就会出现紧张热烈而又充满积极思维的课堂气氛。在教学中一方面要注意激发和培养学生的探索兴趣，给学生提供较多的机会；另一方面又要通过问题启发、讨论启发等方式，引导学生积极思维、大胆想象。

3. 设置阶梯式问题情境，深化问题思维

若在提取已学知识仍不能解决现有问题时，不妨由易而难、由简入繁、层层推进、逐步深入地设置一系列的问题情境，让思维沿着设计的情境逐级而上，从而达到教学目标。

例如，我们学习二项式定理的证明之后，先提问：

（1）写出 $(2+x)^4$ 的展开式；

（2）写出$(1+2x)^7$ 的展开式的第 4 项，并写出第 4 项的二项式系数及第 4 项的系数；

（3）在$(x-a)^{10}$的展开式中，x^7 的系数是 15，如何求实数 a 的值？

（4）通过研究，你能得到二项式系数 C_n^0，C_n^1，C_n^2，…，C_n^n 的哪些性质？

4. 设置发散式问题情境，培养思维创造性

发散即求异，即从给定的问题情境中产生多种途径的输出信息，求得多变、多解。这是创造性发展的必要前提。通过一题多解、一题多变、多题一解等，创造了更好的发挥学生积极性的条件，促进了问题意识，形成了问题思维，使他们能主动地探索知识、发展能力。

二、“归类理线”的教学策略

在数学总复习中，把课本内容线索化，抓归类理线，做好章节过关；把数学知识图（表）解化，抓对比复习，纵横联系；把课时内容问题化，抓课堂复习；把题目系列化，抓系统训练。这样一来，提高了数学教学效果，在高考中学生自然能取得令人满意的成绩。

（一）课本内容的归类理线

抓章节过关，至关重要。首先指导学生弄清篇章纲目结构，掌握基本线索，从而加深对章节具体内容的理解。然后进一步分析、比较、归纳、综合，将课本内容线索化。即站在统帅课本全部内容的高度，对课文内容分门别类地梳理，让学生有整体的记忆，在联系中理解。

如复习“不等式”时，先列出如图 5－1 所示知识结构：

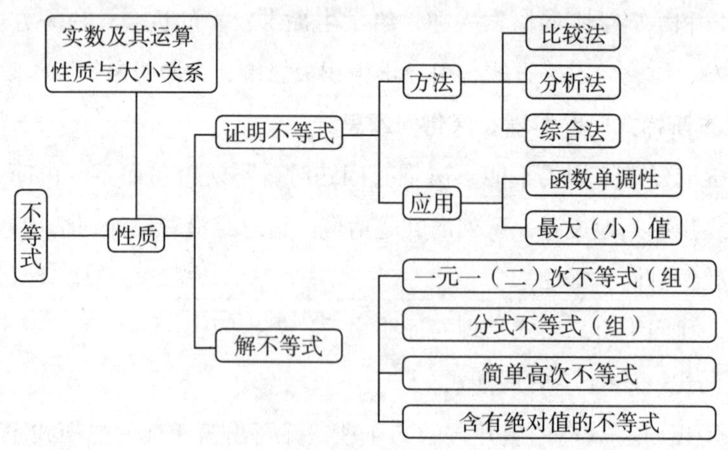

图 5－1 “不等式”知识结构

这样使学生对本章内容有整体认识，然后在各个分问题上又进行梳理。如复习解不等式这一节时，列举了下面一个例子说明：

解不等式 $\sqrt{3-x}>x-1$.

(1) 从方程、不等式方向看，可列出等价条件组：

$$\begin{cases}3-x\geqslant 0\\ x-1\geqslant 0\\ 3-x\geqslant (x-1)^2\end{cases} \quad 或 \begin{cases}3-x\geqslant 0\\ x-1<0\end{cases}$$

异化：对数不等式、三角函数不等式等。

(2) 从几何方向看，可将原不等式看作求半抛物线 $y=\sqrt{3-x}$ 在直线 $y=x-1$ 的上方部分所对应的 x 值。

异化：圆与直线 $\sqrt{3-x^2}>x-1$，折线与直线 $|3-x|>x-1$，椭圆 $|3-x|+|x-1|>6$ 等。

(3) 从函数方向看，可将原不等式看作求 $f(x)=\sqrt{3-x}-x+1$ 的正值区间。

令 $\sqrt{3-x}=t$，则原不等式等价于

$$\begin{cases}\varphi(t)=t^2+t-2>0\\ t\geqslant 0\end{cases}$$

异化：函数在给定条件下自变量的取值范围等。

（二）把数学知识列成图表

表（图）解化，是对经过线索化处理的教材内容运用图表的形式进行直观地概括和再现。这样既可为学生提供一份直观、简洁、清晰的图表，又可培养学生归纳和综合文字的组织能力。在复习时一边将课本内容线索化，一边将经线索化处理的内容用图表的形式在黑板上板书，从而为学生示范。一张图表在手，学生比较容易把握这一线索之中的若干知识点，如上例知识结构图如下图 5－2 所示。

这样既培养了学生对数学知识的综合概括能力，又加强了数学知识的对比和纵横关系，有利于学生理解和掌握。

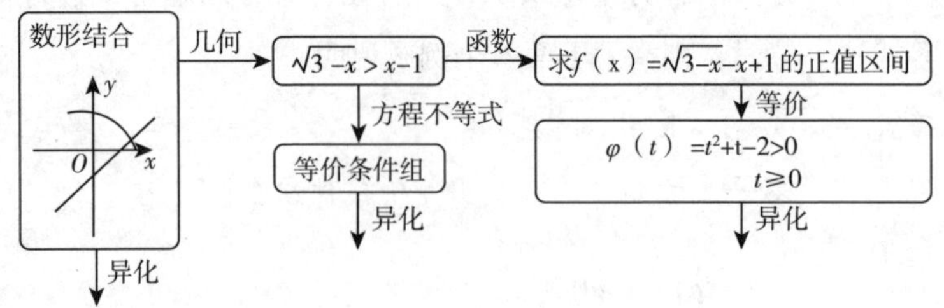

图 5－2　例题的知识结构图

（三）按课程内容提出问题

为加强复习课的有效性和实用性，力求贴近高考实际，使学生课后有所得。根据复习课跨度大、覆盖面广、涉及知识点多的特点，在对课本内容线索化处理后，按数学知识图表化，参照高考试卷题型模式，对所复习内容进行提炼和筛选，编成若干题目，在课堂复习中进行提问和解答，师生双方带着问题上课，围绕问题展开教学和进行复习。如复习证明不等式一节时，举了这样的一道题：

已知 a、b、c 是不全相等的正数，求证：

$a+b+c>\sqrt{ab}+\sqrt{bc}+\sqrt{ca}.$

引导学生抓住命题的条件和结论，提出以下问题：

（1）已知 a、b、c 是不全相等的实数，求证：$a^2+b^2+c^2>ab+bc+ca.$

（2）保留条件，分别将结论中的 a、b、c 换成$\frac{bc}{a}$、$\frac{ca}{b}$、$\frac{ab}{c}$，即已知 a、b、c 是不全相等的正数，求证：$\frac{bc}{a}+\frac{ca}{b}+\frac{ab}{c}>a+b+c.$

（3）令 $c=1$，有已知 a、b 是两个不相等的正数，求证：

$a^2+b^2+1>ab+a+b.$

（4）已知 a_1、a_2、…、a_n 是不全相等的正数，求证：

$a_1+a_2+\cdots+a_n>\sqrt{a_1a_2}+\sqrt{a_2a_3}+\cdots+\sqrt{a_{n-1}a_n}+\sqrt{a_na_{n+1}}.$

（四）把题目编成题组

练习的量要适当、质要精。加强题目的系列化训练，从量到质、从形式到内容都要形成系列。在复习不等式 $a+b+c\geqslant3\sqrt[3]{abc}$的应用时，给出了以下的系列训练题：

（1）已知 a、b、$c\in R^+$，求证：$(a+b+c)(a^2+b^2+c^2)\geqslant9abc.$

提示：$a+b+c\geqslant 3\sqrt[3]{abc}$，$a^2+b^2+c^2\geqslant 3\sqrt[3]{a^2b^2c^2}$两式相乘即得证。

（2）某村要建造一个体积为50立方米的有盖圆柱形氨水池，问氨水池的高和底面半径各取多大时，所用材料最省？

提示：设圆柱的高为h，底面半径为r，

$$\begin{cases}\pi r^2h=50\\ S=2\pi r^2+2\pi rh\end{cases}\Rightarrow S=2\pi r^2+\frac{100}{r}=2\pi r^2+\frac{50}{r}+\frac{50}{r}$$

当$2\pi r^2=\frac{50}{r}$，即$r=\sqrt[3]{\frac{25}{\pi}}$时，$S$有最小值，这时$h=2\sqrt[3]{\frac{25}{\pi}}$.

（3）设三角形的三边为a，b，c，面积为S，求证：$a^2+b^2+c^2\geqslant 4\sqrt{3}S$.

提示：设$p=\frac{1}{2}(a+b+c)$，$\frac{p}{3}=\frac{1}{3}[(p-a)+(p-b)+(p-c)]\geqslant\sqrt[3]{(p-a)(p-b)(p-c)}\Rightarrow p^4\geqslant 27p(p-a)(p-b)(p-c)$，

从而$\frac{1}{3}(a+b+c)^2\geqslant 4\sqrt{3}\sqrt{p(p-a)(p-b)(p-c)}$，

可得$a^2+b^2+c^2\geqslant 4\sqrt{3}S$.

（4）在$\triangle ABC$中，$\lg\tan A$、$\lg\tan B$、$\lg\tan C$成等差数列，试求$\angle B$的范围。

提示：根据$2\lg\tan B=\lg\tan A+\lg\tan C\Rightarrow\tan^2B=\tan A\tan C$、$\tan A+\tan B+\tan C\geqslant 3\sqrt[3]{\tan A\tan B\tan C}$和在$\Delta ABC$中有$\tan A+\tan B+\tan C=\tan A\tan B\tan C$，可以得出$\tan^2B\geqslant 3\Rightarrow\tan B\geqslant\sqrt{3}$，由于$\tan A$、$\tan B$、$\tan C$都是正数，所以$B<\frac{\pi}{2}$.

综上，$\frac{\pi}{3}\leqslant B<\frac{\pi}{2}$.

一组系列训练题在手，就足以满足学生复习需要。

三、“思维迁移”的教学策略

知识和技能的迁移是指已经掌握的知识和技能对新的知识和技能的掌握产生积极或消极影响的心理现象。积极影响称正迁移，消极影响称负迁移。在数学教学过程中，教师要灵活运用知识和技能的迁移规律，有目的、有计划地促进学生的正迁移，克服负迁移，提高教学质量，发展学生的智力和能力。

（一）知识迁移的策略

1. 用知识间内在的联系促进正迁移

学生在学习数学知识和技能的过程中，知识与知识、技能与技能之间有着一定的内在联系。利用这种联系，让学生掌握知识和技能的前因后果，培养举一反三的正迁移能力，是中学数学教学的一个重要方面。

培养学生纵向迁移的能力，能促进他们的思维深度发展。按照教材的内容，使学生的学习按由浅入深、由简到繁、由低层次向高层次的方向迁移。例如在“反函数概念”教学中，先复习“集合”“映射”“对应”“函数”中的有关知识，再讲授反函数，学生易于接受。在“三垂线定理”教学中，先复习“直线和平面垂直的关系”“平面与平面垂直的关系”，再讲授新知识，有助于学生将原来零散的知识有机地联系成系统的知识，从而实现教学知识的上升迁移。

培养学生横向迁移能力，可加强各知识点的联系，有助于他们的思维广度发展。例如在“圆锥曲线”教学中，可利用直线方程、函数方程等方面的知识组织教学，由于学生头脑中已有引用的知识，所以很容易被迁移到“圆锥曲线”的知识之中。

2. 分析本质相异而表面相似的知识概念，积极克服负迁移

数学教材中有许多知识、概念、技能既有联系又有区别，特别是内涵有联系而外延有交叉重叠的知识概念之间，最易产生混淆，从而发生负迁移。例如对应与映射、映射与逆映射、映射与一一映射、一一映射与函数、函数与反函数等概念知识，若抓不住本质要点，不能掌握联系和区别，则会一知半解，张冠李戴，产生消极的负迁移。又如复数的幅角主值、直线的倾斜角、直线和平面所成的角、两条异面直线所成的角，要注意弄清它们集合间的包含关系。

正迁移和负迁移在数学教学中是经常遇到的。我们必须有目的、有计划地促进学生的正迁移，克服负迁移，达到培养学生思维能力的目的。

（二）知识迁移的方法

在数学教学中，引导学生有效地进行知识迁移，可采取以下方法：

1. 利用最基本的知识、规律、方法进行迁移

中学数学各部分知识间具有系统性、逻辑性，从而组成了一个严密的整体。我们从整体结构中研究每一局部知识的地位、作用及其间的联系，找出形成该

知识系统最基本的概念、原则、思路、方法，并以其为核心，使其向各个方向迁移，从而获得有关新知识。

例如教学“直线方程”时，首先要确定直线的两种最基本的条件：“由一定点和一定方向确定一条直线”“由两点确定一条直线”。显然，它们是确定直线方程的点斜式和两点式的直接的理论根据，而直线方程的斜截式和截距式只不过分别是点斜式和两点式的特殊情况。因此，要求过一点和一定方向的直线的方程（点斜式），就必须先解决如何明确直线方向的问题。同时在解决两点式的问题中，也得依靠直线方向的确定法。因此从解决这两个问题的需要来考虑，首先要解决直线的倾斜角和斜率这个问题，原因就在于它是解决前两个问题的预备知识。

2. 铺路搭桥逐步迁移

我们运用设问来引导学生一步一步地实现知识的迁移，效果很好。

例如高中代数引进复数模这一概念时，可提出下面的问题：

（1）在实数中有绝对值的概念，复数中是否有类似的概念呢？如果有，这个类似的概念应该是什么？

（2）实数绝对值的几何意义是表示数轴上一个点到原点的距离。类似地，一个复数也对应复平面上的一个点，因此可以把复平面上复数对应的点到原点的距离叫做“复数的绝对值吗？”

这样迁移性的设问，从实数绝对值的概念提出复数模的概念，不仅能防止新旧概念的混淆，还能使学生在“温故知新”的过程中，产生强烈的求知欲，同时还能培养学生运用旧知识研究新问题的能力。

3. 相似类比，促进迁移

对相似的数学问题与数学过程进行类比、分析，从局部的相似找出它们的解决方法，以便达到迁移目的。

例：设函数$f(x)$的定义域关于原点对称，且满足

（1）$f(x_1-x_2)=\dfrac{f(x_1)f(x_2)+1}{f(x_2)-f(x_1)}$；

（2）存在正常数a，使$f(a)=1$；

（3）对于$0<x<2a$，$f(x)>0$.

求证：

（1）$f(x)$ 是奇函数；

（2）$f(x)$ 是周期函数，并求它的周期。

分析：$f(x_1-x_2)=\dfrac{f(x_1)f(x_2)+1}{f(x_2)-f(x_1)}$与 $\cot(x_1-x_2)=\dfrac{\cot x_1\cot x_2+1}{\cot x_2-\cot x_1}$类似，由这个“类比”可“猜想”：$f(x)$ 相当于 $\cot x$. 由 $f(a)=1$ 与 $\cot\dfrac{\pi}{4}=1$ “类比”可“猜想”：a 相当于$\dfrac{\pi}{4}$，故可猜想：$f(x)$ 周期为 $4a$，证明过程从略。

4. 化归问题，实现迁移

所谓化归问题，就是用联系、发展、变化的眼光观察问题、分析问题，有意识地对新问题进行转化，使其变为易于解决的简单问题。

例：设 f 是实数集 R 到复数集 C 的一个映射，对于 $t\in\mathrm{R}$，有 $f(t)=(4n^2+tn+14)i$，其中，$n\in\mathrm{Z}$，问是否存在实数 t，使得复数 $[t, f(t)]$ 所对应的点位于以 $A(0,-2)$ 为圆心，$8\sqrt{3}$为半径的圆内或圆上。

化归一：是否存在 $t\in\mathrm{R}$，使得点 $(t, 4n^2+tn+14)$ 不在圆 $x^2+(y+2)^2=(8\sqrt{3})^2$ 外，即 $t^2+(4n^2+tn+16)^2\leqslant(8\sqrt{3})^2$. 化简整理得：

$(1+n^2)t^2+8n(n^2+4)t+16[(n^2+4)^2-12]\leqslant 0$. 然后联系二次函数及判别式可知 t 值不存在。

化归二：令$\begin{cases}x=t\\y=4n^2+tn+14\end{cases}$，则问题又转换成：是否存在 $t\in\mathrm{R}$，

使得圆心 $(0,-2)$ 到直线 $y=4n^2+nx+14$ 的距离不大于 $8\sqrt{3}$，这由 $d=\dfrac{4n^2+16}{\sqrt{n^2+1}}=4\left(\sqrt{n^2+1}+\dfrac{3}{\sqrt{n^2+1}}\right)>8\sqrt{3}$，便能断论。

5. 从多角度去认识同一知识，加速知识迁移

利用典型问题，引导学生从多方面去认识知识，可以提高知识的迁移能力。让学生从各个角度去认识、分析知识的内涵，培养学生思维的变通性。

例：中心为 O 的椭圆$\dfrac{x^2}{4}+\dfrac{y^2}{3}=1$ 上有两点 A、B，且 $OA\perp OB$，求$\triangle AOB$ 的最大值及最小值。

分析：可以设计如下几个解题方案：

（1）设 A、B 坐标分别为（$2\cos\theta_1$，$\sqrt{3}\sin\theta_1$），（$2\cos\theta_2$，$\sqrt{3}\sin\theta_2$），由 $OA\perp OB$ 可得到 θ_1 与 θ_2 的关系（注意，一般情况下 θ_1 与 θ_2 的差不是 $90°$），然后由 O、A、B 三点坐标求出 $\triangle AOB$ 面积，最后求最值。

（2）设直线 OA 的方程为 $y=kx$，则直线 OB 的方程为 $y=-\dfrac{1}{k}x$，OA，OB 分别与椭圆方程联立，解出 A、B 的坐标（含有参数 k），然后求出 $\triangle AOB$ 面积关于 k 的函数，最后求最值。

（3）将 OA，OB 所在直线方程改成参数形式，以下同方法（2）。

（4）以 O 为极点建立极坐标系，以 A 点极角 θ 作为自变量，求出 $\triangle AOB$ 面积关于 θ 的函数，最后求最值。

求最值问题，一般方法是选取自变量，找出函数，然后求函数最值。其中自变量选取是否适当很关键。如上例方案（4）中以 A 点极角 θ 作为自变量，函数关系易确定，最值也容易求得。如用方案（3）以 OA 的倾斜角为自变量，难易程度相仿，但是如方案（1）中以 A 点的离心角 θ_1 为自变量，那么就烦琐得多，首先 θ_1 与 θ_2 的关系复杂，其次函数关系的确立也较困难。

四、“情感焕发”的教学策略

在数学教学中如何培养情感因素呢？主要从以下四个方面进行：

（一）引用史料，激发情感

数学教材中有丰富的史料内容，能激发学生的情感，同时能使学生的内心产生丰富的联想。例如：在引入“数列”时，向学生简要介绍了我国古代对数列的一些研究，当听到数列的广泛应用及我国对数列的研究比欧洲早三四百年、远远在世界前列时，他们自豪地笑了。这无疑增强了学生的民族自信心和自豪感，增强了学习兴趣，提高了学习积极性。

（二）创设情境，引发情感

幻灯片、录像、图片、有声有色的解说，都能把学生带入特定的氛围，使学生的内心产生微妙的变化。如“指数函数和对数函数”教学中，通过多媒体图片，配以教师的解说，使两种函数的图像在学生面前得以生动展现，学生观察图像，两种函数性质和规律一目了然，从而激发了学习兴趣。

（三）对比联想，丰富情感

对比联想是丰富学生情感的一个方法。可以是同学科内容对比，也可以是不同学科内容彼此对比，渲染气氛，使学生真切地感受到其思想蕴含，既巩固所学，又教育学生。

例如，在讲授“充要条件”时，若以数学命题判断，似乎有些抽象，难于掌握，于是结合个别学生重智育、轻德育的思想，联系给出巩固概念的实例：“学习成绩优异”是“评为三好学生”的什么条件？在思考的过程中，同学们自言自语道：“仅成绩优异，没有好的思想品德和体育达标也是不行的。”并齐声答道：“是必要条件。”“反过来呢？”“是充分条件。”这样，既巩固了概念，又对学生进行了争当三好学生的教育。适时的、恰到好处的联想，能使学生的情感向好的方面转移。

（四）点拨提示，启导情感

教师要善于发掘蕴含在教材中的情感因素，并及时给予点拨，使学生的心田受到滋润。例如“排列组合”“二项式定理”一节，教材在正文中介绍“杨辉三角”。于是利用教材中的数字美，指出杨辉三角构形完美，体现了对称美，描述了知识的规律性。通过具体的教学过程，使学生从数学的外在美中领悟出它蕴含的内在美，寓美育于数学教学中，同样能收到陶冶学生情操的效果。

数学教学中的情感因素培养方法很多，如果教师在教学的内部机制上稍作调整，把情感培养作为一个重要的教学目标，就会“润物细无声，涓涓入海流”，收到良好的教育效果。

五、“缘文释道”的教学策略

数学教学只有注意寻求教书与育人的最佳结合点，才能更好地实现德育渗透。

（一）导语渗透，引进活水

精美的课前导语可激起学生的兴趣和求知欲望，起到叩开入课之门的作用。中学数学教材中有不少德育材料，若能在课前导语中恰当地引入，便是进行德育渗透的理想渠道。

例如讲等差数列前 n 项和公式时，先介绍 18 世纪 10 岁的高斯计算 $1+2+\cdots+$

99+100所用的方法：原式=（1+100）+（2+99）+…+（50+51）=101×50=5050。

当学生听完这个真实而有趣的故事后，对高斯的聪明感到无比钦佩，同时也大大激发了他们的学习兴趣。此时教师因势利导，让学生在愉快的气氛中进行讨论，自己得出等差数列前n项和的一般公式。用生动故事导入，可以培养学生顽强好学的良好品性，激发学生的学习积极性。

（二）题解渗透，举纲张目

习题是数学教学的重要组成部分，大多数学教师在课堂教学中都十分重视解题。所以在习题教学中进行德育渗透真可谓水乳交融、天衣无缝了。

例：按照世界银行公开的数据，2019年全世界的GDP达到87.7万亿美元，增速为2.9%，而中国的GDP达到14.34万亿美元，增速为6.1%，占世界的比重超过16%，查表计算：

（1）如果全世界GDP每年比上年平均递增3%，那么再过40年，即到2059年，全世界的GDP将达到多少？[参考数据：$(1+3\%)^{40}\approx3.26$]

（2）如果我国GDP每年比上年平均递增6%，那么到2059年，我国的GDP将达到多少？占全世界的比重是多少？[参考数据：$(1+6\%)^{40}\approx10.29$]

（3）请根据以上数据说明我国提出的经济全球化和“一带一路”倡议的必要性。

这是一道关于国民生产总值增长的习题，通过该题的解答，要使学生具有数学思维和经济全球化的意识。如果按照6%的增速高速发展，到2059年我国GDP将达到147.56万亿美元，占全世界的比重约为52%。那时，全世界都没有足够的财富买得起中国不断制造的产品和不断提供的服务，因为中国以外有全世界80%以上的人口，而总的财富还不如中国多。要解决这个问题有两个办法，一个是提高世界其他地区的购买力和经济增长速度，另一个是让中国经济增长降到世界的平均水平，显然我们不希望用第二个办法。从这些数据本身，用逻辑推理的方法就可以教育学生，作为一个未来的公民，在为我国经济高速增长感到自豪的同时，也应该用数学的思维思考世界，了解党和国家提出的经济全球化和“一带一路”等全球合作倡议的必要性。可见，习题教学时的德育渗透可以使知识的传授与思想教育和思维教育相得益彰。

（三）设问渗透，缘文释道

数学教学中，问题设置是架在教材和学生之间的桥梁。在课堂设问中若注意德育渗透，可缘文释道，使学生受到深刻的思想教育。

如“复数”中“数的发展”这一节内容浅显，于是让学生带着问题“数是怎样发展起来的？为什么要学复数？”去阅读。同学们不仅能具体地分化出数的发展阶段，而且能认识到知识来源于实践，又反过来作用于实践这一真理。在探求数的发展过程中，追溯我国古代数学历史，认识到我国在数学领域里也同样居世界前列。一方面使学生为我国数学上的成就感到自豪，激发学生热爱祖国的热情；另一方面还使他们认识到我国现代文化与世界上发达国家之间还存在一定差距，激发他们的民族自尊心，教育学生为建设我国和赶超世界先进水平而刻苦学好数学。

六、“诱发会学”的教学策略

教学是由教师的教和学生的学构成的共同的双边活动过程。教师教为主导，学生学为主体，不是为教而教，而是为学而教。应当启发学生学习的主动性，教给学生不但“学会”而且“会学”。

（一）巧设悬念，诱发思考，激起学生“会学”的兴趣

教学过程是一个“由学转化为教，又由教转化为学的过程”。在教学中，如何处理好“教与学”的这一转化过程呢？首先要做到巧设悬念，激发兴趣，因为“兴趣”能激发“灵感”，“兴趣”是发现的先导、求知的动力，当学生对所学科目感兴趣时，便会以高度的注意力、愉快的情绪主动地获取知识，学生内部动力强烈，就会最大限度地发挥自己的智能潜力。难怪托尔斯泰告诫我们：“成功的教学所需要的不是强制，而是激发学生的学习兴趣。”

例如，在讲函数极值的应用时，可布置下列问题：“为什么大多数烟囱及罐头盒都是圆柱形的而不是棱柱形的？为什么树干是圆的，而树叶大多数是扁的？”再通过计算让学生看到，当周长一定时，圆形面积大于方形面积……用这类生活中的常见现象，启发学生深思，引起学生的学习兴趣。学生有了好奇心后，再讲函数极值的应用，使学生看到函数极值和实现祖国四个现代化的密切联系，从而下决心学好这部分知识。

（二）循思设疑，引导探索，提供学生“会学”的条件

学生对某一问题有了兴趣，就会带着强烈的好奇心，循着思路设疑。科学家爱因斯坦说过：“提出一个问题往往比解决一个问题更重要，因为解决问题也许仅仅是一个数学或实验上的技能而已，而提出新问题、新的可能性，从新的角度去看旧问题，却需要有创造性的想象力。”在教学中，要有效地引导学生质疑，开启学生思维的闸门，使学生始终沿着既定的目标前进，从而把学生引到对问题更深层的理解。要为学生会学提供条件，这个条件包括两方面：一是提供“会学”的时间，在一节课中，教师讲是主要的，而学生学更为重要，要让学生有足够的时间去思考讨论、做练习；二是提供“会学”的方法，根据教材特点，循着教材思路，由浅入深、由简单到复杂，以重点、难点为中心，启发思考，激发思维。

（三）运用规律，培养能力，教给学生“会学”的方法

在教学中，既要运用学生的心理规律，又要发掘教材内容规律，根据教材特点，处理好教材关系，采取各种有效方法，使学生有的放矢。如“指数函数与对数函数的性质”一节，人教版教材是分类设置的，教什么、练什么，内容简单，激发不起学生的学习热情。教师可以把它们结合起来教学，运用“比较法”和“综合分类法”等教学方法。古人云：“授之以鱼，不如授之以渔。”根据不同内容采取不同方法，如启导法、问题讨论法、质疑法等，且各种方法交替变换，使学生愉快地接受问题，轻松地学会。

学无定法，而有规律。在教学过程中，指导和帮助学生掌握学习，让学生在自学活动中充分施展他们的聪明才智，课堂教学才能呈现出生机勃勃的局面。

七、“思维拓展”的教学策略

思维能力是智力的核心。培养学生思维能力是发展学生智力的前提，是提高学生素质教育的基础，也是我们数学教学发展学生智力的中心环节。在中学数学教学中，如何培养学生思维能力是教学研究的一个重要课题。下面试从教与学两方面探讨一下培养学生思维能力的基本途径和方法。

（一）恰当选取培养学生思维能力的教学方法

在教学过程中，不论采用什么样的教学形式和方法，都是为教学目的服务的，不同的教学形式和方法会产生不同的教学效果。因此，在数学教学中，培养学生的思维能力，选取恰当的教学方法是至关重要的。故而，在教学中应根据教学实际，恰当地选取“问题教学法”“启发释疑教学法”“情境教学法”“读读、讲讲、练练教学法”等有利于培养学生思维能力的方法进行教学。

（二）精心构思，设计培养学生思维能力的教学方案

一堂课的教学效果如何、教学质量的高低，首先取决于教师课前教学设计质量的优劣。数学教材、课程标准、教学参考书只为教学提供了基本内容、基本要求和依据，但如何运用最优化的教学方式、最合理的教学结构进行教学才能达到使学生在获得数学知识的同时又能开发他们的智力、培养他们思维能力的目的呢？我们认为：必须依靠教师课前的劳动——备课、课堂教学设计。教师深入研究课程标准、教材，以课程标准、教材为依据，以培养学生思维能力获取知识为目的，创造性地组织教材，精心设计符合学生心理特征、认知规律，切实可行的方案，使静态教材内容变为具有探索价值的研究问题，激发学生兴趣，使学生在教师的启发引导下，在探究问题中，提高自身的思维能力。

在课堂上，教师要少讲、精讲，根据教学目标，精心选择、精心设计和精心提出问题，唤起学生积极主动的思考，调动学生的认识、情感和意向行动，使师生心理同步。

例如：在讲授“函数的概念”一节时，我们可先提出如下问题让学生自学：（1）为什么说函数实际上就是从定义域 A 到值域 B 的映射？（2）函数与映射有什么区别？（3）如果函数关系是用解析式表达的，那么 $y=f(x)$ 中的 f 的意义是什么？举例说明。（4）自变量是否一定要用 x 表示？两个函数相同的条件是什么？$y=x^2$（$x\in R$）与 $\mu=y^2$（$y\in \mathrm{R}$）是否表示同一函数？

经过阅读思考，一般学生对（1）（3）两个问题能作出令人满意的回答，但对于（2）（4）两个问题，多数学生不甚理解。这说明学生对函数概念的本质尚未理解，这时，教师暂不作结论，继续发问：函数 $f(x)=\sqrt{x-1}$ 与 $g(x)=\frac{1}{\sqrt{1-x}}$ 的和仍是 x 的函数吗？通过辨析，使学生明确了虽然 $f(x)+g(x)=\sqrt{x-1}+\frac{1}{\sqrt{1-x}}$ 有明确的对应法则，但它的定义域却是空集。这样，学生本质上明确了函数定义的关键是定义域和对应法则。只要两个函数定义域和对应法则相同，就认为这两个函数是相同的。教师只起了个画龙点睛的作用，却使学生明确了他们百思不解的问题。教师讲得少了，使知识和能力相互作用的时间缩短了，形成了必要的超短反馈，收到了事半功倍的效果，从而达到培养学生思维能力的目的。

（三）创造数学情境，培养学生思维能力

思维往往是从问题开始，创设一个好的情境即设立学习中的障碍、设置悬念，激起学习中的疑问等，有利于学生开展联想、猜想或作出一些假设等思维活动。

例如：在讲“互为反函数图像间的关系”一节时，我们先给出如下一组函数：

①$y=2x+3$，②$y=x+3$，③$y=-x+3$，④$y=x^3$.

要求学生分别求它们的反函数：

①$y'=\dfrac{x-3}{2}$，②$y'=x-3$，③$y'=-x+3$，④$y'=\sqrt[3]{x}$.

再要求学生在同一直角坐标系里画出上面每一对互为反函数的函数图像（如下图 5－3 所示）：

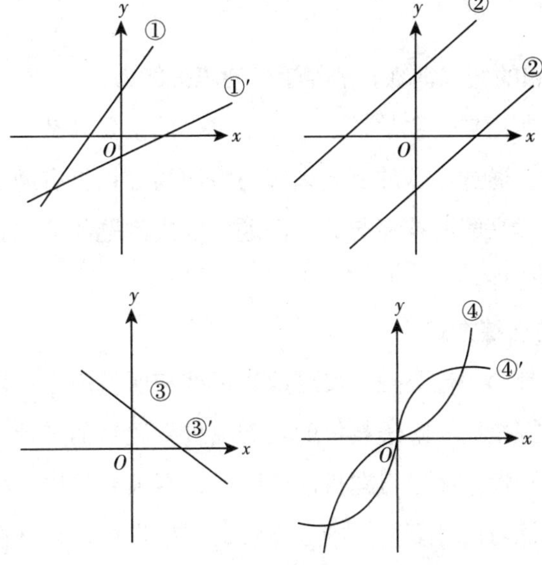

图 5－3　互为反函数的函数图像

接着提问：每对互为反函数的函数图像之间有怎样的位置关系呢？学生看到的两个互为反函数的函数图像，可以是两条相交直线、两条平行直线、两条重合直线，也可以是两条曲线。而舍弃这些不同的属性，就可以概括出它们的共同属性，这样我们就为学生得出命题函数 $y=f(x)$ 的图像与它的反函数 $y'=f^{-1}(x)$ 的图像关于直线 $y=x$ 对称创设了思维活动的情境。

又如讲“组合数性质”一节时，由于性质之二比较抽象难懂，我们可以从组合数的简单计算入手，算出 C_{10}^{3} 和 $C_9^2+C_9^3$ 的结果，发现了 $C_{10}^3=C_9^2+C_9^3$.

然后要求学生说出 C_{10}^3 的含义：从 10 个不同元素 a_1、$a_2\cdots a_{10}$ 中取出 3 个元素的组合数。再要求学生考虑在这些组合里，含有元素 a_1 的组合有多少个（这就是 C_9^2 的含义）；不含有元素 a_1 的组合有多少个（C_9^3 的含义）。

由此得出结论 $C_{10}^3=C_9^2+C_9^3$.

学生理解了以上特例，为获得组合数性质之二这个一般结论创设了思维发展层次，学生可以在此基础上大胆设想、猜疑，跳跃式地将特殊情况加以一般化：从 $n+1$ 个不同元素 a_1，a_2，$\cdots a_{n+1}$ 中取出 m 个元素的组合具有 C_n^m 个，它可以分成两类：一类是含有元素 a_1 的组合有 C_n^{m-1} 个；另一类是不含 a_1 的组合有 C_n^m 个，由加法、乘法原理得 $C_{n+1}^m=C_1^1C_n^{m-1}+C_1^0C_n^m$ 即 $C_{n+1}^m=C_n^{m-1}+C_n^m$ $(m\leqslant n)$.

（四）加强习题的变式训练，培养学生的思维能力

习题训练及解题指导是数学教学中必不可少的重要环节，也是培养学生思维能力的重要途径。通过习题的变式训练与解题指导，更有助于加深学生对知识的巩固与深化，提高解题技巧与分析问题、解决问题的能力，增强思维的灵活性、变通性和创造性。

1. 教师命题的训练方式

在命题之前，教师一定要融会贯通课程标准和所教内容，认真总结教材重点和难点，应在把握全局、吃透教材的基础上进行题目的设计，注意习题的典型性、灵活性、新颖性。编制习题目的要明确，要求要具体，注意练习的序列性和层次性，加强练习的计划性。精心设计，严格训练，认真评讲，指导解题思路和方法。不论是章节训练、单元训练，还是专题训练、综合训练；也不论是选择题、填空题的设计，还是解答题的设计，教师都应该把学生思维能力的训练作为命题的重点。

2. 让学生自我命题的训练方式

组织学生自我命题，不但可以调动学生学习的积极性，充分发挥学生的主体作用与聪明才智，而且可以使学生学过的知识在实践设计命题中得到综合应用。组织学生依据教材进行命题，使思维不仅有集中（集中于教材），而且有分散，因为他们此时的思维是独立的、自由的，这样做有利于培养学生的创造思维能力。

3. 采用一题多练的方式

一题多练即学生只要做一道题目，就能巩固几方面的基础知识以及使几种解题能力得到训练。主要表现在引导学生一题多解、一题多变、一题多思、一题多推等，通过比较、分析，找到最佳的思考方式，从而培养思维的高效性。

例如：设 $0<a<1$，$0<b<1$，求证：

$$\sqrt{a^2+b^2}+\sqrt{(1-a)^2+b^2}+\sqrt{a^2+(1-b)^2}+\sqrt{(1-a)^2+(1-b)^2}\geqslant 2\sqrt{2}.$$

证法一：观察到不等式左边的每一项的根号内都是两个正数的平方和，因而联想到基本不等式 $x^2+y^2\geqslant\frac{(x+y)^2}{2}$（$x>0$，$y>0$），用它将平方和转化为和的平方，去掉根号以便于化简：

$\therefore$ 原不等式 $\geqslant\frac{\sqrt{2}}{2}(a+b)+\frac{\sqrt{2}}{2}(1-a+b)+\frac{\sqrt{2}}{2}(a+1-b)+\frac{\sqrt{2}}{2}[(1-a)+(1-b)]=2\sqrt{2}.$

证法二：观察条件 $0<a<1$，$0<b<1$，联想到正、余弦函数，令 $a=\sin^2\alpha$，$b=\cos^2\beta$，$0<\alpha$，$\beta<\frac{\pi}{2}$，将原不等式转化为三角函数式，不等式左端为：

$$\sqrt{\sin^4\alpha+\cos^4\beta}+\sqrt{\cos^4\alpha+\cos^4\beta}+\sqrt{\sin^4\alpha+\sin^4\beta}+\sqrt{\cos^4\alpha+\sin^4\beta}\geqslant$$
$$\frac{\sqrt{2}}{2}(\sin^2\alpha+\cos^2\beta)+\frac{\sqrt{2}}{2}(\cos^2\alpha+\cos^2\beta)+\frac{\sqrt{2}}{2}(\sin^2\alpha+\sin^2\beta)+\frac{\sqrt{2}}{2}(\cos^2\alpha+\sin^2\beta)=2\sqrt{2}.$$

证法三：观察不等式左边四项的共同特征 $\sqrt{x^2+y^2}$。联想到复数的模的性质来解决。

设 $Z_1=a+bi$，$Z_2=(1-a)+bi$，$Z_3=a+(1-b)i$，$Z_4=(1-a)+(1-b)i$，则不等式左边为：

$|Z_1|+|Z_2|+|Z_3|+|Z_4|\geqslant|Z_1+Z_2+Z_3+Z_4|=|2+2i|=2\sqrt{2}.$

证法四：观察不等式左端形式的几何特征，问题可转化为证明点（0，0），（1，0），（0，1），（1，1）四点的距离之和不小于 $2\sqrt{2}$（详细过程略）。

此外，还可启发学生联想到勾股定理，将问题转化成证四线段之和不小于长为 $2\sqrt{2}$ 的线段，还可联想到不等式与极值的关系等。这样可培养学生勇于探索的精神，对训练学生创造性地解决问题的能力是很有益的。

八、“以题带本”的教学策略

数学总复习必须遵循课程标准和教材内容，以课本为主体来展开复习，这样可以避免盲目性，提高有效性，强化学生的应试能力。为此，在数学总复习中做了“以题带本”复习法的尝试，取得了明显的教学效果，以下简单介绍一些主要做法。

（一）依标究本，精编“带本”题

教师备课时，依据课程标准要求，根据教材内容精编富有启发性、能激发学生复习兴趣、有利于发展学生智力的“带本”题。例如在多面体的圆锥复习中，举出了如下问题：

有一个圆锥如下图 5－4 所示，它的底面半径为 r，母线长为 l，$l>2r$。在母线 SA 上有一点 B，$AB=a$，求由 A 绕圆锥一周到 B 的最短距离是多少？

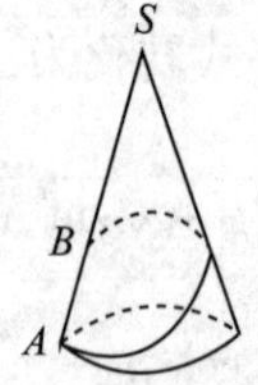

图 5－4　圆锥示意图

问题为求曲面上两点间的最短距离，展开侧面，本质仍为求平面上两点间的距离，截去不起作用的 B 点以上小圆锥部分有：

子题一：圆台两底半径为 $O_1B=a$，$O_2A=3a$，母线 $=12a$，从 A 绕圆台侧面

一周到达 B，求最短距离。

将圆台上下底变为相等，有：

子题二：圆柱底面半径为 r，母线 $AB=l$，从 A 绕圆柱侧面一周到 B，求最短距离。若绕两周呢？

将圆柱变为直棱柱，伴随出现折线有：

子题三：正三棱柱棱长为 a，侧棱 $AB=l$，从 A 绕棱柱侧面一周到 B，求最短距离及此时相邻二折线所成角。

子题四：长方体 $A-C_1$ 的棱长分别为 a、b、c（$a>b>c$），求从 A 点沿表面到它相对顶点 C_1 的最短距离。

可见，以上变形顺序为：圆锥→圆台→圆柱→直棱柱（正三棱柱、长方体、正方体）。

通过对问题的一系列衍化，引出许多令人感兴趣的子题，从中应悟出一个道理：典型题具有可变性，在解题中学会多变，有助于我们沟通知识联系，提高解题能力。

（二）“带本”题在课堂教学中的运用

教师上课时，将编写的“带本”题投影出来，然后指导学生去想问题、找答案。在讨论中，教师要注意指导和培养学生敢想、敢说的学风。例如在圆锥曲线复习中，列出了《解析几何（必修本）》习题七的两道例题：

例 1：求与椭圆$\frac{x^2}{49}+\frac{y^2}{24}=1$有公共焦点，且离心率 $e=\frac{5}{4}$的双曲线方程。

例 2：判定当（1）$k<4$，（2）$4<k<9$ 时，方程$\frac{x^2}{9-k}+\frac{y^2}{4-k}=1$分别表示什么曲线。

在复习中，如果孤立地解这两道题，则远没有发挥习题的潜在作用。譬如例 2，当 $k<4$ 时，表示椭圆，当 $4<k<9$ 时，则表示双曲线。这时若联想到例 1，就会发现例 2 的椭圆和双曲线有共同的焦点（$\pm\sqrt{5}$，0），再进而联想，例 1 能否表示成例 2 的形式。

设例 1 中所示方程为$\frac{x^2}{49-k}+\frac{y^2}{24-k}=1$，则由 $e=\frac{5}{\sqrt{49-k}}=\frac{5}{4}$，得 $\sqrt{49-k}=4$，即 $k=33$，故所示方程为$\frac{x^2}{16}-\frac{y^2}{9}=1$.

将问题再进一步引申为$\frac{x^2}{a^2-k}+\frac{y^2}{b^2-k}=1$（$a>b>0$，$a^2-k>0$，$k$ 为常数）．当$k<b^2$ 时，方程表示椭圆；当 $b^2<k<a^2$ 时，方程表示双曲线公共的焦点（$\pm\sqrt{a^2-b^2}$，0），焦点在 y 轴上有相应的结论。

作了以上分析后，再举例说明其应用。

例 3：已知椭圆方程为$\frac{x^2}{12}+\frac{y^2}{9}=1$，在直线 l：$x-y+5=0$ 上求点 P，使过该点且与已知椭圆共焦点且长轴最短的椭圆，并求此椭圆方程：

解：设所求椭圆方程为$\frac{x^2}{12-k}+\frac{y^2}{9-k}=1$（$k<9$），由方程组$\begin{cases}\frac{x^2}{12-k}+\frac{y^2}{9-k}=1\\x-y+5=0\end{cases}$，

得（$21-2k$）x^2+10（$12-k$）$x+$（$12-k$）（$16+k$）$=0$

由 $\Delta=k^2-7k-18\geqslant0$，得 $k\leqslant-2$ 或 $k\geqslant9$（舍）

当 $k=-2$ 时得符合题设要求的椭圆为$\frac{x^2}{14}+\frac{y^2}{11}=1$

而所求点 P 坐标为$\left(-\frac{14}{5},\ \frac{11}{5}\right)$.

例 4：给定椭圆$\frac{x^2}{b^2}+\frac{y^2}{a^2}=1$，（$a>b>0$），求与椭圆有公共焦点的双曲线，使以它们的交点为顶点的四边形面积 S 最大，并求四边形的顶点坐标。

解：设所求方程为$\frac{x^2}{b^2-k}+\frac{y^2}{a^2-k}=1$，$b^2<k<a^2$，它与方程$\frac{x^2}{b^2}+\frac{y^2}{a^2}=1$ 联立解得：

$x^2=\frac{b^2(k-b^2)}{a^2-b^2}$，$y^2=\frac{a^2(a^2-k)}{a^2-b^2}$

$\therefore S=4|xy|=\frac{4ab\sqrt{(a^2-k)(k-b^2)}}{a^2-b^2}\leqslant\frac{4ab}{a^2-b^2}\cdot\frac{(a^2-k)+(k-b^2)}{2}=2ab$

即 $S\max=2ab$（当 $k=\frac{a^2+b^2}{2}$时）

于是所求曲线方程为$\frac{2y^2}{a^2-b^2}-\frac{2x^2}{a^2-b^2}=1$.

此时相应顶点坐标为$\left(\frac{\sqrt{2}b}{2},\ \pm\frac{\sqrt{2}a}{2}\right)$，$\left(-\frac{\sqrt{2}b}{2},\ \pm\frac{\sqrt{2}a}{2}\right)$.

（三）注意强化训练

在复习中，单纯依靠“带本”题解决不了教材的全部内容。对涉及题目还应通过各种形式进行强化训练，达到巩固、提高、加深的作用。在复习用代入法求轨迹方程时，先以下面的课本例题为突破口，然后列出几道习题进行巩固提高。

例 5：从一定点 M_1（a，b）到圆 $x^2+y^2=r^2$ 上任一点 Q 作线段 M_1Q，点 M 内分线段 M_1Q 成比 $2:1$，求点 M 的轨迹方程。

略解：设所求 M 点的坐标为（x，y），圆上 Q 点坐标为（x_1，y_1），依题意得：

$$\begin{cases} x=\dfrac{a+2x_1}{3} \\ y=\dfrac{b+2y_1}{3} \end{cases} \quad \begin{cases} x_1=\dfrac{3x-a}{2} \\ y_1=\dfrac{3y-b}{2} \end{cases}$$ 代入圆方程得 $(3x-a)^2+(3y+b)^2=4r^2$.

归纳：

代入法求曲线方程的方法：根据条件用所求点坐标去表示已知曲线上的点，然后利用曲线和方程的关系，将该点坐标代入已知曲线方程，即得所求方程。

练习 1：已知抛物线 $y=x^2+1$，定点 A（3，1），B 为抛物线上任一点，点 P 在线段 AB 上，且有 $BP:PA=1:2$，当点 B 在抛物线上变动时，求点 P 的轨迹方程，并指出这个轨迹为哪种曲线。

练习 2：从定点 Q（x_1，y_1）到椭圆 $\dfrac{x^2}{a^2}+\dfrac{y^2}{b^2}=1$ 上任一点 P 为线段 QP，点 M 内分动线段 QP 成定比为 $m:n$，求动点 M 的轨迹方程。

练习 3：ΔABC 的顶点 B，C 是椭圆 $\dfrac{x^2}{25}+\dfrac{y^2}{9}=1$ 的两个焦点，A 点在抛物线 $y=x^2+2x+5$ 上移动，求 ΔABC 的重心的轨迹方程。

练习 4：求经过定点 M（1，2），以 y 轴为左准线，离心率为 $\dfrac{1}{2}$ 的椭圆左顶点的轨迹方程。

对于以上训练，必须到边到沿，以达到系统训练的目的。

九、“思维点拨”的教学策略

点拨学生思维，是数学教学非常重要的教学策略。

函数是中学数学中一个十分重要的内容，函数概念贯穿于中学代数的始终，利用函数概念可以以比较高的观点看待和处理数、式、方程、不等式、数列、排列组合等内容。如何在有限的时间内把复习课讲得精、上得活，收到复习效果？在教学实践中，采取点拨式教学，效果较为理想，就是说，通过教师的点拨，让学生自己动脑筋，把所学的数学知识加以总结、概括、提炼，使课本知识系统化、系统知识重点化、重点知识要点化，从而让学生化繁为简，触类旁通，灵活运用，把知识转化为能力。

（一）点拨线索

理清函数的知识结构，搭起总体框架，达到纲举目张的目的。使函数知识网络在学生头脑中显现得清清楚楚。在复习时，先列出下列知识结构：

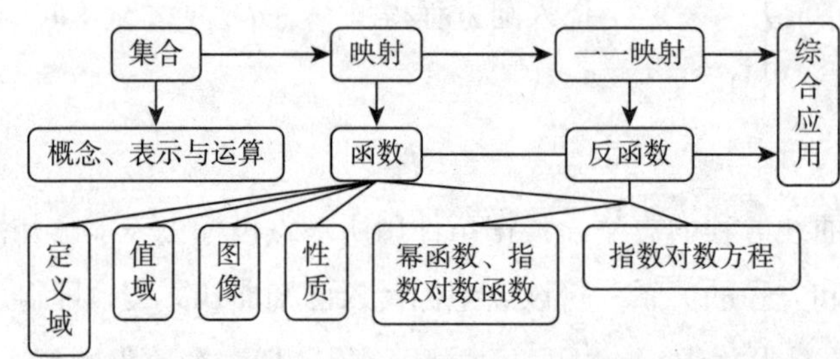

图5－5　函数的知识结构示意图

这样把知识点（各个知识点）、线（知识点之间关系）、面（整个知识关系）连接起来形成网络，体现了点线面关系，使学生获得清晰的知识结构，在此基础上，我们又编写了一组练习，从不同角度促使学生知识正迁移。

（二）点拨重点

中学数学内容繁多，知识面广，在短短一年的复习过程中，如果让学生面面俱到，眉毛胡子一把抓，结果必然什么也抓不住。只有突出重点、保证重点，才能提高复习效果。在复习代数时，重点抓住函数的复习除了列出上述结构图外，把函数的复习分为以下三部分：一是函数的一般知识，如函数与反函数的概念、函数符号、求函数定义域、函数的表示方法等，这是基础部分；二是几种常见的初等函数的定义、图像与性质，以及初等函数的主要性质，这是主体部分；三是用函数的观点研究方程与不等式，求函数的极值，这是函数的应用部分。复习第二部分的内容时，在点拨中反复突出强调，以激起学生的重视，使其心中有数。如在复习函数的定义域与值域、函数的奇偶性与单调性时，把所学的各类初等函数逐一地加以讨论，这样既能加深学生对函数概念的理解，又能通过反复多次，使学生对函数的性质有更加清楚的认识。对于一些次要的、边缘的内容，也不能不点拨，只是力求讲得简明、扼要、易记，进而能够用更多的时间复习重点内容。

（三）点拨思路

拓宽学生思路，培养其灵活运用知识的能力，是高考总复习阶段的根本目的。这就要求我们融会贯通，加强数学知识的纵横联系，多层次、多角度、多种形式地让学生思考回答，培养学生的思维能力和表达能力，通过让实践来检验学生所学数学知识的掌握程度。如复习函数一章时，选了其中这样的一道题目：

给定实数 a，$a\neq0$，且 $a\neq1$，设函数 $y=\dfrac{x-1}{ax-1}$（$x\in\mathrm{R}$，且 $x\neq\dfrac{1}{a}$）.

证明：（1）经过这个函数图像上任意两个不同的点的直线不平行于 x 轴；（2）这个函数关于直线 $y=x$ 成轴对称图形。

1. 证明（1）解题思路

分析1：证明函数图像上任意两个不同的点（x_1，y_1）（x_2，y_2）（$x_1\neq x_2$）的连线的斜率均不等于零，即 $y_1\neq y_2$.

思路1：比较法，证明差式 $y_1-y_2\neq0$.

思路2：反证法，由 $x_1\neq x_2$ 且 $y_1=y_2$ 推出矛盾。

分析2：证明任一与 x 轴平行的直线与图像至多只有一个交点。

思路3：证明方程组 $\begin{cases}y=\dfrac{x-1}{ax-1}\\ y=c\ （c\in\mathrm{R}）\end{cases}$ ①至多只有一个解。

思路4：反证法，由方程组①有两解得出矛盾。

思路5：证明方程组 $\begin{cases}y=\dfrac{x-1}{ax-1}\\ y=kx+b\end{cases}$ 有两解的必要条件是 $k\neq0$。

2. 证明（2）解题思路

分析1：证明函数图像上任一点 p（x'，y'）关于直线 $y=x$ 的对称点

p' (y', x')也在该图像上。

思路1：证明p'的坐标满足已知函数式。

思路2：利用“函数与其反函数的图像关于直线$y=x$对称”的性质。

思路3：证明已知函数有反函数，且是其本身。

分析2：利用“对称轴垂直平分对称点的连线”的性质。

思路4：证明若与$y=x$垂直的直线$y=-x+b$和已知函数的图像有两个交点（包括重合的两点），则两交点的中点必在直线$y=x$上。

另外，此题还可将已知函数变形为$\left(x-\frac{1}{a}\right)\left(y-\frac{1}{a}\right)=\frac{1-a}{a^2}$，再通过坐标平移，将已知函数转化为熟悉的反比例函数$x'y'=\frac{1-a}{a^2}$后利用反比例证明之。通过多种形式把数学知识融会贯通，纵横联系，形成一个立体的交叉网，启发学生把知识学活。

数学总复习中的点拨式教学，真正体现了教师的主导作用和学生的主体地位，把教师的巧妙点拨同学生的积极思维结合起来，既加强了双基，又培养了能力。

十、“美育渗透”的教学策略

数学蕴藏着丰富的美，在数学教学中，深入挖掘并艺术地表现出数学美的特征，不仅能够激发学生对数学学习的兴趣和探求知识的欲望，而且能培养学生发现美、鉴赏美和创造美的能力。教学中要注意发掘数学中的美育因素，提高学生审美能力。

（一）数学教学中的审美感知

从审美心理过程来看，审美感知是整个审美活动的基础。教师在数学教学中，要运用美的形式去感染诱发学生，丰富美育的感性材料，要有计划地引导学生掌握数学美的特点，发现美的规律。例如，数学的形式美就存在协调性、奇异性、对称性与简洁性等特点。教师应该通过生动实例揭示数学美的上述特点，从而让学生去感知数学美，并体会数学美的客观存在。

例1：已知x、$y\in \mathrm{R}^+$，且$x+y=3$，求$f(x, y)=xy^2$的最大值。

解：$\because 3=x+y=\frac{x}{1}+\frac{y}{2}+\frac{y}{2}$

$\therefore 3=x+y\geqslant 3\sqrt[3]{\frac{x}{1}\cdot\frac{y}{2}\cdot\frac{y}{2}}$（1）

即 $1\geqslant\frac{\sqrt{xy^2}}{2}$，所以 $f(x, y)=xy^2\leqslant 4$.

当且仅当 $\frac{x}{1}=\frac{y}{2}$，即 $x=1$，$y=2$ 时等号成立。

数学证明方法美表现在 $a+b+c\geqslant 3\sqrt[3]{abc}$ 这个公式与具体公式（1）的和谐性、对称性恰到好处的平衡，还表现在 $x+y$ 拆开成 $\frac{x}{1}+\frac{y}{2}+\frac{y}{2}$ 的形式美和井然有序，类比猜想还可证明下例。

例2：已知：x、y、$z\in \mathrm{R}^+$，且 $x+y+z=6$，求 $f(x、y、z)=xy^2z^3$ 的最大值。

解$\because 6=x+y+z=\frac{x}{1}+\frac{y}{2}+\frac{y}{2}+\frac{z}{3}+\frac{z}{3}+\frac{z}{3}$

$\therefore 6=x+y+z\geqslant 6\sqrt[6]{\frac{x}{1}\cdot\frac{y}{2}\cdot\frac{y}{2}\cdot\frac{z}{3}\cdot\frac{z}{3}\cdot\frac{z}{3}}$

即 $1\geqslant\sqrt[6]{\frac{xy^2z^3}{108}}$，得 $xy^2z^3\leqslant 108$.

所以 $f(x, y, z)=x^2y^2z^2\leqslant 108$.

当且仅当 $\frac{x}{1}=\frac{y}{2}=\frac{z}{3}$ 时，即当 $x=1$，$y=2$，$z=3$ 时等号成立。

我们进一步推广得到已知 $a_i\in \mathrm{R}^+$，$i=1, 2, \cdots, n$，且 $a_1+a_2+\cdots+a_n=\frac{n(n+1)}{2}$，求 $f(a_1, a_2, \cdots, a_n)=a_1^1a_2^2a_3^3\cdots a_n^n$ 的最大值。

在例1、例2及其推广中，这种解决旧问题与解决新问题的方法上的协调性是促使学生获得数学美感的源泉之一，而这种由点及面、由特殊到一般的教学方法体现了美的数学艺术。在教学中，学生自然而然地得到美的感知，并透彻地理解学习内容。

（二）数学教学中的审美创造

马克思曾指出：“人也按照美的规律来塑造物体。”这就是说，人能够创造具有审美价值的物品。将数学与审美创造性地统一起来，是美育与数学教学相结合的主要方法之一。让学生在数学教学中运用实用美学知识，利用形象思维，在解决问题时会起到事半功倍的作用。

例3：过椭圆$\frac{x^2}{4}+\frac{y^2}{9}=1$上任意一点$P$作线段$PP'$，且$PP'$被直线$x+y=0$所平分，求$P'$的轨迹方程。

解：因为点P与P'关于直线$x+y=0$对称，所以用$y=-x$及$x=-y$，代入上面椭圆方程$\frac{x^2}{4}+\frac{y^2}{9}=1$，即$\frac{y^2}{4}+\frac{x^2}{9}=1$为点$P'$的轨迹方程。

需要注意的是：只有当对称轴斜率为±1时才可以用上述方法代入，有关证明从略。

从上题可以看出，利用对称性，我们出奇制胜地找出了最佳解题途径。这样，学生解题的过程，也就成了审美创造的过程，能够使学生自觉地追求美，提高创造美的能力。

（三）引导学生鉴赏数学所反映的自然美

在数学教学中，如果我们把数学美和大自然的美结合在一起，就能使学生更好地感知和理解数学美，并形成生动活泼的学习气氛。如花儿自古就是美的象征，数学方程与曲线和花有机结合，给数学美增添了新的内容。$x^3+y^3=3axy$在现代数学中被称为“笛卡尔叶线”，著名数学家笛卡尔曾把它取名为“茉莉花瓣”。若能让学生观察图形，比较实物，就可以在美的熏陶中充分发掘学生在数学方面的创造性潜能，加深记忆，并得到美的享受，从而去摸索数学美的规律。

例4：在△ABC中，求证：$\frac{a^2+b^2+c^2}{2abc}=\frac{\cos A}{a}+\frac{\cos B}{b}+\frac{\cos C}{c}$.

欲证的数学问题的左边是边的关系，右边是边、角关系，表面上看其左右两边既不对称，也不简洁，更不协调、不统一。初看无从下手，有“山重水复疑无路”之感，然而，等式两边都是关于a、b、c和A、B、C的对称式。我们在教学中，让学生从美的问题中找到美、发掘美。事实上，可以利用余弦定理，把角转换为边，如：

$$\frac{\cos A}{a}+\frac{\cos B}{b}+\frac{\cos C}{c}=\frac{1}{a}\cdot\frac{b^2+c^2-a^2}{2bc}+\frac{1}{b}\cdot\frac{a^2+c^2-b^2}{2ac}+\frac{1}{c}\cdot\frac{a^2+b^2-c^2}{2ab}$$

$$=\frac{a^2+b^2+c^2}{2abc}.$$

由不对称到对称、从不协调到协调、从不统一到统一，使学生受到数学美的熏陶。通过总结规律让学生发现数学的内在美：因为反映三角形边、角关系的有正弦定理和余弦定理，所以既可以把角之间的关系转化成边之间的关系，也可以把边之间的关系转化成角之间的关系。

在中学数学教学中，让学生发现数学美是有重大意义的。如果能引导学生发现数学内在美、数学方法美，开发、挖掘非智力因素，即激发学生的动机、兴趣、情感、意志和性格等，在解决问题过程中，学生就会感到优美、愉快的享受。也正像居里夫人所说：“科学的探讨研究，其本身就含有美，它给人的愉快就是报酬，所以我们在工作里面，寻得了欢乐。”

十一、“循序渐进”的教学策略

循序渐进是中学数学教学的重要教育原则，在习题课教学中，根据题目的条件、类型、结构及其规律，逐步深入分析，使题目深入浅出，优化解题思路，达到分析问题和解决问题的目的。下面结合实例加以说明。

（一）巧设铺垫实现循序渐进

对于有的题目猛然的讲解或分析会使学生感到突然。如果我们编造有一定梯度的题组，给学生制造获得成功这一自我实现的机会，从而唤起学生的积极思维，使学生的知识、技能拾级而上，就能让学生尝试成功的喜悦。

例 1：已知 $a_1=1$，$a_{n+1}=2a_n+4$，求通项 a_n.

教师若直接讲在递推式两边加 4，初学时学生往往会感到莫名其妙，不得要领，对此我采用下面的题组进行铺垫。

（1）$a_1=1$，$a_{n+1}=2a_n$，求 a_n；

（2）$a_1=1$，$a_{n+1}+4=2(a_n+4)$，求 a_n；

（3）$a_1=1$，$a_{n+1}=2a_n+4$，求 a_n.

把（2）中 a_n+4 看成一个整体，（1）学生很容易自行解决，而（2）（3）实际上是一致的，几乎所有学生都能发现这一点，差不多同时，所有学生亦发现了解题的思维方法：转化为等比数列，进一步地，从特殊到一般，就可引出一阶线性递归数列求通项的变换方法。

例 2：设 $R(x, y)$ 是椭圆 $\frac{x^2}{4}+y^2=1$ 上任意一点，d 为常数，若不等式

$d \geqslant x+y$恒成立，求常数 d 的取值范围。

可先安排如下铺垫练习：

（1）常数 $c \geqslant x$ 时对于 $x \leqslant 5$ 恒成立，则 c 的最小值是________；

（2）常数 $c \geqslant x$ 时对于 $1 \leqslant x \leqslant 5$ 恒成立，则 c 的最小值是________；

（3）常数 $c \geqslant x+y$ 对于圆 $x^2+y^2=1$ 上任意点（x，y）成立，求 c 的最小值。

只要讲清了（1）和（2），那么（3）中含

$x=\cos\theta$，$y=\sin\theta$，使 $c \geqslant \cos\theta+\sin\theta=\sqrt{2}\sin\left(\theta+\dfrac{\pi}{4}\right)$

学生几乎随口可答出 $c_{\min}=\sqrt{2}$，也就不难解决原来的问题了：

令 $x=2\cos\theta$，$y=\sin\theta$，$d \geqslant 2\cos\theta+\sin\theta=\sqrt{5}\sin(\theta+\varphi)$

故 $d_{\min}=\sqrt{5}$，$d \in [\sqrt{5}, +\infty)$.

这种坡度安排较缓，与中差生的思维过程相适应，而尖子生也可学到分解转化的思考方法。

（二）突破局部实现循序渐进

一道数学题都是由一些已知的数学对象、已知的数学关系和未知的数学对象和关系组成的。通过突破局部知识点的方法，从而可以确定未知目标。

例 3：（2018 全国Ⅱ卷理科）已知函数 $f(x)=e^x-ax^2$.

（1）若 $a=1$，证明：当 $x \geqslant 0$ 时，$f(x) \geqslant 1$；

（2）若 $f(x)$ 在 $(0, +\infty)$ 只有一个零点，求 a.

第一层：第（1）小题，要证明 $f(x) \geqslant 1$，只需要证明 $e^x-x^2-1 \geqslant 0$ 即可，构造函数 $g(x)=e^x-x^2-1$，证明 $g(x)_{min} \geqslant 0$ 即可，或将 $e^x-x^2-1 \geqslant 0$ 转化为 $(x^2+1)e^{-x}-1 \leqslant 0$，构造函数 $g(x)=(x^2+1)e^{-x}-1$，证明 $g(x)_{max} \leqslant 0$ 即可。

第（2）小题，若使 $f(x)$ 函数在 $(0, +\infty)$ 上只有一个零点，可以考虑转化为函数 $y=f(x)$ 的图像在区间 $(0, +\infty)$ 上与 x 轴只有一个公共点，从策略上讲该问题已经解决。

第二层：第（1）小题需要对新构造的函数进行求导，利用导数研究函数单调性，求出最值，进而得出结论；第（2）小题也需要直接构造或者分离参

数构造函数，对新构造的函数进行求导，对函数的单调性和零点问题进行讨论，考虑到 a 为参数，需要对 a 分类讨论。

第三层：为了从技能上实现问题的解决，需要通过导数研究函数的单调性、最值等。具体地，可以画出函数简图，根据函数图像的基本走势规律，标出函数极值点和最值点的位置进行求解。这种利用数形结合的思想分析问题的方法，可以使问题有一个清晰、直观的整体展现。

（三）寻找解题方案实施循序渐进

一道数学题，往往有多种解法，有的解法烦琐，有的解法比较简捷。因此，遇到一道题目，要设计好解题方案，如果能找到几种方案，那么应该估计各种方案的难易繁简，选择较好的方案实施；或者将各种方案都实施后再去对比各方法的优劣，总结经验，以便指导以后的解题。

例4：直线 l_1 过点 P（1，－1），l_1 与直线 l_2：$x+2y-9=0$ 相交于 Q，已知 $|PQ|=5$，求 l_1 的方程。

分析：设计几个解题方案，比较一下优劣，然后再选择一个较简捷的方案求解。

（1）设 l_1 的点斜式方程，以斜率 k 为待定系数。然后与 l_2 的方程联立，解出交点 Q 的坐标（含有 k），利用 $|PQ|=5$，解出 k 值。

（2）设 l_1 的参数式方程，以倾斜角 θ 为待定系数，以下同方案（1）。

（3）以 P 为圆心，5 为半径作圆，此圆与 l_2 的交点即 Q，过 PQ 的直线即 l_1.

（4）设 Q 点坐标为（$9-2y$，y）（这里利用了 Q 点在 l_2 上的条件），利用 $|PQ|=5$ 确定 Q 点坐标，再由 P，Q 两点确定直线 l_1.

对比以上各方案，可知由方案（4）确定的解法比较简捷；方案（3）确定的解法实质与（4）相同；方案（1）不仅烦琐，而且容易漏解。

十二、“思维技巧”的教学策略

思维能力是《高中数学课程标准（修订稿）》要求培养和考查的重要能力之一。正确的思维方法和技巧对于学习数学和解决数学问题有重要的作用。

（一）思维技巧类型

1. 突破技巧

突破，就是不纠缠问题的枝节，能抓住题目中最关键（题眼）的部分作为思维起点。选点准确，思维通畅，问题的解决简捷明快。

例 1：已知数列 $\{a_n\}$ 为等比数列，首项为 z（$z \in \mathrm{C}$），$|z|=3$，公比 $q=\frac{1}{2}z$．这个数列中任意连续三项在复平面内的对应点均构成直角三角形且第一项的对应点为直角顶点，求复数 z.

分析：本题条件较多，但主要条件是 a_n，a_{n+1}，a_{n+2} 对应点构成直角三角形，以此为突破口并借助复数乘法的几何意义，得：$a_{n+2}-a_n=(a_{n+1}-a_n)ki$（$k \in \mathrm{R}$，$k \neq 0$），即：

$q^2-1=(q-1)ki \Rightarrow q+1=ki \Rightarrow z=2(-1+ki)$ 又 $|z|=3$

$\therefore 2\sqrt{1+k^2}=3 \Rightarrow k=\pm\frac{\sqrt{5}}{2}$，可得 $z=-2\pm\sqrt{5}i$.

2. 联想技巧

联想，就是由一事物想到另一事物的心理过程，通过联想可以丰富知识背景，发掘知识间的内在联系，形成合理的认知结构。

例 2：在 $\triangle ABC$ 中，已知 $BC=2\mathrm{m}$，当动点 A 满足 $\sin C-\sin B=\frac{1}{2}\sin A$ 时，求动点 A 的轨迹。

解此题的常规方法是，先建立如图 5－6 所示的坐标系，设 $A(x, y)$，再把坐标代入条件 $\sin C-\sin B=\frac{1}{2}\sin A$ 中。这种解法运算很烦锁，增加了解题的难度。如果注意观察条件就会发现：若把 $\triangle ABC$ 中各角的正弦关系转化成各边的关系，可以把问题化简。用正弦定理把 $\sin C-\sin B=\frac{1}{2}\sin A$ 转化成：$\frac{AB}{2R}-\frac{AC}{2R}=\frac{1}{2}\cdot\frac{BC}{2R}$，即 $AB-AC=\frac{1}{2}BC=m$. 再联想双曲线的定义可知 A 总在以 B、C 为焦点的双曲线右支上（除去顶点），于是我们得到了较好的解题途径。

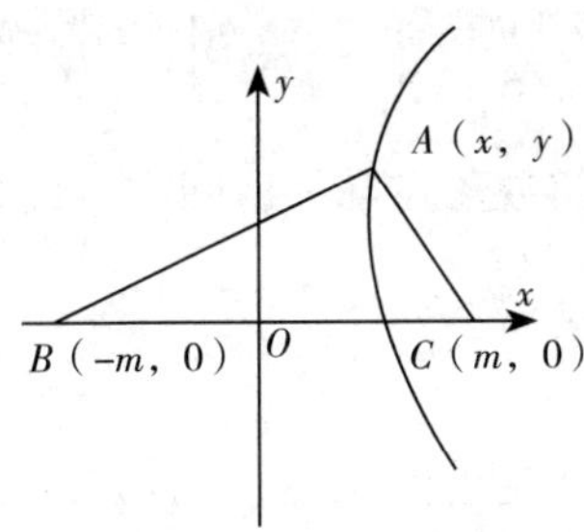

图5-6 例2坐标系示意图

3. 构造技巧

构造，是指在思维过程中，根据解题的需要，构造特定的模型，以利于问题的解决的一种思维方法。善于构造，是创造性思维能力的一种表现。

例3：已知$|a|<1$，$|b|<1$，$|c|<1$，求证：$abc+2>a+b+c$.

证明：构造一次函数$f(x)=(bc-1)x+2-b-c$. 这里$|b|<1$，$|c|<1$，显然$bc<1$.

$\because f(-1)=1-bc+2-b-c=(1-bc)+(1-b)+(1-c)>0$

$f(1)=bc-1+2-b-c=(1-b)(1-c)>0$

$\therefore$ 一次函数$f(x)=(bc-1)x+2-b-c$，$x\in(-1,1)$的图像在x轴上方，这就是说，当$|a|<1$，$|b|<1$，$|c|<1$时，有$(bc-1)a+2-b-c>0$，即$abc+2>a+b+c$.

4. 类比技巧

类比，是一种由特殊到特殊的推理，是比较两个不同对象在某些方面的相同或相似之处，并由一种对象迁移到另一种对象中去。

例4：任给7个实数，求证：其中至少有两个实数x，y满足$0\leqslant\frac{x-y}{1+xy}\leqslant\frac{\sqrt{3}}{3}$.

分析：若从“7个实数”着手，难度较大，但待证式类似三角公式：

$\tan(\alpha+\beta)=\frac{\tan\alpha-\tan\beta}{1+\tan\alpha\tan\beta}$，由此可构造三角模型。

证明：设给定的7个实数为$\tan a_i$（$i=1, 2\cdots, 7$），且$a_i\in\left(-\frac{\pi}{2},\frac{\pi}{2}\right)$.

0与$\frac{\sqrt{3}}{3}$分别为$\tan 0$与$\tan\frac{\pi}{6}$，将$\left(-\frac{\pi}{2},\frac{\pi}{2}\right)$分为6个区间：

$\left(-\frac{\pi}{2}, -\frac{\pi}{3}\right]$；$\left(-\frac{\pi}{3}, -\frac{\pi}{6}\right]$；$\left(-\frac{\pi}{6}, 0\right]$；$\left(0, \frac{\pi}{6}\right]$；$\left(\frac{\pi}{6}, \frac{\pi}{3}\right]$；$\left(\frac{\pi}{3}, \frac{\pi}{2}\right]$；

则 7 个实数至少有两个实数落在同一区间内，设为 α_1 与 α_2，

则 $0 \leqslant \alpha_1 - \alpha_2 \leqslant \frac{\pi}{6}$（设 $\alpha_1 \geqslant \alpha_2$）

而 $\tan(a_1 - a_2) = \frac{\tan\alpha_1 - \tan\alpha_2}{1 - \tan\alpha_1\tan\alpha_2} = \frac{x-y}{1+xy}$ 且 $0 \leqslant \tan(\alpha_1 - \alpha_2) \leqslant \frac{\sqrt{3}}{3}$.

即 $0 \leqslant \frac{x-y}{1+xy} \leqslant \frac{\sqrt{3}}{3}$.

5. 整体技巧

整体思维，就是对于一个数学问题，不是着眼于它的局部特征，而是着眼于它的整体结构，通过对问题的全面、深刻的考察，从客观上理解和认识问题的实质，挖掘和发现整体结构中的关键条件，从而找到解决问题的办法。

例 5：已知抛物线 $y^2 = 2p(x-a)$（$a>0$，$p>0$），设直线 l_1 通过原点且交抛物线于 A、B 两点，直线 l_2 通过原点且交抛物线于 C、D 两点，证明：直线 AC、BD 在 y 轴上的截距互为相反数。

分析：本题若先设点 A、B、C、D 的坐标，再求直线 AC、BD 的方程，运算繁杂，不易达到目的。注意问题的整体特征，A、B、C、D 是直线 l_1、l_2 与抛物线 $y^2 = 2p(x-a)$ 的交点，故设想用共点曲线 z 的方程来解。

解：设 l_1、l_2 的直线方程是 $y = k_1x$，$y = k_2x$（$k_1 \neq 0$，$k_2 \neq 0$,），并设经过 A、B、C、D 四点的二次曲线 z 方程为 $y^2 - 2p(x-a) + \lambda(y - k_1x)(y - k_2x) = 0$，式中 λ 为实数。

令 $x=0$，得 $(1+\lambda)y^2 + 2pa = 0$. 此方程两根 y_1、y_2 为所求截距。由韦达定理 $y_1 + y_2 = 0$，就能很简单地证明结论。

6. 化归技巧

化归，就是把题目的抽象信息进行等价转换，变成自己熟悉、理解的简明的信息，使题目化难为易，化隐为显。

例 6：（2020 年全国Ⅰ卷）已知函数 $f(x) = \sin x - \ln(1+x)$，$f'(x)$ 为 $f(x)$ 的导数。证明：$f'(x)$ 在区间 $\left(-1, \frac{\pi}{2}\right)$ 存在唯一极大值点。

分析：可以转化为判断 $f'(x)$ 在区间 $\left(-1,\frac{\pi}{2}\right)$ 内的单调性问题。

证明：设 $g(x)=f'(x)$，则 $g(x)=\cos x-\frac{1}{1+x}$，$g'(x)=-\sin x+\frac{1}{(1+x)^2}$.

当 $x\in\left(-1,\frac{\pi}{2}\right)$ 时，$g'(x)$ 单调递减，而 $g'(0)>0$，$g'\left(\frac{\pi}{2}\right)<0$，所以 $g'(x)$ 在 $\left(-1,\frac{\pi}{2}\right)$ 内有唯一的零点，设为 x_0

则当 $x\in(-1,x_0)$ 时，$g'(x)>0$；当 $x\in\left(x_0,\frac{\pi}{2}\right)$ 时，$g'(x)<0$

所以 $g(x)$ 在 $(-1,x_0)$ 内单调递增，在 $\left(x_0,\frac{\pi}{2}\right)$ 内单调递减，可得 $g(x)$ 在 $\left(-1,\frac{\pi}{2}\right)$ 内存在唯一的极大值点，即 $f'(x)$ 在 $\left(-1,\frac{\pi}{2}\right)$ 内存在唯一极大值点。

7. 变形技巧

变形，就是在保持问题本质不变的前提条件下，对问题的信息进行适当的变换，从而形成有利于问题解决的新结构。

例 7：$x^2\log_2\frac{4(a+1)}{a}+2x\log_2\frac{2a}{a+1}+\log_2\frac{(a+1)^2}{4a^2}>0$ 恒成立，求 a 的取值范围。

解析：此题直接入手比较困难，若作下面变形，问题便迎刃而解。

$x^2\left(3+\log_2\frac{a+1}{2a}\right)-2x\log_2\frac{a+1}{2a}+2\log_2\frac{a+1}{2a}>0$，

即 $3x^2+(x^2-2x+2)\log_2\frac{a+1}{2a}>0$

$3x^2\geqslant 0$，$x^2-2x+2>0$，

要使之恒成立，则有 $\log_2\frac{a+1}{2a}>0\Rightarrow\frac{a+1}{2a}>1\Rightarrow 0<a<1$.

（二）思维技巧实施方法

在实施的过程中，可采用下面的方法：

华罗庚教授在《数学归纳法》一书中告诉我们：“善于‘退’，足够地‘退’，‘退’到最后原始而不失重要性的地方，是学好数学的一个诀窍。”其

实，“以退为进”作为一个重要的解题策略，将对解题起事半功倍的作用。

1. 从一般退到特殊

共性寓于个性之中，对于一般性、抽象化的问题，可以“退”到个性或特殊性上。首先对一般问题进行分解、演绎、具体化，然后分析判断其每一个个性，最后回到原来的一般或共性问题上予以解答。

例1：是否存在常数 a、b、c 使得等式 $1\cdot2^2+2\cdot3^2+\cdots+n(n+1)^2=\frac{n(n+1)}{12}(an^2+bn+c)$ 对一切自然数 n 都成立？并证明你的结论。

分析：这是一个开放型题，a、b、c 究竟是否存在？若存在 a、b、c 又为何值呢？我们先将问题特殊化：令 $n=1$，得 $4=\frac{1}{6}(a+b+c)$，$n=2$，得 $22=\frac{1}{2}(4a+2b+c)$；$n=3$，得 $70=9a+3b+c$，组成三元一次方程组解得 $a=3$，$b=11$，$c=10$，这说明当 $n=1$，2，3 时存在 a、b、c，使得等式成立。于是，猜想 $1\cdot2^2+2\cdot3^2+\cdots+n(n+1)^2=\frac{n(n+1)}{12}(3n^2+11n+10)$ ①

令 $n=4$，左边 $=1\cdot2^2+2\cdot3^2+3\cdot4^2+4\cdot5^2=170$，

右边 $=\frac{4(4+1)}{12}(3\times4^2+11\times4+10)=170$，

故当 $n=4$ 时等式①也成立。这样就得到了验证，然后再用数学归纳法证明之。

例2：已知 $f(n)=\left(\frac{a+b}{2}\right)^n$，$g(n)=\frac{a^n+b^n}{2}$，$(a>0,\ b>0,\ a\neq b)$，对于任意自然数 n，比较 $f(n)$ 与 $g(n)$ 之间的大小关系，并证明你的判断。

分析：这也是带有一般性的结论，不妨从特殊情况 $n=1$，2，3 时，来探索其大小关系。

当 $n=1$ 时，$f(1)=\frac{a+b}{2}$，$g(1)=\frac{a+b}{2}$

$\therefore f(1)=g(1)$

当 $n=2$ 时，$f(2)=\left(\frac{a+b}{2}\right)^2$，$g(2)=\frac{a^2+b^2}{2}$

$\because 2ab<a^2+b^2$，

$\therefore f(2)<g(2)$

当 $n=3$ 时，$f(3)=\left(\frac{a+b}{2}\right)^3=\left(\frac{a+b}{2}\right)^2\left(\frac{a+b}{2}\right)<\frac{a^2+b^2}{2}\cdot\frac{a+b}{2}$

$=\frac{a^3+b^3+ab(a+b)}{4}=\frac{a^3+b^3}{4}+\frac{ab(a+b)}{4}$　　①

$\because a>0，b>0，a\neq b$

$\therefore a^3+b^3-(a+b)ab=(a^2-b^2)(a-b)>0$

$\therefore a^3+b^3>ab(a+b)$，即$\frac{a^3+b^3}{4}>\frac{ab(a+b)}{4}$　　②

以②代入①

得$f(3)<\frac{a^3+b^3}{4}+\frac{ab(a+b)}{4}<\frac{a^3+b^3}{4}+\frac{a^3+b^3}{4}=\frac{a^3+b^3}{2}=g(3)$.

由此可猜想，当 $n\geqslant 2$ 的自然数时，有 $f(n)<g(n)$，然后用数学归纳法证明之。再者，遇到特殊问题时，也可以先转化为一般问题，用关于一般规律的知识去分析特殊问题。即先“进”后“退”的思维方法。

例如，（1）已知函数 $f(x)$ 是奇函数，而且在 $[0,+\infty)$ 上是增函数，$f(x)$在 $(-\infty,0)$ 上是增函数还是减函数？

（2）已知函数 $f(x)$ 是偶函数，而且在 $(-\infty,0)$ 上是增函数，$f(x)$ 在 $(0,+\infty)$ 上是增函数还是减函数？

（3）已知函数 $f(x)$ 是奇函数，而且在 $(0,+\infty)$ 上是减函数，$f(x)$ 在 $(-\infty,0)$ 上是增函数还是减函数？

从而可揭示出函数奇偶数与单调性的关系：奇（偶）函数在正、负区间上同（异）单调。

于是，我们可以利用这个一般规律，巧妙地解决下列问题：

（1）如果奇函数 $f(x)$ 在区间 $[3,7]$ 上是增函数，且最小值为 5，那么 $f(x)$ 在区间 $[-7,-3]$ 上单调性和最值情况如何？

（2）已知 $f(x)=8+2x-x^2$，确定 $g(x)=f(2-x^2)$ 的单调区间。

略解：由于 $f(x)=9-(1-x)^2$，$g(x)=-(x^2-1)^2+9\leqslant 9$，$g(0)=8$，于是，对于偶函数 $g(x)$ 在区间 $x=\pm 1$ 处，取最大值 9，即 $g(x)$ 在 $(0,1)$ 内单调递增，在 $(1,+\infty)$ 内单调减，从而 $g(x)$ 在负区间 $(-1,0)$ 内单调递减，在 $(-\infty,-1)$ 内单调递增。

(3) 设函数$f(x)$是R上的偶函数，且在区间$(-\infty, 0)$上递增，求满足$f(2a^2+a+1)<f(3a^2-2a+1)$的a的取值范围。

略解：因为$a>0$，$2a^2+a+1>0$，$3a^2-2a+1>0$，函数$f(x)$是R上的偶函数，且在$(-\infty, 0)$内递增，故$f(x)$在$(0, +\infty)$上为减函数。于是：$f(2a^2+a+1)<f(3a^2-2a+1)$

$2a^2+a+1>3a^2-2a+1 \Rightarrow a^2-3a<0 \Rightarrow 0<a<3.$

2. 从正面退到反面

“正难则反”是重要的解题策略。如果一些问题从正面入手困难时，可考虑迂回方法，“退”到反面。

例3：两不同点P、Q在曲线$y=x^2$上移动，不管如何选择其位置，它们总不能关于直线$y=m(x-3)$对称，求m的范围。

解析：显然原命题“反面”比“正面”简单，故先求曲线$y=x^2$上关于直线$y=m(x-3)$对称的相异两点时m的取值范围A，然后再求A在全集$I=R$上的补集，若$m=0$，曲线$y=x^2$上没有关于$y=0$对称的两点，若$m\neq 0$，设与$y=m(x-3)$垂直的直线l：$y=-\frac{1}{m}x+b$，代入$y=x^2$得$x^2+\frac{1}{m}x-b=0$，从而得到l与抛物线有两个交点关于直线$y=m(x-3)$对称的充要条件是

$$\begin{cases}\Delta=\frac{1}{m^2}+4b>0 \\ m\left(-\frac{1}{2m}-3\right)=-\frac{1}{m}\left(-\frac{1}{2m}\right)+b\end{cases} \Rightarrow (2m+1)(6m^2-2m+1)<0 \Rightarrow m<-\frac{1}{2}$$

故当$m\geqslant -\frac{1}{2}$时满足题设条件。

例4：若三个方程$\begin{cases}x^2+4ax-4a+3=0 \\ x^2+(a-1)x+a^2=0 \\ x^2+2ax-2a=0\end{cases}$，至少有一个方程有实数解，试求实数$a$的范围。

解：由于至少有一个方程有实数解的情况复杂，因此正面求解不容易，可考虑反面求解，即三个方程的判别式都必须小于0，那么可得不等式组

$$\begin{cases}\Delta_1=(4a)^2+4(4a-3)<0\\ \Delta_2=(a-1)^2-4a^2<0\\ \Delta_3=4a^2+8a<0\end{cases}\Rightarrow -\frac{3}{2}<a<-1$$

反之，即得所要求的 a 的范围为$\left(-\infty,\ -\frac{3}{2}\right]\cup[-1,\ +\infty)$.

3. 从整体退到部分

有些题目从条件来看比较复杂，可以“退”到构成这一整体内容的部分上，这不失为解题的一种妙法。

例5：已知 n 为自然数，实数 $a>1$，解关于 x 的不等式

$$\log_a x-4\log_{a^2}x+12\log_{a^3}x+\cdots+n(-2)^{n-1}\log_{a^n}x>\frac{1-(-2)^n}{3}\log_a(x^2-a).$$

此题主要考查了对数、数列、解不等式等基本知识以及分析问题的能力，难度较大。我们可把本题求解过程分为四步：

（1）用对数换底公式化简不等式左边可得

$[1-2+4-\cdots+(-2)^{n-1}]\log_a x$

再用等比数列的求和公式，将题设的不等式化为：

$$\frac{1-(-2)^n}{3}\log_a x>\frac{1-(-2)^n}{3}\log_a(x^2-a) \qquad ①$$

（2）将自然数 n 分奇数、偶数两大类讨论，分别得到不等式①的等价不等式：

$$\log_a^x>\log_a(x^2-a) \qquad ②$$

$$或\ \log_a^x<\log_a(x^2-a) \qquad ③$$

（3）分别解对数不等式②③；

（4）考虑定义域范围，由交集得到解集。

例6：在平面扇形 OAB 中，$\angle AOB=90°$，在扇形内作内切圆 C，又在半径 OA、$\widehat{AB}$、$\odot C$ 间的缝隙，作内切圆 Q，引 $QP\perp OC$，其垂足为 P，求证：$\triangle POQ$ 的三边成等差数列。

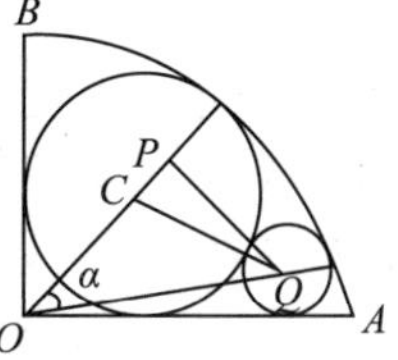

图5－7　例6平面扇形示意图

分析：设 $\angle POQ=\alpha$，则 $\triangle OPQ$ 的三边即为 OQ、$OQ\sin\alpha$、$OQ\cos\alpha$，这里 $\odot O$、$\odot C$、$\odot Q$ 的

半径均为定值。这个综合题可以拆成以下三个简单的小题：

（1）求 $\sin\alpha$、$\cos\alpha$ 之值；

（2）求 OQ、OP、PQ 之长；

（3）根据 OQ、OP、PQ 三者大小，判断它们的关系。

证明：设$\odot O$ 的半径为 d，$\odot C$ 的半径为 R，$\odot Q$ 的半径为 r，$\angle COQ=\alpha$，则 $OC=d-R$，$OQ=d-r$，$CQ=R+r$.

$$\because d-R=OC=\sqrt{2}R$$

$$\therefore R=\frac{d}{1+\sqrt{2}}$$

在$\triangle OCQ$ 中，利用余弦定理得

$$\begin{aligned}\cos\alpha &=\frac{OC^2+OQ^2-CQ^2}{2\cdot OC\cdot OQ}\\&=\frac{(d-R)^2+(d-r)^2-(R+r)^2}{2(d-R)(d-r)}\\&=\frac{d-(1+\sqrt{2})r}{d-r}\end{aligned}$$

作 $QM\perp OA$ 于 M，则

$$\begin{aligned}r&=OQ\cdot\sin\angle MOQ\\&=(d-r)\sin(45^\circ-\alpha)\\&=\frac{d-r}{2}(\cos\alpha-\sin\alpha)\end{aligned}$$

$$\frac{\sqrt{2}r}{d-r}=\frac{d-(1+2\sqrt{2})r}{d-r}$$

所以 $OQ+OQ\sin\alpha=2\cdot\dfrac{d-(1+\sqrt{2})r}{d-r}OQ$

而 $OP=OQ\cos\alpha$

$$=\frac{d-(1+\sqrt{2})r}{d-r}OQ$$

$\therefore OQ+PQ=2\cdot OP.$

十三、“题组运用”的教学策略

在数学教学中，把思维方法相同或解法相同的一类题目放在一起进行比较、

引申、组合或扩展，以此培养学生的辩证思维能力。

（一）运用题组进行引申，增大学生的思维跨度

在原来比较的基础上，再深入一步比较，以此来增大学生的思维跨度，往往能培养学生思维的深刻性，而不是停止在肤浅的表面思维上。

例如，函数这条主线是由集合间的对应关系开始，引入映射的概念，用映射来描述函数的内涵。为了更进一步掌握其本质，讨论了函数构成的三要素，以及函数的单调性、奇偶性。对幂函数、指数函数、对数函数以及三角函数做了较为全面且深入的研究。在复习函数时，按上述这条线展开，无疑能使学生进一步明确研究函数的思路和方法，从而能对函数的有关概念和性质有更深刻的理解，而且能对复习二次曲线做好铺垫。所以在选编这类题目时，不但要突出这条主线，也要把线中的各知识点结合起来。

在“函数思想及应用”专题复习中，选择如下题组作为范例：

例 1：设 $f(x)$ 是定义在 R^+ 上的增函数，且 $f(xy)=f(x)+f(y)$，

（1）求 $f\left(\frac{x}{y}\right)=f(x)-f(y)$；

（2）若 $f(3)=1$，且 $f(a)>f(a-1)+2$，求 a 的取值范围。

选题目的：函数的概念和性质的综合应用。

例 2：对任意实数 x，$\cos^2x+2k\sin x-2k<0$，求实数 k 的取值范围。

选题目的：函数思想的应用，换元法、配方法及分类讨论思想。

例 3：（填空题）关于 x 的方程 $\sqrt{1-x^2}=kx^{-1}$，$(k\in R)$ 实根的个数是____。

选题目的：函数思想的应用，数形结合法。

例 4：解不等式：$\log_6(\sqrt{x}+1)\geqslant\log_5^x$.

选题目的：函数性质的应用，换元法。

例 5：求函数 $y=\sqrt{x}+\frac{1}{\sqrt{x}+3}+3$ 的最小值。

选题目的：函数性质的应用，构造法（构造函数 $y=t+\frac{1}{t}$ $(t\geqslant3)$。

例 6：在等差数列 $\{a_n\}$ 中，首项 $a_1>0$，前 n 项和为 S_n，若 $S_m=k$ $(m\neq k)$，n 为何值时，S_n 最大。

选题目的：函数观点解题，联想转化法。

例7：（2020 年全国 I 卷理科）已知函数 $f(x)=e^x+ax^2-x$，

（1）当 $a=1$ 时，讨论 $f(x)$ 的单调性；

（2）当 $x\geqslant 0$ 时，$f(x)\geqslant \frac{1}{2}x^3+1$，求 a 的取值范围。

选题目的：运用函数思想，分离参数法、构造法［构造函数 $g(x)=\frac{e^x-x-\frac{1}{2}x^3-1}{x^2}$ 及 $h(x)=\frac{\frac{1}{2}x^2+x+1}{e^x}$ $(x>0)$］解题。

例8：若椭圆 $\frac{x^2}{2}+y^2=a$ $(a>0)$ 与连结 $A(1, 2)$、$B(3, 4)$ 两点的线段有公共点，求 a 的取值范围。

选题目的：函数与方程思想的运用（椭圆方程与线段 AB 方程联立消去 y，将 a^2 视为 x 的函数，转化为求函数值域问题）。

这组范例紧紧围绕函数的概念、性质和图像展开，揭示了函数与方程、不等式、数列、三角、几何等知识的内在联系，体现了函数思想在解决数学问题中的重要作用，蕴藏了配方法、换元法、构造法、联想转化法、分离参数法、数形结合法、分类讨论法等丰富的数学思想和方法。通过分析解答这一题组，既使学生巩固了函数的概念和性质，增强了学生的函数意识，又培养了学生灵活运用数学基本方法解决问题的能力。

（二）在题组比较中，培养学生的辩证思维能力

在题组研究中，引导学生抓住主要矛盾进行辩证分析，培养学生的辩证思维能力。

在复习中应把各知识面的内容相互穿插，通过综合练习，揭示它们之间的区别与联系，努力培养学生灵活处理各类问题的能力。

题组 1：（2015 年湖南卷）

（1）已知 a、$b\in \mathrm{R}^+$，求证 $|\sqrt{2+a^2}-\sqrt{2+b^2}|\leqslant |a-b|$.

（2）若 $x^2+y^2+6x+4y+9=0$，求 $\frac{y}{x}$ 的最大值与最小值。

（3）定点 $A(2, 0)$，圆 $x^2+y^2=1$ 上有动点 Q，$\angle AOQ$ 的角平分线交 AQ 于点 P，求动点 P 的轨迹。

（4）已知 $a>0$，函数 $f(x)=e^{ax}\sin x$ $[x\in[0, +\infty)]$，记 x_n 为 $f(x)$ 的

从小到大的第 n（$n\in N^*$）个极值点。

证明：①数列 $\{f(x_n)\}$ 是等比数列；②若 $a\geqslant\frac{1}{\sqrt{e^2-1}}$，则对一切 $n\in N^*$，$x_n<|f(x_n)|$ 恒成立。

这组题表面上看属于不同的知识范畴，但它们的解法远远超出了它们所在的知识面。通过各种解法的比较，能选择出最佳解法，达到精中求活的境界。

（三）利用题组进行总结，培养学生的求同思维

有些题目在考查的知识点上本质不同，但运用的解题原理（或解题技巧）却相同。我们将其归纳成一类进行总结，往往可起到解一题会一类的作用，避免题海的纠缠，以此培养学生的求同思维能力。

题组 2：

（1）解方程：$\frac{x-y+5}{\sqrt{x-y+1}}+\frac{x+2y+9}{\sqrt{x+2y}}=0.$

（2）求方程组：$\begin{cases}x=\frac{2z^2}{1+z^2}\\ y=\frac{2x^2}{1+x^2}\\ z=\frac{2y^2}{1+y^2}\end{cases}$ 的实数解。

（3）已知 $x>0$，$y>0$，$\frac{a}{x}+\frac{b}{y}=1$，求 $u=x+y$ 的极值。

（4）已知 a、b、c、d 为正的纯小数，求证 $4a(1-b)$、$4b(1-c)$、$4c(1-d)$、$4d(1-a)$ 四个乘积不可能都大于 1.

这一组题不相似，但基本解法是相同的，主要利用“不等式 $a+b\geqslant2\sqrt{ab}$”，使学生从中掌握其解法。

（四）在题组比较中，培养学生的发散思维能力

复习时教师可根据一个知识点，设计出尽可能多的题目，让学生通过练习来巩固同一知识点，以此培养学生的发散思维能力。

例如，复习二面角这个知识点时，我们选用了以下题组：

（1）二面角 $\alpha-AB-\beta$ 的平面角是锐角，$C\in\alpha$，$C\notin AB$，D 是 C 在 β 内的射影，点 $E\in AB$，且 $\angle CEB$ 是锐角，则（　　）。

A. $\angle CEB > \angle DEB$　　　　B. $\angle CEB = \angle DEB$

C. $\angle CEB < \angle DEB$　　　　D. 其大小关系不定

(2) 如果三棱锥的各个侧面与底面的夹角都相等，那么顶点 A 在底面的射影为$\triangle BCD$ 的（　　）。

A. 重心　　　　B. 内心

C. 外心　　　　D. 垂心

(3) P 是二面角 $\alpha - AB - \beta$ 的棱 AB 上一点，分别在半平面 α、β 内引射线 PM，PN，如果 $\angle MPN = 60°$，$\angle BPM = \angle BPN = 45°$，那么二面角 $\alpha - AB - \beta$ 的大小是（　　）。

A. 45°　　　　B. 60°

C. 90°　　　　D. 小于 90°

(4) 已知二面角 $\alpha - AB - \beta$ 的平面角是锐角 θ、α 内一点 C 到 P 的距离为 3，点 C 到 AB 的距离为 4，那么 $\tan\theta =$ ________。

(5) 一点到二面角二面的距离分别为 a 和 $2\sqrt{a}$，到棱的距离为 $2a$，则这个二面角的度数为________。

这样就形成了一定的知识运算梯度，学生通过解题可训练自己的发散思维，培养思维的深刻性。

总之，通过题组复习，引导学生以题串题，往往能起到一通百通的作用，而且使学生的思维广泛、深刻、有序，不仅提高了学习效果，而且大大提高了学生的思维能力。

十四、“激趣质疑”的教学策略

学起于思，思源于疑。但学生的质疑不会自然而然地发生，需要情境的创设，好的教学意境可以控制和激发学生的兴趣、情绪、意志和学习效果，是学生课堂生成的基石。创设恰当的教学意境，课堂教学就会以意燃“情”，在美好的情境中，质疑成为学生的自觉，让学生在质疑中萌生好奇心，学生的好奇心越强，学习兴趣就会越浓，注意力就会越集中，思维就会愈加活跃。宽松的学习环境，能让学生敢想、敢说、敢问，使学生保持良好的学习状态。

(一) 设疑、质疑、释疑，促进脑思维，培养学生兴趣

青少年富于想象，爱好争论，喜欢独立思考，但由于传统习惯，他们不敢提问，怕让老师不喜欢，这样就抑制了兴趣，教师应激发、鼓励学生质疑问难，促进大脑思维。学起于思，思起于疑。有质疑，他们就产生学习数学的兴趣，从而多角度、多层次进行了解。

例如：求函数 $y=|\sin x|+|\cos x|$ 的最小正周期。

设疑：因 $|\sin(x+\pi)|=|-\sin x|=|\sin x|$ 这个等式对任意的 x 都成立，故 π 是函数 $y=|\sin x|$ 的周期。

设 $0<\alpha<\pi$，且 $|\sin(x+\alpha)|=|\sin x|$，对任意的 x 都成立，则令 $x=0$ 代入式有 $|\sin\alpha|=0$，这对于 $0<\alpha<\pi$ 的 α 是不可能的，就是说 π 是函数 $y=|\sin x|$ 的最小正周期，同时，π 也是函数 $y=|\cos x|$ 的最小正周期，故函数 $y=|\sin x|+|\cos x|$ 的最小正周期是 π.

质疑：如果两个函数的最小正周期都是 T，那么就断定它们和函数的最小正周期也是 T，这是没有根据的。

释疑：设疑，犯了证据不足的错误，事实是若两个函数的最小正周期皆为 T，那么它们的和函数最小正周期是可以小于 T 的，当然有时和函数最小正周期是可以等于 T 的，我们不能用特殊代替一般。

从上式训练过程中，看到“思源于疑”，思维经常是由提出问题开始的。没有问题，就无从思起。这样既有利于打开自己的思路，又能培养独立思考和积极探索的思维能力。

（二）利用悬念使学生产生急知感，提高学生寻根问底的间接兴趣

悬念产生于学生想急于解决问题，但用已有知识和方法又无法解决的时候，因而可以激发学生求知的动机，从而激发起继续学习的热情。

例如：在学习反三角函数时，教师可以提问“什么样的函数才有反函数?”于是，很快地把学生带到旧知识之中，在让学生回忆“映射”“单射”“满射”“逆映射”“函数”“反函数”等一些概念之后，进行适应的归纳、总结，接着再提问。

正弦函数 $y=\sin x\ (x\in(-\infty,+\infty))$ 是否有反函数?如何计算反正弦函数值?

（三）创造意境吸引学生的兴趣

在课堂教学中，创造与教学内容有关的意境进行教学，能引起学生极大的兴趣，营造十分愉快的气氛。

例如：在学习“两个平面垂直的判定定理”时，教师可以以帆船为例进行提问：“帆船的帆只要紧靠着船杆，则不论风向怎样，船怎样旋转，船帆总是与船面保持垂直，为什么?”这样，学生进入意境，受到感染，得到了美的享受，也引发了学生兴趣。

总之，课堂教学只有重视情境的创设，才能真正落实教与学的统一，新的学习方式才能真正落到实处，新的教学理念才能真正地体现在教学之中，学生的核心素养才能得到全面的提高。

十五、“创新思维”的教学策略

苏联科学家卡皮查认为：“数学课是培养学生创新思维最合适的学科之一。因为数学具有高度的抽象性、严密的逻辑性和广泛性，它能为学生提供广泛的思维素材，使学生在学习数学知识的过程中思维的深刻性、严谨性、独创性得到培养。”数学教师应该立足教学实际，寓创新意识于数学教学之中，把传授基础知识和培养学生的创新意识、创新精神、创新思维结合起来。

（一）教师自身要有创造性

要培养出具有创新意识的学生，教师首先要有创新意识，其次还要有打破传统教学模式的勇气和敢于尝试探索的精神。教师要根据学生年龄特征、课程标准、教学内容来创设问题情境，让学生自主探索与研究，同时在适合的时间和空间通过观察、讨论、交流、猜测、归纳、分析和整理，培养学生创新意识。

1. 营造氛围，做构建创新思维环境的建筑师

我国明代的著名思想家王守仁说：“今教童子，必使其趋向鼓舞，中心喜悦，则其进自不能已。譬之时雨春风，沾被卉木，莫不萌动发越，自然日长月化；若冰霜剥落，则生意萧索，日就枯槁矣。”因此，在课堂教学中，教学氛围的营造是培养学生创新能力的前提。教师应做到以生为友，充分挖掘学生的创新潜能，提高学生的课堂参与能力，体现师生双向思维活动的过程。在营造学习新知识的活动氛围中，教师还应给学生构建新知识形成和发展的过程及活动方式、手段，促进知识内化为自身的活动行为；给学生提供有益于思维发散，实现创新的学习材料；让学生成为教师思维的“同谋者”，师生合谋，生生合

谋，把枯燥的教材活化为师生共同认知的材料，将信息加工处理活动由教师向学生转移，变“教教材”为“用教材教”，充分利用教学内容的潜在能力，给学生以充分的思维空间。同时，应把握好学生思维与教师点拨、启发之间的度，对学生认识加工过程的合理与否作出评价，从而促使学生在内化、占有知识的同时，实现能力的提升。营造氛围，构建创新思维的环境，实现了主体人人参与，生生有新的创意，个个有合理的创新。

2. 激发兴趣，做点燃创新思维的催化剂

布鲁纳说：“学习的最好动机，不是对所学教材本身的兴趣。”兴趣是创新思维形成的前提条件之一，浓厚的兴趣可以产生巨大的创新动机，激发学生的学习积极性。在课堂教学中，教师应充分挖掘教材的内涵，把枯燥的数字、符号变为激发学生兴趣的信息，找出每节课中学生对教学内容最感兴趣的点，点燃创新思维的火花，激发学生的求知欲，从而引导学生真正参与到教学活动中来，品尝知识的乐趣，做学习的主人，提高创新思维能力。

3. 认知引导，做开拓创新思维路子的领航员

在课堂教学中，创新思维的培养，关键就是培养学生的认知能力和创新思维能力。教师在教学过程中要善于创设条理明晰、合乎学生认知心理特点的“阶梯式”的问题情境，引导学生由浅入深、自现象而本质、从具体到抽象，一步一步地进行深入的思考和探究，作出科学的推理和正确的判断，处理好知识客体与学生认知能力之间的关系，及时抓住学生认知能力与知识客体之间的“对接口”，开拓学生的思路，引导他们对感性材料进行分析、综合，通过自身而不是教师的思维活动掌握所学内容的本质和规律。

（二）激励学生大胆质疑是培养学生创造能力的又一良方

“一切创造从疑问开始”“思维从疑问和惊奇开始”。在教学中，教师要根据教学内容，挖掘能够开发学生思维的素材，培养学生的创新能力。

1. 创设情境，引发创新思维

教师要由原来的精心设问，转变为精心创设“问题情境”。如以认知为目标，制造认知冲突，创设矛盾式的问题情境；以解决实际问题为目标，创设应用性的问题情境；以激发学生学习兴趣为目标，创设趣味性的问题情境；以激励学生探索为目标，创设开放性的问题情境……事实上，只要从与学生的生活环境、知识背景密切相关的学生感兴趣的数学材料人手，就能有效地激活其好胜心、好奇心与表现欲，强化学生探索的动机与需求，促使他们提出问题。

2. 鼓励质疑，诱发创新思维

“疑，思之始，学之端”，有疑虑才能产生认知冲突，激发认知需求。教学过程是一个不断设疑、破疑、再设疑的过程。在教学中，作为教师，要善于保护和培养学生的好奇心，鼓励学生质疑。不仅要教学生回答问题，还要引导学生提出问题，使整堂课沿着“无疑—有疑—无疑”这样一条波浪式的路线前进，这起伏的浪花将推动学生积极思考、认真探索，使学生尝到破疑后的欢乐，激起他们继续学习的热情，诱导他们学会观察，对问题有同中见异、异中见同、平中见奇的洞察能力。

3. 创设实践，激活创新思维

一切真知都是从直接经验发源的，都是从实践中来的。创新来自实践。联系实际，提出的导学问题要联系学生的生活实际，也要使学生感到新颖有趣。因此，学生创新的最根本的途径就是他们自己的实践活动。所以在教学中，要解放学生，让他们敢想、敢说、敢干，努力营造创新教育的宽松环境，使学生的创新思维获得最大限度的发展，使学生在实践探索中发展问题意识和问题思维，激活创新思维。

4. 巧设练习，培养创新思维

教师创造性的教学设计，可以激活学生的创造性思维。教师在设计练习时，精心选择一些发展点，促使学生从多角度、多层次、多侧面去分析，运用“一题多解”和“一题多变”的模式，使学生产生联想和想象，引发创新思维。

（三）鼓励学生敢于独立思考、善于独立思考是培养创新能力的核心

苏霍姆林斯基说：“在人的心灵深处，都有一种根深蒂固的需要，这就是希望自己是一个发现者、研究者、探索者。在儿童的精神世界里，这种需要特别强烈。”教学中，教师要注意鼓励学生敢于独立思考，从实践中发现新的真理、新的观点，提出独到的见解，培养学生独立思考的能力和求异思维能力，进而培养学生思维的多向性，最大限度地激发学生的创新能力。

下 篇

“思意数学”之教学实践

第六章“思意数学”教学的实践范式与探索

“思意数学”是指教育者以问题为指引，引导学生自觉按照数学思维进行数学学习，激发和引领学生在数学学习中共同探究、体悟，使学生自主地、能动地、创造性地实现自我身心的从经验走向智慧，实现感性与理性之合一、知性与悟性之交融，并最终促成学生形成自我独立而稳固的数学能力与素养的数学教育。在“思意数学”教学中，以知识为载体，以思维过程为主线，以问题为手段，再现具体“意境”，激趣、设疑、引思，引导学生思维从感性走向理性，透过现象看本质，给学生提供最精髓的学习材料。学生在学习中通过自己对知识的理解和吸收，获得数学知识和方法，掌握数学思维方法，从而深入学习，批判性思考，追求卓越。其结构图如图 6－1 所示。

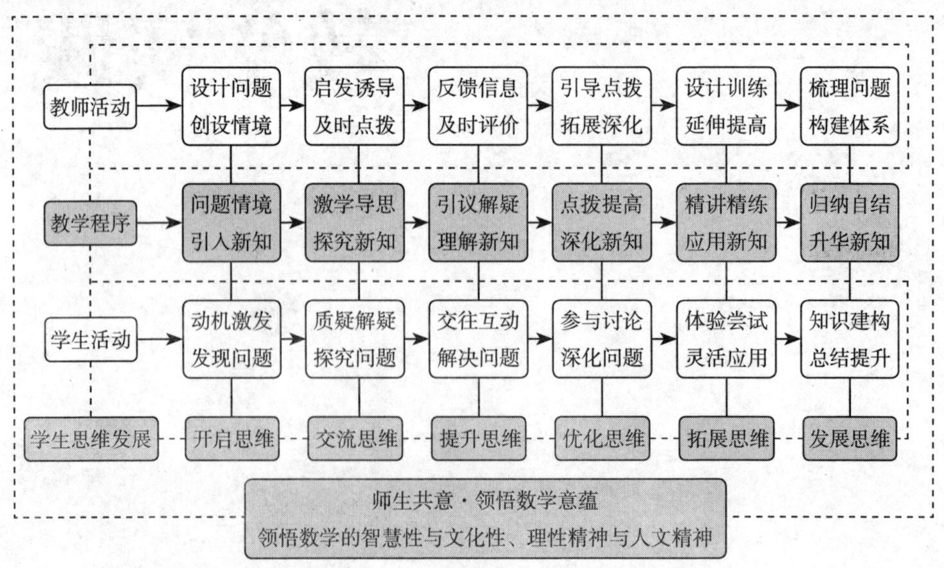

图 6－1 “思意数学”结构图

一、“思意数学”教学策略

（一）“思意数学”课堂教学流程与范式

在“思意数学”的课堂结构的探索下，落实到具体的课堂实践中，“思意数学”课堂教学的基本流程为思维的激发、思维的导引、思维的碰撞、思维的迁移、思维的提升。这一课堂教学模式的落地从两条路径展开：第一，基于问题创设，通过师生多方对话交互、反馈、导向型评价，达成学生整体性掌握知识的目的；第二，综合运用不同维度的知识，如结合程序性知识和陈述性知识，关注顿悟的产生，为改变思维搭建有效载体。

（二）“思意数学”教学策略与范式

实施“一抓住”“两增加”“三贯彻”“四注重”“六环节”的教学策略与范式。

“一抓住”：紧紧抓住新课程理念来设计教学，使用教学材料与资源，选择教学行为与组织形式，创新教学方案的编写方法等。

“两增加”：增加学生自主学习的时间，让学生有探究、合作、倾听的机会，启迪学生智慧生成的思维场；增加学生自我展示的机会，创造生生、师生互动的情感场，促进学生有效参与。

“三贯彻”：自始至终贯彻一条符合学生实践的问题线，自始至终贯彻一条激发学生在数学学习中共同探究和充分发掘学生的思维本质的思维线，自始至终贯彻一条让不同的学生学习数学并得到不同程度的发展的发展线。

“四注重”：一是注重教育的唤醒、激励、发展的功能，合理设计问题的起点和梯度，激发学生潜在的学习能力；二是注重思维相近的学生之间的交流和帮助，激发生生、师生之间的情感体验；三是注重学生思维能力的训练和思维品质的提升，加强学生独立学习能力的培养；四是注重教师的主导作用，实现自我身心的从经验走向智慧，实现感性与理性之合一、知性与悟性之交融。

“六环节”课堂结构：①目标导向，创设情境，开启思维；②激学导思，激励唤醒，交流思维；③引议释疑，独思互助，提升思维；④点拨提高，矫正反馈，优化思维；⑤精讲精练，学以致用，拓展思维；⑥归纳自结，梳理提炼，发展思维。

二、“六环节”课堂教学范式的基本含义

（一）基本含义

1. 环节一：目标导向

根据课标要求和课程内容，课前确定指导内容和学生自学内容，上课后展示教学目标，并围绕教学目标，创设问题情境，开展教学活动，教学目标给学生的学习提供思维导向，开启学生思维。

2. 环节二：激学导思

“激学导思”就是“激励唤醒，交流思维”的过程。教师以课标和学情为依据，以学生学习兴趣的最佳结合点出发进行教学设计，创设适合学生学习情境、注重思维梯度、把教材和教学目标内化为符合学生认知规律的学习方案，在教师的诱导下，自主完成预设问题的学习，初步内化学习目标和内容。

3. 环节三：引议释疑

“引议释疑”是教师在“激学导思”的基础上，进一步“交流思维、提升思维”。在这个过程中构建师生“学习共同体”，有效引导学生共同完成剖析重点、突破难点、澄清疑点、补充盲点，既完成预设目标，又可以生成新的目标。学生不仅体验了知识生成的过程，而且体现思维发展的轨迹，展示思维层次提升的过程。

4. 环节四：点拨提高

“点拨提高”是教师在“引议释疑”的基础上，进一步“优化思维”，点拨解决问题的途径和方法，点拨解决问题的思路和规律，点拨问题的根源和缘由，点拨知识的结构和特征。通过检测诊断教和学的质量和效果，检测教学目标的达成度和准确度，查漏补缺，反馈矫正，进一步帮助学生完成知识的落实、方法的内化，优化思维的品质。

5. 环节五：精讲精练

这一环节是学生“学以致用，拓展思维”的过程。教师根据教学内容设计基础问题，实现本节课教学的达成，做到讲到精要、讲出精华、讲得精彩，帮

助学生深化所学知识，引导学生现实从知识向能力的转化与延伸，揭示解题规律，使之具有条理性、系统性和灵活性。教给学生分析问题与解决问题的方法，逐步达到知识与方法融会贯通，拓展思维的深度和广度。

6. 环节六：归纳自结

“归纳自结”是师生共同“梳理提炼，发展思维”的过程。“总结回顾”既包括对数学知识的梳理，也包括对数学方法的提炼。学生反思学习过程，总结和整理出获取知识体系、方法体系和解决问题的方法。教师将本节课所学内容融入单元或章节之中，凝练获取知识方法或思考问题的思路，形成完整的知识体系和方法体系。

在教学过程中，以上各环节并非截然分开的，而是一个紧密联系的有机整体。目标导向是前提，激学导思是基础，引议释疑是关键，精练强化是手段，点拨提高为的是更加深化，归纳自结为的是进一步巩固。讲中有练，讲练结合。以自学为主，讲授为辅，练为红线，并贯穿于整个教学过程。

（二）强化转换

在实施的过程中，强化如下六种转换：

1. 传授知识向学法指导转换

系统传授和学习书本知识，教给学生的是前人积累的已被实践证明是有用的知识，但由于人的生命时间与精力的局限，要全部继承是不可能的。一个人拥有的知识并非是全部在学校学习中获得的，学校中得到的是基础知识与基本能力，所以只有教给学生获取知识的钥匙——学习的方法，才能使他们终身受用，这也是“教是为了不需要教”的道理所在。

2. 教师主讲向自探互究转换

教学是师生的双向活动。每个学生都有自我发展、自我完善的内在需要。在教师的“导演”下主动探寻，互相研究、交流，才能勃发自主学习意识，才是“认知—理解—内化”的重要途径。

3. 被动灌输向主动吸取转换

教学的本体功能是发挥学生的主体作用，虽然学生单纯听教师讲不一定都是被动，但很容易造成被动，导致学生不能或很少直接同新知识打交道。让他们动眼、动口、动脑、动手去主动寻求知识，才能从中发展智力，培养自主学习意识。

4. 重智轻能向智能结合转换

传统的教学方式以灌输知识为特征，忽视能力的培养。学生总要记住一些东西，理解一些重要东西，运用学到的知识去解决问题，这就有个能力问题，因此，智能结合应是教学方法的聚集点。

5. 枯燥乏味向生动活泼转换

教师主讲，单向传输是造成课堂氛围枯燥乏味的主因。课堂教学必须让学生活动起来，个体的、群体的、交互的，在多种形式的活动中，让学生去想、去说、去做，课堂气氛就活跃起来，在愉悦中获知，无形的精神压力也就减轻了。

6. 机械操练向活动训练转换

教学训练应从实际出发，坚持学用结合，以促进思维导向，目标明确，形式多样，让学生积极参与，才能提高获得真知的效度。

三、“思意数学”实施的教学实践

下面以“圆锥曲线定义的运用”为例进行思意教学的实施。

“圆锥曲线定义的运用”的教学设计与实践探索

（一）内容和内容解析

用平面截圆锥，改变平面与圆锥轴线的夹角，可以得到的截口曲线分别是圆、椭圆、抛物线、双曲线，我们把它们统称为圆锥曲线。历史上，人们用纯几何的方法，得到了关于圆锥曲线的大量性质，这些性质在天文学研究中得到了应用。笛卡尔创立解析几何后，人们借助坐标系把数与形联系起来。根据圆锥曲线的几何特征，选择适当的坐标系，建立圆锥曲线的方程，通过研究方程得到圆锥曲线的几何性质，这就是用坐标法研究圆锥曲线。

本节课是在学习了圆锥曲线一章内容后，对圆锥曲线定义进行总结并用于解题的一节复习课。事实上，圆锥曲线既与天文学、物理学等研究紧密相连，又与我们的日常生活密切相关。圆锥曲线的定义反映了圆锥曲线的本质属性，它是对人们生活实践的高度抽象。恰当准确地利用定义解决问题，常常能够做到以简驭繁。因此，在学习了椭圆、双曲线、抛物线的定义及标准方程、几何性质后，我们有必要重回定义，熟悉圆锥曲线定义的运用。

求解圆锥曲线的标准方程的方法是“先定型，再计算”。所谓“定型”就是指确定类型，所谓“计算”就是指利用待定系数法求出方程中的 a^2，b^2，p 的值，最后代入写出椭圆、双曲线、抛物线的标准方程。具体到三种曲线，求解椭圆或双曲线的标准方程，方程包括“定位”和“定量”两个方面。“定位”是指确定与坐标系的相对位置，在中心为原点的前提下，确定焦点位于哪条坐标轴上，以判断方程的形式；“定量”是指确定 a^2、b^2 的具体数值，常根据条件列方程（组）求解，“定量”的求解过程可以采用定义法或待定系数法。

定义法是求轨迹方程的一种常用方法。求解时，若能确定动点运动的轨迹满足某种已知曲线的定义，则可以利用这种已知曲线的定义直接写出其方程，这种求轨迹的方法称为定义法。利用圆锥曲线的定义求动点的轨迹方程，应先根据动点具有的条件，验证是否符合圆锥曲线的定义，若符合，则确定对应的圆锥曲线的方程，这就是用定义法求圆锥曲线方程的标准方法，解题的最后要注意检验。

凡涉及抛物线上的点到焦点的距离的问题，一般运用定义转化为到准线的距离问题处理。充分利用抛物线定义实施转化，可以使解答简捷、明快。

为了充分调动学生学习的积极性，本节课采用小组合作、探究、启发式教学法，用环环相扣的问题串、例题及变式将探究活动层层深入。通过对圆锥曲线定义的再认识，加深学生对数形结合思想、分类讨论思想、转化与化归思想、类比思想的认识、掌握和应用。教学过程中以学生为本，以问题解决为手段发展学生的创新性思维，教师作为课堂的组织者，组织学生分析讨论、合作探究。

本节课的设计思想是：利用多媒体教学课件进行辅助教学，借助信息技术手段，利用几何画板软件进行动态演示，为学生营造一个探究学习的环境，让他们参与到多媒体教学中来，探究新知，发现规律，解决问题。

本节课的教学重点：圆锥曲线定义的灵活应用。

本节课的教学难点：圆锥曲线定义的灵活应用，动点轨迹方程的求解与讨论。

（二）目标和目标解析

本节课主要内容是应用圆锥曲线的定义解题，在教学过程中要让学生通过探究，分析掌握圆锥曲线的定义，并能熟练运用。同时，本节课还要求学生理解学习直接法、定义法求动点轨迹，在教学过程中数形结合思想、分类讨论思想、转化与化归思想、类比思想的渗透都要贯穿始终。

（1）掌握圆锥曲线的定义、熟练灵活地应用定义求轨迹方程、距离、最值等，能结合平面几何的基本知识求解圆锥曲线的方程。

（2）能够准确地运用圆锥曲线的定义解决有关问题，提高分析、解决问题的能力。

（3）通过练习，强化对圆锥曲线定义的理解，培养思维的深刻性、创造性、科学性和批判性，提高空间想象能力及分析、解决问题的能力；通过对问题的不断引申，精心设问，引导学生学习解题的一般方法及联想、类比、猜想、证明等合情推理方法。

（4）通过对直接法、定义法求动点轨迹等方法的学习，渗透数形结合、化归与转化、类比等数学思想方法，提高学生的整体素质，培养学生主动探究知识、合作交流的意识，激励学生敢于创新、勇于探索的科学精神。

（5）培养学生观察、猜想、归纳、推理的能力，感受圆锥曲线的数学美，渗透数学中的人文精神。在教学中培养学生的数学学科核心素养，培养学生用数学的眼光观察世界，用数学的思维思考世界，用数学的语言表达世界的素养。

（三）教学问题诊断分析

圆锥曲线的定义具有双向作用，以椭圆为例，即若$|PF_1|+|PF_2|=2a$（大于$|F_1F_2|$），则动点P的轨迹是椭圆；反之，椭圆上任意一点P到两焦点的距离之和为$2a$，双曲线与抛物线亦然，教学中学生容易忽略这一点，教师需要加以提醒。

分析圆锥曲线中a，b，c，e各量之间的关系是求解圆锥曲线性质问题的关键。

运用圆锥曲线定义求动点轨迹方程时，学生容易漏掉解题后的检验，导致求出的曲线方程特殊点的重复或遗漏。

圆锥曲线与方程是解析几何的核心部分，是各类试题重点考查的内容，并且圆锥曲线与圆、平面向量、解三角形、不等式等知识交汇比较多，也使之成为命题的热点和难点。

（四）教学支持条件分析

研究椭圆、双曲线、抛物线三种圆锥曲线的方法是一致的。圆锥曲线具有统一性：①它们都是平面截圆锥得到的截口曲线；②它们都是平面内到一个定点的距离和到一条定直线（不经过定点）距离的比值是一个常数的点的轨迹，由于比值的取值范围不同而形成了不同的曲线；③它们的方程都是关于 x，y 的二次方程。

在圆锥曲线的研究中，信息技术可以发挥很好的作用。例如，借助信息技术，可以很方便地画出曲线；通过改变某些量（如椭圆的长、短轴的长或焦距等），可以帮助我们发现曲线的几何特征及其基本性质（变化中保持不变的特征）等。总之，研究圆锥曲线时，信息技术在发现问题、形成思想方法、获得结论等方面，都能发挥很好的作用。本节课充分利用几何画板，动态演示动点变化过程，可以让学生直观感受到数学的独特魅力。

教学中借助多媒体辅助教学，教师要激发学生学习数学的兴趣，在民主、开放的课堂氛围中，培养学生敢想、敢说、勇于探索、勇于发现、敢于创新的精神。教师要注意引导学生主动发现问题、解决问题，积极参与教学，营造一个轻松愉快的教与学的环境，培养学生主动发现、获取新知的能力，提高教学效率。

（五）教学过程设计

1. 知识归析，构建网络，开启思维

本章我们学习了曲线与方程、椭圆、双曲线和抛物线的定义与性质、直线与圆锥曲线的关系，从这节课开始，我们对本章知识进行一下复习总结。

问题1：①椭圆的定义：平面内与两个定点 F_1，F_2 的距离的______等于常数（大于 $|F_1F_2|$）的点的轨迹叫做椭圆。这两个定点叫做椭圆的______，

______叫做椭圆的焦距；②椭圆的标准方程：________，________。

问题2：①双曲线的定义：平面内与两个定点 F_1，F_2 的距离的________等于常数（小于 $|F_1F_2|$）的点的轨迹叫做双曲线。________叫做双曲线的焦点，________叫做双曲线的焦距；②双曲线的标准方程：________，________。

问题3：①抛物线的定义：平面内与一个定点 F 和一条定直线 l（l 不经过点 F）________的点的轨迹叫做抛物线，F 点叫做抛物线的________，直线 l 叫做抛物线的______；②抛物线的标准方程：______，______，______，______。

【设计意图】让学生通过填空的形式，对椭圆、双曲线、抛物线的定义及标准方程等基础知识点进行归析，完善知识网络，为本节课的学习打好基础。定义是揭示概念内涵的逻辑方法，熟悉不同概念的不同定义方式，是学习和研究数学的一个必备条件。通过一个阶段的学习之后，学生们对圆锥曲线的定义已有了一定的认识，在完善知识网络的过程中，教师逐步了解学生对知识的掌握程度，以利于不断改进、调整自己的教学方法，提升教学质量。

师生活动：学生口答完成问题1，教师在学生回答过程中了解学生对知识的掌握程度。

生1：平面内与两个定点 F_1、F_2 的距离的和等于常数（大于 $|F_1F_2|$）的点的轨迹叫做椭圆（*ellipse*）。这两个定点叫做椭圆的焦点，两焦点间的距离叫做椭圆的焦距。

生2：焦点在 x 轴上的椭圆的标准方程是 $\frac{x^2}{a^2}+\frac{y^2}{b^2}=1$（$a>b>0$），其中 $c^2=a^2-b^2$；焦点在 y 轴上的椭圆的标准方程是 $\frac{y^2}{a^2}+\frac{x^2}{b^2}=1$（$a>b>0$），其中 $c^2=a^2-b^2$.

师：这里的“标准”指的是什么？

生3：这里的“标准”指的是中心在坐标原点，以对称轴为坐标轴建立直角坐标系时，才能得到椭圆的标准方程。

师：非常好，我们要注意的是，在椭圆的两种标准方程中，都有 $a>b>0$ 和 $c^2=a^2-b^2$.

师：椭圆的焦点坐标是什么？

生4：当焦点在 x 轴上时，椭圆的焦点坐标为（c，0），（$-c$，0）；当焦点

在 y 轴上时，椭圆的焦点坐标为（0，c），（0，$-c$）.

师：如何确定椭圆的焦点在哪个坐标轴上?

生5：椭圆的焦点总在长轴上。在两种标准方程中，因为 $a^2>b^2$，所以可以根据分母的大小来判定焦点在哪一个坐标轴上。

师：从以上同学的回答来看，我们大家对于椭圆的定义及标准方程的一些特征都掌握得不错。需要注意的是，我们的目光不能仅仅局限于教材，还要把相关的思想和方法融入平时的学习中去。

生6：平面内与两个定点 F_1、F_2 的距离的差的绝对值等于常数（小于 $|F_1F_2|$）的点的轨迹叫做双曲线（hyperbola）。这两个定点叫做双曲线的焦点，两焦点间的距离叫做双曲线的焦距。

生7：焦点在 x 轴上的双曲线的标准方程是 $\frac{x^2}{a^2}-\frac{y^2}{b^2}=1$（$a>0$，$b>0$），其中 $c^2=a^2+b^2$；焦点在 y 轴上的双曲线的标准方程是 $\frac{y^2}{a^2}-\frac{x^2}{b^2}=1$（$a>0$，$b>0$），其中 $c^2=a^2+b^2$.

师：当且仅当双曲线的对称中心在坐标原点，对称轴是坐标轴时，双曲线的方程才是标准方程形式。此时，双曲线的焦点在坐标轴上。双曲线标准方程中，a，b，c 三个量的大小与坐标系无关，是由双曲线本身所确定的，分别表示双曲线的实半轴长、虚半轴长和半焦距长，均为正数，三个量的大小关系为：$c>a$，$c>b$，且 $c^2=a^2+b^2$.

师：如何确定双曲线焦点在哪个轴上?

生8：双曲线的焦点在实轴上。因此已知标准方程，判断焦点位置的方法是看 x^2、y^2 的系数。如果 x^2 项的系数是正的，那么焦点在 x 轴上；如果 y^2 项的系数是正的，那么焦点在 y 轴上。

师：回答得非常好，对于双曲线，a 不一定大于 b，因此不能像椭圆那样通过比较分母的大小来判定焦点在哪一个坐标轴上。

生9：平面内与一个定点 F 和一条定直线 l（l 不经过点 F）距离相等的点的轨迹叫做抛物线（parabola）。F 点叫做抛物线的焦点，直线 l 叫做抛物线的准线。

生 10：焦点在 x 轴正半轴上的抛物线的标准方程为 $y^2=2px$（$p>0$），焦点在 x 轴负半轴上的抛物线标准方程为 $y^2=-2px$（$p>0$），焦点在 y 轴正半轴上的抛物线方程为 $x^2=2py$（$p>0$），焦点在 y 轴负半轴上的抛物线方程为 $x^2=-2py$（$p>0$）。

师：只有当抛物线的顶点是原点，对称轴是坐标轴时，才能得到抛物线的标准方程。从位置关系来看，抛物线的焦点在标准方程中一次项对应的坐标轴上，且开口方向与一次项系数的正负一致，比如抛物线 $x^2=-4y$ 的一次项为 $-4y$，故其焦点在 y 轴上，且开口向负方向（向下）；从数量关系来看，抛物线标准方程中一次项的系数是焦点的对应坐标的 4 倍，比如抛物线 $x^2=-4y$ 的一次项 $-4y$ 的系数为 -4，故其焦点坐标是（0，-1）。

数学是研究数量关系和空间形式的科学，在研究数学问题，尤其是研究解析几何问题时，我们需要从位置和数量两个关系来切入，找到突破口。

问题 4：①椭圆的对称中心坐标是__________，长轴长为__________，短轴长为__________，焦距为__________。

（2）双曲线的对称中心坐标是__________，实轴长为__________，虚轴长为__________，焦距为__________。

（3）抛物线 $y^2=2px$（$p>0$）的对称轴是________，焦点坐标为________，准线方程为________。

【设计意图】 有了问题 1、2、3 的解决及教师对问题的适当引申，学生对于椭圆、双曲线、抛物线的定义有了更进一步的理解。问题 4 是对圆锥曲线一些主要性质的一个简单回顾。

师生活动：学生回答，教师适当引导、答疑，注意数形结合思想、分类讨论思想的渗透。

生 1：椭圆的对称中心坐标是（0，0），长轴长为 $2a$，短轴长为 $2b$，焦距为 $2c$.

生 2：双曲线的对称中心坐标是（0，0），实轴长为 $2a$，虚轴长为 $2b$，焦距为 $2c$.

师：注意椭圆焦点在长轴上，双曲线的焦点在实轴上。

生 3：抛物线 $y^2=2px$（$p>0$）的对称轴是 x 轴，焦点坐标为 $\left(\frac{p}{2},\ 0\right)$，准

线方程为 $x=-\frac{p}{2}$.

师：对于抛物线其他的三种标准方程对应的对称轴方程、焦点坐标、准线方程，同学们可以画个简图帮助记忆。

2. 精选范例，激学导思，交流思维

例1：（1）椭圆$\frac{x^2}{25}+\frac{y^2}{9}=1$的左右焦点为 F_1、F_2，一直线过 F_1 交椭圆于 A、B 两点，则 ΔABF_2 的周长为________。

（2）设双曲线$\frac{x^2}{16}-\frac{y^2}{9}=1$的焦点是 F_1、F_2，直线 l 过 F_1 且与双曲线的同一支交于 A、B 两点，已知 $|AB|=8$，则 ΔABF_2 的周长为________。

（3）已知抛物线的顶点在原点，焦点在 y 轴上，抛物线上的点 P（m，-3）到焦点的距离为 5，则抛物线方程为________。

【设计意图】本例属于利用圆锥曲线的定义直接解答的类型，题目设计有一定的层次，注重数形结合思想的运用。以圆锥曲线的定义为主线，例题分别设计了关于椭圆、双曲线、抛物线上的点与焦点关系的题目，意在加深学生对圆锥曲线定义理解。

师生活动：学生自主解决，教师巡回指导。学生回答，教师适当示范板书，规范解答过程。

生1：（1）由于 A、B 都是椭圆上的点，所以满足椭圆的定义，即到两个焦点的距离的和为常数 $2a=10$，ΔABF_2 的三条边可以看成是点 A 与 B 到两个焦点的距离的和之和，即 20.

师：分析得非常清楚，将 ΔABF_2 三边分成四段，利用椭圆定义解决了周长问题。我们可以看到，椭圆的定义具有双向作用，即若 $|PF_1|+|PF_2|=2a$（大于 $|F_1F_2|$），则动点 P 的轨迹是椭圆，反之，椭圆上任意一点 P 到两焦点的距离之和为 $2a$.

教师板书解题过程：

（1）解：由椭圆定义 $|AF_1|+|AF_2|=2a=10$，$|BF_1|+|BF_2|=2a=10$，ΔABF_2 的周长为 $|AB|+|AF_2|+|BF_2|=|AF_1|+|BF_1|+|AF_2|+|BF_2|=4a=20$.

生 2：（2）由双曲线的定义，直线 l 过 F_1 且与双曲线的同一支交于 A、B 两点，则 A、B 两点在双曲线上，都满足双曲线的定义，可以用双曲线的定义解决 ΔABF_2 的周长问题。

师：类似于椭圆，双曲线的定义也具有双向作用，即若 $||PF_1|-|PF_2||=2a$（小于 $|F_1F_2|$），则动点 P 的轨迹是双曲线，反之曲线上任意一点 P 到两焦点的距离之差的绝对值为 $2a$. 请你把解答过程写下来。

学生上台板书：

（2）解：如图 6-2 所示，不妨设直线 l 与双曲线交于左支，则由双曲线定义可知 $|AF_2|-|AF_1|=2a=8$，$|BF_2|-|BF_1|=2a=8$.

两式相加得（$|AF_2|+|BF_2|$）-（$|AF_1|+|BF_1|$）$=16$，直线 l 过 F_1，所以 $|AF_1|+|BF_1|=|AB|=8$，所以 $|AF_2|+|BF_2|=24$，所以 ΔABF_2 的周长为 $|AB|+|AF_2|+|BF_2|=8+24=32$.

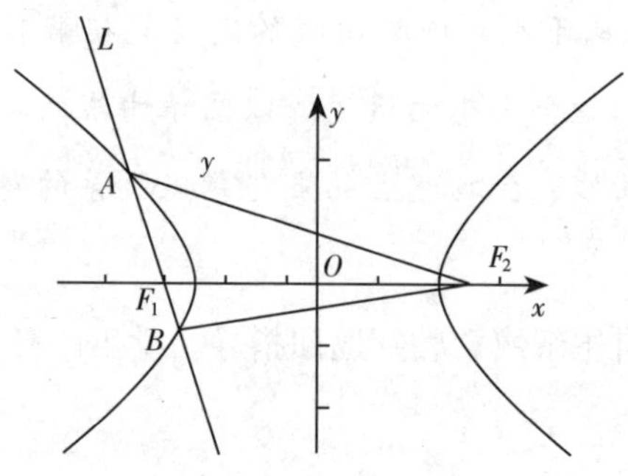

图 6-2　直线 l 与双曲线

生 3：根据抛物线的定义，点 P 到焦点的距离与它到准线的距离相等，利用抛物线的定义可以得到抛物线的标准方程。

师：凡涉及抛物线上的点到焦点的距离的问题，一般运用定义转化为到准线的距离问题处理。充分利用抛物线定义实施转化，可以使解答简捷、明快。也请你将解答过程写下来。

学生上台板书：

（3）解：由题意，设抛物线方程为 $x^2=-2py$（$p>0$），则准线方程为 $y=\frac{p}{2}$，

由抛物线定义，点 P 到焦点的距离与它到准线的距离相等，所以 $\frac{p}{2}-(-3)=5$，所以 $p=4$，所以抛物线方程为 $x^2=-8y$.

3. 引议释疑，探究方法，提升思维

例 2：(1) ΔABC 的两个顶点坐标分别是 $B(0,6)$ 和 $C(0,-6)$，另两边 AB、AC 的斜率的乘积是 $-\frac{4}{9}$，求顶点 A 的轨迹方程。

(2) 动点 P 与点 $F_1(0,5)$、$F_2(0,-5)$ 满足 $|PF_1|-|PF_2|=6$，则点 P 的轨迹方程为________。

(3) 动点 P 到点 $A(0,2)$ 的距离比到直线 l：$y=-4$ 的距离小 2，则动点 P 的轨迹方程为（　　）

A. $y^2=4x$　　　　B. $y^2=8x$

C. $x^2=4y$　　　　D. $x^2=8y$

【设计意图】 直接法、定义法、相关点法（转移法）、待定系数法都是常用的求轨迹方程的方法，教学中要适当涉及，并比较各种方法应用的范围和步骤。本题重在利用直接法和定义法求动点的轨迹方程。教学中需要引导学生注意解题过程中定义运用的准确性与合理性以及运算的准确性，使学生在方法上和思想上得到进一步提升。本内容的教学有助于学生从本质上理解圆锥曲线的定义，培养学生用数学的思维去思考世界。

师生活动：师生共同研讨、解决。

师：大家思考一下，这几个题目中动点的轨迹方程用什么方法求得。

生 1：第 (1) 小题可以用直接法求解，将题设条件中的两边 AB、AC 斜率的乘积是 $-\frac{4}{9}$，转化为方程，进行化简，得到顶点 A 的轨迹方程。

师：直接法求轨迹方程的定义是什么？

生 2：由题设所给（或通过分析图形的几何性质而得出）的动点所满足的几何条件列出等式，再用坐标代替这个等式，化简得曲线方程，这种方法叫直接法。

师：化简后得到曲线方程需要注意什么问题？

生 3：要检验。

师：回答得非常好，我们用直接法求出动点轨迹方程后，一定要对曲线上的点进行检验，剔除不满足条件的点。

生 4：我明白了，ΔABC 的顶点不能在同一直线上，所以要去掉所求轨迹中与 B、C 共线的点。

师生共同完成解答：

（1）解：设顶点 A 的坐标为（x，y），依题意得$\frac{y-6}{x}\cdot\frac{y+6}{x}=-\frac{4}{9}$，

$\therefore$ 顶点 A 的轨迹方程为$\frac{x^2}{81}+\frac{y^2}{36}=1$（$x\neq0$）.

师：这里特别要说明的是，方程$\frac{x^2}{81}+\frac{y^2}{36}=1$ 对应的椭圆与 y 轴有两个交点（0，-6）与（0，6）应舍去。

生 5：第（2）小题用定义法求动点 P 的轨迹，需要注意的是，动点 P 的轨迹只是双曲线的一支。

师：优秀！请同学们把解答过程写下来。

学生完成第（2）小题：

（2）解：由双曲线定义可知动点 P 的轨迹是焦点在 y 轴上的双曲线的一支，其中 $a=3$，$c=5$，又 $|PF_1|-|PF_2|=6>0$，所以点 P 的轨迹方程为$\frac{y^2}{9}-\frac{x^2}{16}=1$（$y\leqslant-3$）.

师：求解圆锥曲线的标准方程的方法是“先定型，再计算”。所谓“定型”就是指确定类型，所谓“计算”就是指利用待定系数法求出方程中的 a^2、b^2、p 的值，最后代入写出椭圆、双曲线、抛物线的标准方程。

求双曲线标准方程的两种方法：①定义法，根据双曲线的定义得到相应的 a、b、c，再写出双曲线的标准方程；②待定系数法，先设出双曲线的标准方程$\frac{x^2}{a^2}-\frac{y^2}{b^2}=1$ 或$\frac{y^2}{a^2}-\frac{x^2}{b^2}=1$（$a$，$b$ 均为正数），然后根据条件求出待定的系数代入方程即可。对于本题来说，我们用的是定义法，需注意双曲线中 a、b、c 之间的关系式。

定义法求轨迹方程的基本步骤是：①用几何法论证动点的轨迹是某种圆锥曲线；②根据已知坐标判断该曲线的方程形式；③计算出方程中所需的数据；④写出方程，注意范围。

生6：第（3）题先定型，再计算。先确定题设条件下，动点 P 的轨迹是抛物线，再根据条件进行计算。

师：非常棒的理解，我们大家一起完成解答过程的书写。

师生共同完成详细解答过程：

（3）解：设动点 P 的坐标为（x，y），由题意知点 P 到点 A（0，2）的距离与它到直线 $y=-2$ 的距离相等。由抛物线定义，动点 P 的轨迹是以点 A（0，2）为焦点，直线 $y=-2$ 为准线的抛物线，其方程为 $x^2=8y$，故选择 D 答案。

4. 点拨提高，深化理解，优化思维

变式：(1) 设定点 F_1（0，−3）、F_2（0，3）、动点 P 满足条件 $|PF_1|+|PF_2|=a+\frac{9}{a}$（$a>0$），则点 P 的轨迹是（　　）

A. 椭圆　　B. 线段

C. 不存在　　D. 椭圆或线段

（2）已知 F_1、F_2 为定点，$||PF_1|-|PF_2||=2a$（$a>0$），则动点 P 的轨迹是（　　）

A. 焦点为 F_1、F_2 的双曲线

B. 不存在

C. 以 F_1、F_2 为端点且方向相反且无公共点的两条射线

D. 以上都不对

（3）动圆 M 经过点 A（3，0）且与直线 l：$x=-3$ 相切，则动圆圆心 M 的轨迹方程是（　　）

A. $y^2=12x$　　B. $y^2=6x$

C. $y^2=3x$　　D. $y^2=24x$

【设计意图】 变式题目属于例 2 的延伸，教学中主要利用分类讨论的思想，引导学生进一步理解椭圆、双曲线、抛物线的定义。定义法是求轨迹方程的一

种常用方法，由于本题设计时有不同的参数，所以需要对参数进行分类讨论。

师生活动：学生分组讨论，教师适当借助多媒体工具演示动点轨迹的变化情况。

师：椭圆的定义中，常数 a 应当满足的约束条件为 $|PF_1|+|PF_2|=2a>|F_1F_2|$，这可以借助于三角形边的相关性质“两边之和大于第三边”来理解。

如果平面内动点 P 与两个定点 F_1、F_2 的距离的和等于 $|F_1F_2|$，那么这个动点 P 的轨迹又是什么呢？

生 1：若 $|PF_1|+|PF_2|=|F_1F_2|$，则动点 P 的轨迹为线段 F_1F_2.

师：若小于 $|F_1F_2|$ 呢？

生 2：若 $|PF_1|+|PF_2|<|F_1F_2|$，则动点 P 的轨迹不存在。

师：几位同学回答得非常好，我们在学习数学知识的时候要注意题设条件的变化，多问几个为什么，对于理解概念的内涵、开阔我们的视野、思维发展都有很大帮助。有了以上的分析，对于第（1）小题的详细解答，同学们是否可以独立完成呢？

学生独立书写解答过程：

（1）解：由于 $|PF_1|+|PF_2|=a+\frac{9}{a}\geqslant 2\sqrt{a\cdot\frac{9}{a}}=6$（当且仅当 $a=\frac{9}{a}$，即 $a=3$ 时取等号），而 $|F_1F_2|=6$，所以动点 P 的轨迹是椭圆或线段 F_1F_2，选择 D 答案。

师：类似于椭圆定义的约束条件为我们如何理解双曲线的定义呢？

生 3：双曲线的定义中，正常数 a 应当满足的约束条件为 $||PF_1|-|PF_2||=2a<|F_1F_2|$，这可以借助于三角形边的相关性质“两边之差小于第三边”来理解。

师：很好，这里我们用的是类比的方法。

师：若去掉定义中的“绝对值”，那么动点 P 的轨迹是什么呢？

生 4：若满足约束条件 $|PF_1|-|PF_2|=2a<|F_1F_2|(a>0)$，则动点 P 的轨迹仅表示双曲线中靠焦点 F_2 的一支；若 $|PF_2|-|PF_1|=2a<|F_1F_2|$ $(a>0)$，则动点 P 的轨迹仅表示双曲线中靠焦点 F_1 的一支。

师：对，若将定义中“差的绝对值”的绝对值去掉，动点的轨迹就成为双曲线的一支。解决标准方程的问题过程中，我们要先确定方程类型，再确定参数 a、b，即先定型，再定量。若两种类型都有可能，则需要分类讨论。这里我们要特别注意双曲线与椭圆的区别，对双曲线概念中的“双”的意义要真正地理解到位。

师：类比椭圆，如果常数 a 满足约束条件 $||PF_1|-|PF_2||=2a=|F_1F_2|$，则动点 P 的轨迹又是什么呢？如果 $||PF_1|-|PF_2||=2a>|F_1F_2|$呢？特殊情况，$a=0$ 呢？

生 5：如果常数 a 满足约束条件 $||PF_1|-|PF_2||=2a=|F_1F_2|$，则动点 P 的轨迹是以 F_1，F_2 为端点的两条射线（包括端点）；若常数 a 满足约束条件 $||PF_1|-|PF_2||=2a>|F_1F_2|$，则动点轨迹不存在；若常数 $a=0$，则动点 P 的轨迹为线段 F_1F_2 的垂直平分线。

师：非常完美。通过以上分析，同学们可以独立完成第（2）小题的详细解答。

学生独立完成解答过程：

（2）解：

当 $2a<|F_1F_2|$时，动点 P 的轨迹是焦点为 F_1，F_2 的双曲线；

当 $2a=|F_1F_2|$时，动点 P 的轨迹是以 F_1，F_2 为端点且方向相反，无公共点的两条射线；

当 $2a>|F_1F_2|$时，动点 P 的轨迹不存在。

由于 a 的大小未定，所以动点 P 的轨迹没法确定，故选择 D 答案。

生6：第（3）小题中，圆 M 过点 A 并与直线 l：$x=-3$ 相切，则圆心 M 到点 A 的距离与 M 到直线 l：$x=-3$ 的距离相等，显然满足抛物线的定义。

师：好，将你的思路整理成解题过程。

学生上台板书：

（3）解：由题意，圆心 M 到点 A 的距离与 M 到直线 l：$x=-3$ 的距离相等，所以点 M 的轨迹是以点 A 为焦点、以直线 l 为准线的抛物线，方程为$y^2=12x$，故选择 A 答案。

师：我们常见的求轨迹方程的方法有直接法、定义法、相关点法（转移法）、待定系数法等，大家要熟悉各种方法应用的范围和步骤，从本质上理解曲线与方程的定义、轨迹的概念。

5. 精讲精练，应用概念，拓展思维

例3：若点A的坐标为（3，2），F为抛物线$y^2=2x$的焦点，点P是抛物线上的一动点，则$|PA|+|PF|$取得最小值时点P的坐标是（　　）

A.（0，0）　　　　B.（1，1）

C.（2，2）　　　　D.$\left(\frac{1}{2},1\right)$

【设计意图】运用圆锥曲线定义中的数量关系进行转化，使问题化归为几何中求最大（小）值的模式，是解析几何问题中的一种常见题型，也是学生们比较容易混淆的一类问题。本例充分利用抛物线定义实施转化，可以降低学生理解的难度，在教学中，用几何画板动态演示点P的变化过程，呈现$|PA|+|PF|$的取值和点P的坐标变化情况，让学生直观感受数学的动态变化，引导学生主动发现问题、解决问题，在轻松愉快的情境中发现、获取新知，提高教学效率。利用圆锥曲线的定义解题时，要加强数形结合、化归思想的训练，以得到解题的最佳途径。

师生活动：学生分组讨论，教师借助于几何画板动态演示点P的变化过程，呈现$|PA|+|PF|$的取值和点P的坐标变化情况如图6－3所示。

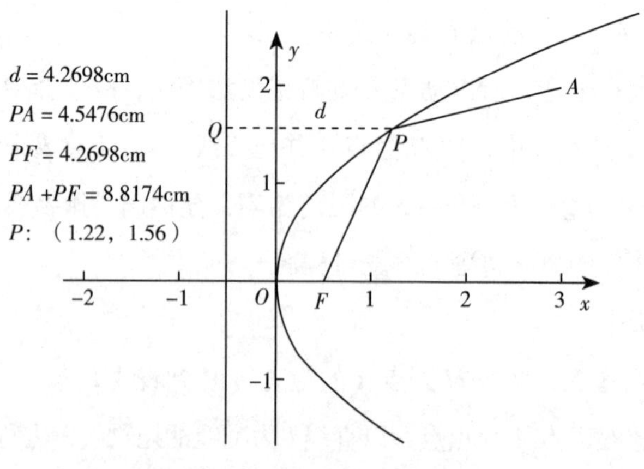

图6－3　点P的变化过程

师：我们先实际观察一下，当点 P 的位置变化时，$|PA|+|PF|$的取值和点 P 的坐标变化情况。

教师演示，学生观察。

生 1：点 P 在第一象限内时，当点 P 从原点向右侧运动时，可以看到$|PA|+|PF|$的取值先变小再变大，中间有一个最小值。

师：什么时候取到最小值？能说明理由吗？

生 2：应该是 P、Q、A 三点共线时取到最小值（PQ 垂直于准线，垂足为 Q）。

生 3：根据抛物线的定义，$|PF|=|PQ|$，因为三角形两边之和大于第三边，所以当 P、Q、A 三点共线时，$|PA|+|PQ|$取得最小值，也即$|PA|+|PF|$取得最小值。

师：回答准确，我们看到，抛物线的定义可以将过焦点的弦长转化为平行于坐标轴的线段的长度来解决。以后凡涉及抛物线上的点到焦点的距离的问题，一般运用定义转化为点到准线的距离问题处理。将上述结论进行推广，用定义法求圆锥曲线的最值问题，一般利用圆锥曲线的定义将折线段和的问题化归为平面上直线段最短来解决。利用圆锥曲线的定义解题时，要注意数形结合、化归思想的运用，以利于找到解题的最佳途径。

师生共同完成解答过程：

解：设点 P 到准线的距离为 d，则$|PA|+|PF|=|PA|+d$，如图所示，当 P、Q、A 三点共线时，$|PA|+|PF|$取得最小值，此时 P 点纵坐标为 2，代入抛物线方程得点 P 坐标为（2，2），故选择 C 答案。

6. 归纳自结，反馈矫正，形成能力

问题 5：常见的求轨迹方程的方法有哪些？

问题 6：定义法求轨迹方程的基本步骤是什么？

问题 7：求解圆锥曲线标准方程的方法是什么？分别有什么意义？

【设计意图】通过学生的讨论交流，把圆锥曲线定义的运用加以小结，归纳总结常见的求轨迹方程的方法、定义法求轨迹方程的基本步骤，以及求解圆锥曲线标准方程的方法等知识，提炼分类讨论、化归转化、数形结合等数学思想。小结部分留部分空白给学生思考，使学生养成自己提出问题、自己解决问题的好习惯，将知识的思考探索过程还给学生。

师生活动：师生共同总结、归纳，把知识方法系统化，形成能力。

生 1：常见的求轨迹方程的方法有直接法、定义法、相关点法（转移法）、待定系数法等。

师：同学们要熟悉各种方法应用的范围和步骤，从本质上理解曲线与方程的定义、轨迹的概念。如果题设条件中有参数，需要对参数进行分类讨论。采用直接法求轨迹方程时，注意转化与化归思想的运用。

生 2：定义法求轨迹方程的基本步骤是：

（1）用几何法论证动点的轨迹是某种圆锥曲线；

（2）根据已知坐标判断该曲线的方程形式；

（3）计算出方程中所需的数据；

（4）写出方程，注意范围。

师：注意写出方程后要检验曲线中特殊的点，剔除掉不满足条件的点。

生 3：求解圆锥曲线的标准方程的方法是“先定型，再计算”。所谓“定型”就是指确定类型，所谓“计算”就是指利用待定系数法求出方程中的 a^2、b^2、p 的值，最后代入写出椭圆、双曲线、抛物线的标准方程。

师：要深刻理解“定型”“计算”的意义，我们在求解圆锥曲线方程时才能做到得心应手。

（六）目标检测设计

1. 课堂检测

设 F_1，F_2 分别为椭圆 C：$\frac{x^2}{a^2}+\frac{y^2}{b^2}=1$（$a>b>0$）的左、右焦点。

（1）设椭圆 C 上的点 $A\left(1,\ \frac{3}{2}\right)$ 到 F_1、F_2 两点的距离之和等于 4，写出椭圆 C 的方程和焦点坐标；

（2）设抛物线 $y^2=2px$（$p>0$）的焦点 F 与椭圆 C 的右焦点 F_2 重合，求抛物线的方程。

若直线 $ax-y+1=0$ 经过抛物线 $y^2=4x$ 的焦点，则实数 $a=$ ________。

椭圆 $\frac{x^2}{9}+\frac{y^2}{2}=1$ 的焦点为 F_1、F_2，点 P 在椭圆上，若 $|PF_1|=4$，则 $|PF_2|=$________；$\angle F_1PF_2$ 的大小为________。

【设计意图】课堂目标检测部分紧贴本节课的例题，主要引导学生发现规律、得出结论，让学生经历知识升华的过程，体验成功的喜悦，激活潜在的学习热情。在这一环节中，教师应设计不同难度的题目作为巩固性训练，给不同层次的学生一块“用武”之地，让每一位同学体验学习数学的乐趣，体会成功的喜悦，找到自信，增强学习数学的愿望与信心。除了让学生熟悉巩固知识运用方法外，教师还可以让学生板演或采用实物投影学生解题过程的方式，这样既可以及时反馈学生知识的掌握情况，又可以纠正学生在解题过程中出现的各种问题，如方法错误、书写不规范等。

2. 课后检测

在平面直角坐标系 xOy 中，点 P 到两点（0，$-\sqrt{3}$），（0，$\sqrt{3}$）的距离之和等于4，设点 P 的轨迹为 C。

（1）写出 C 的方程；

（2）设直线 $y=kx+1$ 与 C 交于 A、B 两点，k 为何值时 $\overrightarrow{OA}\perp\overrightarrow{OB}$？

课外探究：在前面我们学习过直线与圆的位置关系，请同学们课下回忆并整理一下有关内容，思考一下直线与圆锥曲线的位置关系能否类比直线与圆的位置关系解决相关问题？它们有什么异同点？

【设计意图】作业布置突出本节课知识点，题量适中，且给出必做题和探究题，以适应分层教学、分层达标的要求。通过设置分层作业，让所有的学生既能吃得饱，又能吃得好，即让每一位同学都能体验学习数学的乐趣，体会成功的喜悦，找到自信，增强学习数学的愿望与信心。

课外探究的题目紧紧围绕下节课直线与圆锥曲线位置关系的内容，使大多数的同学能够在课后有所发展和收获，能够学有所得。

第七章“思意数学”概念课教学范式与实践

概念课课型通过各种数学形式、手段，对研究对象的本质属性进行揭示和概括，引导学生理解研究对象的共同属性，进一步认识和理解概念的“内涵”与“外延”。

一、“思意数学”概念课教学范式构建

概念课的教学范式，是通过“问题情境，引入概念——激学导思，形成概念——引议释疑，理解概念——点拨提高，深化概念——精讲精练，应用概念——归纳自结，升华概念”六个环节来实现的。如图 7－1 所示。

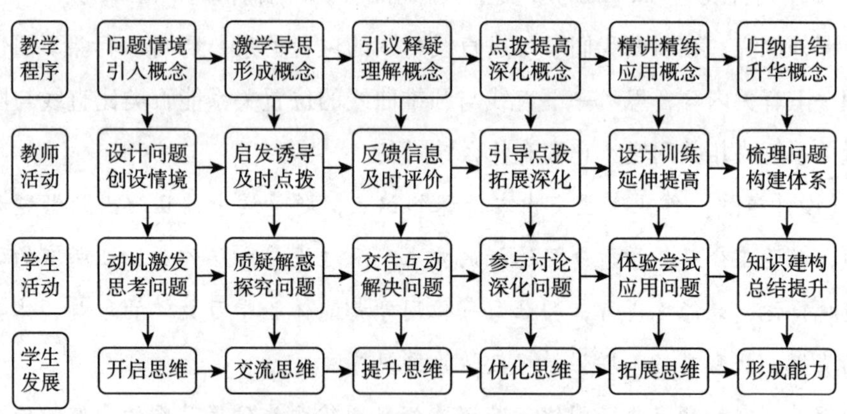

图 7－1 “思意数学”概念课教学范式框架示意图

二、“思意数学”概念课教学范式实施

（一）问题情境，引入概念，开启思维

在这一环节中，教师根据课标和教材要求，为学生创设生动形象的教学情

境，根据概念类型、概念设计引入。学生依据教师创设的问题，自主尝试，感性体验，激发动机，思考问题，开启思维。

（二）激学导思，形成概念，交流思维

在这一环节中，学生根据教师创设的问题情境，自主创新学习的过程，自主归纳、概括、抽象形成概念，在自主探索过程中遇到困难时，教师应适当启发点拨和创造性地引导学生“探究”，鼓励学生“质疑”。学生在自主学习、小组讨论、集体交流的过程中，交流思维。

（三）引议释疑，理解概念，提升思维

在这一环节中，在“激学导思”的基础上，进一步讨论和理解概念。教师对抽象概念过程中出现差错的学生进行解惑和适度的评价；学生积极参与，双向交流，自由发表意见，提升思维。

（四）点拨提高，深化概念，优化思维

在这一环节中，概念形成后教师通过辨析变式和等价变式，让学生进一步深化对概念的理解。学生根据教师设计的概念等价深化变式，积极调动原有知识，与新学概念进行比较、分析，逐步形成新的知识结构与知识系统，通过自主思考、小组讨论等形式，对概念进行更深层次的认识和把握，优化思维。

（五）精讲精练，应用概念，拓展思维

在这一环节中，教师根据学习目标和学生交流中所反馈的信息，精心选编题目，让学生在解答、变式、探索中，深化对概念的理解，促进认知结构的内化过程。学生自我探索叙述，通过小组讨论，集体交流，分享学习成果，形成自主创新学习的动力，拓展思维。

（六）归纳自结，升华概念，发展思维

在完成上述各环节后，师生对课堂教学内容及方法作适当的总结，对研究问题的方法进行回顾、反思，使学生对所学概念、方法的认识得以升华，建立新知识体系，从而全面完成教学目标，发展思维，形成能力。

概念课最关键之处是概念的导入，教师根据概念本身，设计问题或具体事例，引导学生解决问题，在这个过程中，学生置身于具体的学习情境，在直观体验中感知概念，通过对情境呈现的感性材料的观察、分析，发现并凝结出其本质属性，从而转化为数学模型。学生通过概念学习将深刻理解所学概念、方法和新知识的内在联系，学生不断地内化新知识、搭建知识结构、知识再建构，经过这样的过程，不仅全面完成了教学目标，并且帮助学生逐步形成对概念的深度理解的能力。

三、“思意数学”概念课课堂教学实践

下面以几个案例进行实践与探索：

案例 1 “古典概型”教学设计与实践探索

（一）内容和内容解析

本节课是高中数学人教 A 版必修 3 第三章《概率》3.2 古典概型的第一课时，是在学习随机事件的概率之后，几何概型之前，尚未学习排列组合的情况下进行教学的。对于学生来说，他们已经学习了《随机事件的概率》的内容，对随机事件发生的概率问题有了初步的认识，对于“用频率估计概率”也有了一定的了解。

古典概型是一种特殊的数学模型，也是一种最基本的概率模型，是本章的基础，也是整个概率论的基础，在概率论的教学中占有相当重要的地位。学好古典概型可以为其他概率模型的学习奠定基础，同时有利于理解概率的概念，有利于计算事件的概率并解释生活中的一些问题。

对于本节课内容的学习，学生已经了解了一些简单的随机实验，包括掷质地均匀的硬币、掷质地均匀的骰子等。对于这些生活中例子的解释有利于学生更深一步理解古典概型的概念，也为本节课的学习提供了一些重要的素材，有利于突破教学中的重难点。古典概型是现实生活中普遍存在的一种概率模型，通过学生身边的生活实例，让学生理解数学来源于生活，并且服务于生活，研究它有广泛的生活实际意义。

本节课的教学设计将知识以“问题串”的方式呈现，教学过程中师生共同合作，探究古典概型的两个特点以及概率计算公式的生成与发现。教学过程中注意培养学生用数学的眼光观察世界，用数学的思维思考世界，用数学的语言表达世界。把“发现”的权利交给学生，让学生感受知识的形成过程，获得数学“发现”、创造“新知识”的体验。在教师的引导下，学生通过讨论、归纳、

探究等方式自主获取知识。教师通过构建利于学生学习的教学情境，使学生在教学过程中学习并掌握列举法、列表法、树状图等数学方法，同时掌握数形结合、分类讨论、集合、化归等数学思想。

本节课的教学重点：理解古典概型的概念及利用古典概型求解随机事件的概率的步骤。

本节课的教学难点：如何判断一个概率模型是古典概型。

（二）目标和目标解析

本节课的教学内容是理解基本事件的两个特点、古典概型的概念、概率公式及利用古典概型求解概率的步骤，旨在让学生学会如何判断一个概率模型是否为古典概型，弄清在一个古典概型中某随机事件包含的基本事件的个数和实验中基本事件的总数。同时本节课还要求学生理解学习列举法、列表法、树状图等数学方法，在教学过程中，数学结合思想、分类讨论思想、转化与化归思想、集合思想都要贯穿始终。

（1）理解基本事件的概念及其特点。

（2）理解古典概型及其概率计算公式。

（3）会用列举法、树状图、列表法计算一些随机事件所包含的基本事件个数及事件发生的概率。

（4）根据本节课的内容和学生的实际水平，通过生活实例让学生理解古典概型的特点：有限性和等可能性。观察各个实验，归纳总结出古典概型的概率计算公式，学习掌握列举法、树状图、列表法等数学方法，学会运用转化与化归思想、分类讨论思想、数形结合思想、集合的思想解决概率的计算问题。

（5）教学中注意让学生体验从具体到抽象、从特殊到一般的辩证唯物主义观点，培养学生用数学的眼光来观察客观世界。通过小组合作探究，感受合作的重要性以及培养实事求是的科学态度。鼓励学生通过观察、类比，提高发现问题、分析问题、解决问题的能力，进而提高学生数学思维能力，形成学习数学知识的积极态度。

（三）教学问题诊断分析

从学生的知识基础来看，学生刚刚学习了随机事件的定义、利用大量重复实验的方法求随机事件的概率，其认知基础较为薄弱、认知结构不完整。学生需要在教师的引导下，在教师创设的问题情境中，通过观察、类比、思考、探究、概括、归纳和动手尝试，完成古典概型相关内容的学习。学生的主体地位需要得到突出，教学中需要培养学生由具体到抽象、由特殊到一般的数学思维能力和锲而不舍的求学精神。

从教师方面来看，教师创设的问题情境要结合学生认知结构的实际情况，结合本节课的特点，还要处于学生的最近发展区，采用搭建脚手架的方法，在脚手架的帮助下，引导学生发现和归纳概括，得出基本事件的概念和特点、古典概型的基本概念和特点及概率公式、利用古典概型求概率的基本步骤。通过提出问题、思考问题、解决问题等教学过程，来激发学生的学习兴趣，调动学生的主观能动性，让每一个学生充分地参与到学习活动中来。

在教学过程中，教师要大胆放手，给学生犯错的机会，通过试错、分析、观察，发现犯错的根本原因，突出教学重点，突破教学难点，同时也让学生的主体地位得到体现，逐渐培养学生自主探究能力。

（四）教学支持条件分析

学生在前一阶段已经学习了随机事件的概率、概率的意义和基本性质，对于运用大量重复实验的方法求事件的概率有了一定的了解，具备一定的观察、类比、分析、归纳能力，但对概率知识的理解和方法的掌握不完整，在解题中表现为解题思维不严谨、过程不完整。教学中要充分利用学生的认知基础，以学生熟悉的大量实例为引导，关注生活中的数学知识，充分调动学生的主观能动性，让学生积极参与探索过程，这也是概率论教与学的重要方法。教学过程以“问题串”、小组讨论探究等形式为引导，是探索数学知识、揭示数学本质的必经过程。

教学中注重思想和方法的渗透，结合生活实例，运用列举法、树状图、列表法等方法，分类讨论思想、数形结合思想、集合思想、转化与化归等思想可以提高学生发现问题、分析问题、解决问题的能力，增强学生数学思维兴趣，形成学习数学知识的积极态度。依据本节课的特点，采用引导发现、小组合作探究、归纳概括相结合的教学方法，通过提出问题、思考问题、解决问题等教学过程，观察对比、概括归纳古典概型的概念及其概率公式，再通过具体问题的提出和解决，来激发学生的学习兴趣，调动学生的主观能动性，让每一个学生充分地参与到学习活动中来。

（五）教学过程设计

1. 创设情境，引入概念，开启思维

上节课我们学习了随机事件及其概率，我们来看下面的问题。

问题1：在一个不透明的容器中装有标号分别为1、2、3的黄色乒乓球三个和标号为4、5、6、7的白色乒乓球四个，现从中任取一个球，那么事件“取出的球是黄色的”发生的概率是多少？

问题2：如何解决问题1？你的方法可行吗？为什么？

【设计意图】用学生刚刚学习过的随机事件的概率知识来引入古典概型的教学，将内容放在学生思维的最近发展区，符合学生的认知特点。概念引入时的情境设置以学生熟悉的生活实例为背景，容易引起学生的兴趣，激发学生的求知欲望，开启学生思维，提高他们探究新知识的积极性。

师生活动：教师创设情境，学生感悟体验，思考回答，为导入新知做准备。引出基本事件的概念，结合实验中的结果理解基本事件的特点。

生1：事件“取出的球是黄色的”发生的概率是$\frac{3}{7}$.

师：为什么？

生1：不清楚，我猜的。

师：我们学习数学知识不能仅靠猜测，还需要有严谨的推理论证过程。可否结合我们前面所学的知识解决呢？

生2：根据前面所学的知识，我们需要用大量重复的随机实验，多次抽取、观察并计算“取出的球是黄色的”这个事件的频率，再用事件发生的频率的稳定值进行估计。

生3：这个方法可行，也很方便，但是工作量太大，还不能保证实验结果的稳定性。

师：几位同学的回答都非常好。通过大量重复的随机实验，多次抽取观察并用频率的稳定值估计概率的方法虽然简便易行，但是也存在工作量大、实验结果不稳定的问题。那么，我们有没有更为简便易行、工作量不大、结果准确，或者说实验结果稳定的求概率的方法呢？如何做呢？

2. 激学导思，形成概念，交流思维

问题3：掷一枚质地均匀的硬币一次，会出现哪几种结果?

问题4：掷一枚质地均匀的骰子一次，观察向上的点数，会出现哪几种结果?

问题5：从标号为 a、b、c、d 的四个球中任意取出两个，会出现哪几种结果?

【设计意图】 基本事件的概念虽然比较容易理解，但是学生对基本事件的特点把握不到位，因此从学生熟悉的实例入手研究，有助于学生建立新的知识体系。另外，对基本事件特点的准确把握，有利于学生进一步归纳古典概型的特点，及利用古典概型求事件发生概率的步骤。教师对问题的合理引导可以使学生更好地把握问题的关键。

师生活动：

生1：掷一枚质地均匀的硬币一次，会出现“正面朝上”“反面朝上”两种结果。

生2：掷一枚质地均匀的骰子一次，观察向上的点数，会出现“1点”“2点”“3点”“4点”“5点”“6点”六种结果。

生3：问题5，可用树状图来表示（如下图7－2所示）。从标号为 a、b、c、d 的四个球中任意取出两个，会出现 $\{a, b\}\{a, c\}\{a, d\}\{b, c\}\{b, d\}\{c, d\}$ 六种结果。

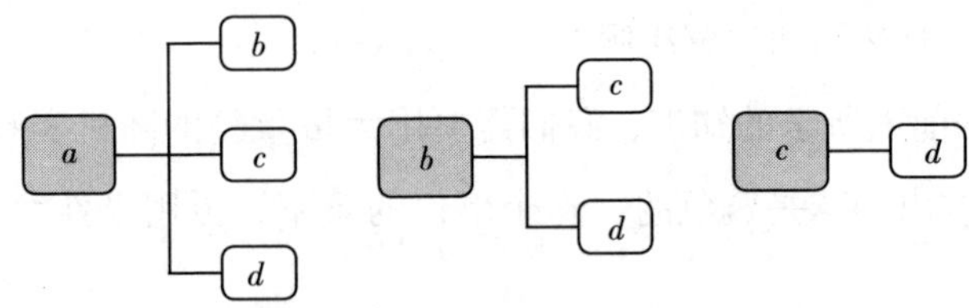

图7－2　问题5的树状图

师：当结果比较多时，如何确定你的结果的准确性。

生4：可以采用树状图、列表法、棋盘图的形式。

师：回答得非常好，树状图、列表法、棋盘图有助于我们对实验的结果进行分析，做到不重不漏。

师：在问题3的实验中，结果只有两个，即“正面朝上”“反面朝上”，它们都是随机事件；在问题4的实验中，所有可能的实验结果只有6个，即“1点”“2点”“3点”“4点”“5点”“6点”，它们都是随机事件；在问题5的实验中，所有可能的实验结果只有6个，即$\{a, b\}\{a, c\}\{a, d\}\{b, c\}\{b, d\}\{c, d\}$，它们也都是随机事件。我们把这类随机事件称为基本事件（elementary event）。

基本事件有如下特点：①任何两个基本事件是互斥的；②任何事件（除不可能事件）都可以表示成基本事件的和。

3. 引议释疑，理解概念，提升思维

问题6：在掷骰子的实验中，随机事件“2点”和“4点”能同时发生吗？为什么？

问题7：在掷硬币的实验中，如何用基本事件表示必然事件？

问题8：在掷骰子的实验中，随机事件“出现偶数点”包含哪几个基本事件？发生的概率是多少？为什么？

问题9：在从标号为a、b、c、d的四个球中任意取出两个的实验中，随机事件“球a被取出”包含哪几个基本事件？发生的概率是多少？为什么？

问题10：观察对比，试找出以上三个实验的共同点。

【设计意图】得出基本事件的概念后，教师马上引导学生用实例分析其特点，并用一系列问题进行辨析，为学生解决疑难问题、进一步学习古典概型打下基础。从问题的辨析和概念的逐步抽象过程中，引导学生正确理解基本事件的概念。问题10的设计则为古典概型的概念引入做了铺垫，通过让学生对比、体会，进一步强化学生的观察、思考能力，培养学生探索、发现、分析、解决问题的能力，逐步学会用数学的思维思考世界。

师生活动：教师引导，学生讨论后回答。学生的思维比较活跃，可能有不同的想法或做法，教师应给他们充分的发言机会。教师在巡视过程中，可以参与学生的讨论，但尽量不做解释，而是引导学生探索，激发学生求知欲。

生1：根据基本事件的特点，任何两个基本事件都是互斥的，所以在掷骰子的实验中，随机事件“2点”和“4点”不可能同时发生。

生2：在掷硬币的实验中，必然事件由“正面朝上”和“反面朝上”两个基本事件组成。

生3：在掷骰子的实验中，随机事件“出现偶数点”包含基本事件“2点”“4点”“6点”，发生的概率为$\frac{1}{2}$，是因为向上的点数为奇数和偶数的可能性相同，各占一半。

生4：在从标号为a、b、c、d的四个球中任意取出两个的实验中，随机事件“球a被取出”包含3个基本事件，分别为$\{a, b\}\{a, c\}\{a, d\}$，发生的概率是$\frac{1}{2}$，因为球a被取出和不被取出的可能性相同。

对于问题10，学生陷入沉默中。

师：大家可以结合前面学习的一些概率实验，相互交流讨论一下。

生5：（学生深入讨论后回答）以上实验中所有可能出现的基本事件的个数只有有限个；每个基本事件出现的可能性都相等。

师：回答得非常好，上述实验的共同特点是：①实验中所有可能出现的基本事件的个数只有有限个；②每个基本事件出现的可能性都相等。

我们将具有这两个特点的概率模型叫做古典概率模型（classical models of probability），简称古典概型。

问题11：以下概率模型是否为古典概型？请说明理由。

（1）从集合$\{x \in \mathrm{R} \mid 1 < x < 3\}$中任取一个实数。

（2）掷一枚质地不均匀的骰子一次，观察向上的点数。

【设计意图】引导学生对生活中的古典概型进行认识和了解，问题11的设计是为了让学生更加准确地理解和把握古典概型的两个基本特征。为突破教学难点，即如何判断一个实验是否为古典概型提供帮助。

师生活动：教师根据学生回答适当点评。

生1：（1）不是古典概型，因为实验中基本事件的个数是无限个。

生2：（2）不是古典概型，因为实验中每个基本事件发生的可能性不相等。

师：古典概型有两个特点，简单来说是有限性和等可能性。

同学们课后还可以举出一些生活中的概率模型，判断它们是不是古典概率模型。老师这里给大家一个示范的例子：掷飞镖的实验中，靶面如图7－3所示，某同学随机地向靶心掷飞镖一次。

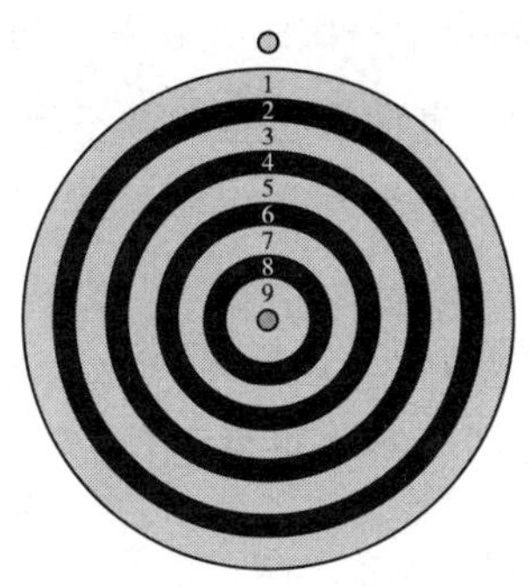

图 7－3 靶面示意图

师：请同学们思考，在古典概型下，如何求随机事件发生的概率？

4. 点拨提高，深化概念，优化思维

师：请同学们分组填写表 7－1，结合表格数据，尝试归纳出古典概型的计算公式。

表 7－1 实验数据表

实验	基本事件	事件 A	事件 A 包含的基本事件个数	基本事件总数	事件 A 发生的概率
掷一枚质地均匀的硬币一次		正面向上			
掷一枚质地均匀的骰子一次		出现点数不小于 3 点			
问题 5 中的实验		球 a 被取出			

【设计意图】观察、探索古典概型的计算公式是本节课的一个难点，公式虽不难理解，但是直接给出公式，学生的思维过程缺失，对其认识和理解古典概型不利。以表格形式给出思维发展的过程，使得学生在表格填写过程中经历从具体到抽象、从特殊到一般的抽象概括活动，思维得到锻炼、知识得到递进、能力得到提高。鼓励学生运用观察类比和从具体到抽象、从特殊到一般的辩证唯物主义方法来分析问题，同时让学生感受数学的转化与化归思想，帮助学生更深入地理解古典概型的概率计算公式。

师生活动：学生按学习小组填表、讨论，归纳得出古典概型的概率计算公式，并总结求古典概型中随机事件概率需要具备的条件。

生 1：掷一枚质地均匀的硬币一次的实验中，基本事件有“正面向上”“反面向上”。基本事件总数为 2，事件 A 包含的基本事件个数为 1，事件 A 发生的概率为$\frac{1}{2}$.

生 2：掷一枚质地均匀的骰子一次的实验中，基本事件有“1 点”“2 点”“3 点”“4 点”“5 点”“6 点”。基本事件总数为 6，事件 A 包含的基本事件个数为 4，事件 A 发生的概率为$\frac{2}{3}$.

生 3：问题 5 的实验中，基本事件有$\{a, b\}\{a, c\}\{a, d\}\{b, c\}\{b, d\}\{c, d\}$. 基本事件总数为 6，事件 A 包含的基本事件个数为 3，事件 A 发生的概率为$\frac{1}{2}$.

师：发现什么规律没有？

生 4：由上面的表格可以看出，对于古典概型，事件 A 发生的概率

$$P(A)=\frac{A\text{包含的基本事件的个数}}{\text{基本事件的总数}}.$$

师：对于古典概型，任何事件的概率都满足上面的公式吗？

生 5：我们认为应该是。

师：好，我们来总结一下，对于古典概型，任何事件发生的概率

$$P(A)=\frac{A\text{包含的基本事件的个数}}{\text{基本事件的总数}}.$$

根据古典概型的计算公式，我们可以看出求古典概型中事件发生概率的基本步骤有哪些？

生 6：第一步，根据古典概型的两个特点，判定实验是否为古典概型；第二步，计算总的基本事件的个数；第三步，计算事件 A 包含的基本事件个数；第四步，代入公式计算。

师：在使用古典概型的概率公式时，需要特别注意的是要判断所用概率模型是不是古典概型，这是应用公式的前提。解决问题的过程中，我们需要注意的是基本事件一定要数出个数，并且基本事件的发生是互斥的、等可能的，才能把概率相加从而得出事件 A 发生的概率。今后分析事件的基本事件时，同学们要审好题，注意不重不漏。

5. 精讲精练，应用概念，拓展思维

问题12（口答）：单选题是标准化考试中常用的题型，一般是从A、B、C、D四个选项中选择一个正确答案。如果考生掌握了考查的内容，他可以选择唯一正确的答案。假设考生不会做，他随机地选择一个答案，问他答对的概率是多少?

问题13：假设他用所学知识排除了C答案，那么他答对的概率是多少?

问题14：假设有20道单选题，如果有一个考生答对了17道，他是随机选择的可能性大，还是他掌握了一定的知识的可能性大?

问题15：新课程改革背景下，数学科考试中出现了多项选择题，这种题型不容易得满分，为什么?

【设计意图】题目来源于学生最熟悉的考试中选择题的得分问题，贴近学生生活实际，是学生愿意思考和讨论的问题。问题设计的目的是让他们理解数学来源于生活，并且服务于生活。学会用数学的眼光观察世界，用数学的思维思考世界，用数学的语言表达世界。通过对问题及其变式的探讨，使学生进一步理解古典概型的两个特征，掌握其计算方法，培养学生转化与化归的数学思想。同时，结合当前的新课程改革数学试题的命题变化，培养学生平时认真学习的习惯。

师生活动：学生讨论后回答，教师适当点评。

生1：问题12，他答对的概率为$\frac{1}{4}$.

师：我们大家都能回答出来是$\frac{1}{4}$，谁能用今天学习的古典概型的知识解释一下?

生2：当这位学生在不会做的情况下，他随机选择四个答案（有限性）中任意一个是等可能的（等可能性），所以符合古典概型的两个特点。基本事件的总数是4，事件“选对答案”包含的基本事件个数是1，所以事件“选对答案”的概率是$\frac{1}{4}$.

师：回答得非常好，既说明了题中的概率模型是古典概型，又运用古典概型的计算公式求出了事件“选对答案”的概率。我们以后分析和解决问题时都要用这种思维。另外我们看到，随机选择答案，做对的概率很小，所以同学们在平时学习过程中一定要认真，要理解数学知识的本质。

生 3：问题 13，假设他用所学知识排除了 C 答案，那么他答对的概率是$\frac{1}{3}$，解释与问题 12 类似。

师：由此看来，排除法也是我们解答选择题的一种方法。

生 4：问题 14，假设有 20 道单选题，如果有一个考生答对了 17 道题，他掌握了一定的知识的可能性比较大。因为如果他随机选择，每一题答对的概率都是$\frac{1}{4}$。20 道题中，他答对的题数可能是 5 道，但是他答对了 17 道，说明他掌握了一定知识的可能性比较大。

师：回答得非常棒！

生 5：多项选择题不容易得满分。这类题目一般有四个选项 A，B，C，D，所有可能的基本事件有 $\{A, B\}\{A, C\}\{A, D\}\{B, C\}\{B, D\}\{C, D\}\{A, B, C\}\{A, B, D\}\{A, C, D\}\{B, C, D\}\{A, B, C, D\}$，共 11 个（如图 7 -4 所示），而正确答案只有一个，得满分的基本事件只有 1 个，得满分的概率为$\frac{1}{11}$，所以说多项选择题不容易得满分。

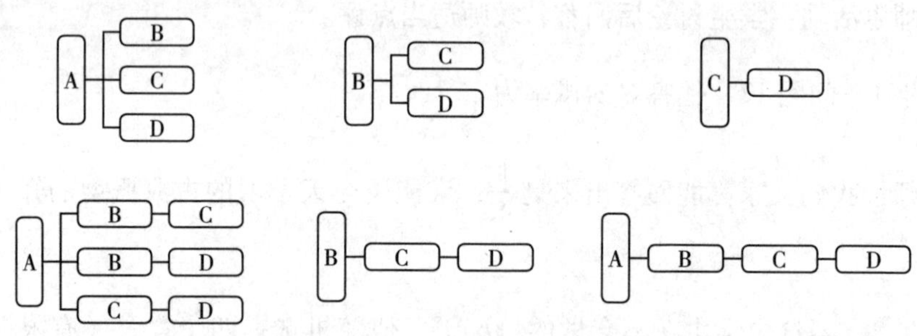

图 7 -4　多项选择题概率示意图

师：分析得很到位，尤其注意到多项选择题与不定项选择题的不同，不定项选择题比多项选择题包含的基本事件数更多。考试时如果全部选对得 5 分，部分选对得 3 分，有选错的得 0 分，所以这类多项选择的问题要保守选择。

例 1：同时掷两枚质地均匀的骰子，计算向上的点数之和是 5 的概率是多少？

【设计意图】利用实例引导学生理解古典概型的两个特点，进而把一些实际问题转化为古典概型来计算概率，深化巩固对古典概型及其概率计算公式的理解。同时掷两枚骰子的实验，学生会对36种基本事件有困惑，采取标记的方法可以让学生更深入地理解这36个基本事件的等可能性。树状图、列表法的应用有助于培养学生运用数形结合的思想，做到列举基本事件时不重不漏。

通过学生的观察比较，探究发现两种计算结果不同的根本原因是研究的问题是否满足古典概型，从而再次突出了利用古典概型求事件的概率时首先要判断所研究对象是否满足古典概型的两个特点，即是否为古典概型这一教学重点，学生处于课堂的主体地位，逐渐养成自主探究问题的能力。同时培养学生运用数形结合的思想，提高发现问题、分析问题、解决问题的能力，增强学生数学思维水平。

师生活动：师生共同分析，运用刚刚学习的利用古典概型求概率的步骤来解决问题。教师引导学生利用树状图、列表法，形象直观地列出所有基本事件，做到不重不漏。学生自己解答，教师巡视，然后规范板书。

师：我们可以根据利用古典概型求概率的步骤来解决这个问题，同学们尝试把这道题目分解为三个小问题。

生1：可以分解为三个小问题，①同时掷两枚质地均匀的骰子，观察向上的点数这个实验是不是古典概型？②基本事件总数是多少？③“向上的点数之和是5”这个事件包含的基本事件个数是多少？

师：好的，下面我们围绕分解的这三个小问题进行分析讨论，解决了这些问题，例1的解决自然就水到渠成了。

生2：我们认为这个实验不是古典概型，因为虽然实验满足有限性，但是不满足等可能性。

师：解释一下你的结论。

生2：可以用树状图来解释（如图7－5所示）。共有21个基本事件，但是每一个基本事件出现的可能性是不同的，如“1点和1点”包含的基本事件只有一个，而“1点和2点”“2点和1点”则有两个。

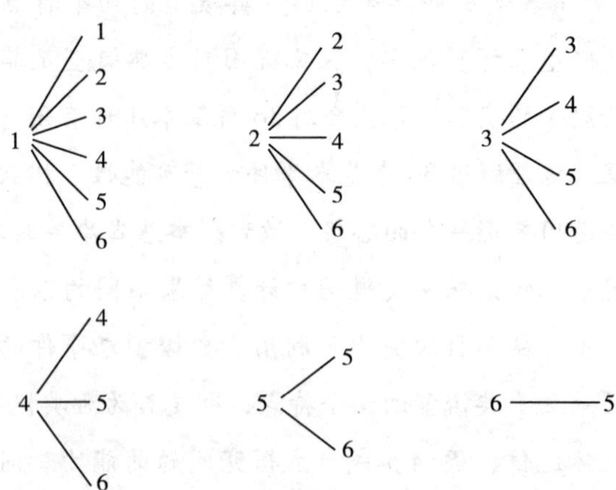

图 7－5　掷骰子概率树形图

师：你认为“1 点和 2 点”与“2 点和 1 点”是同一种结果。外表相同的骰子有没有区别呢?

学生陷入疑惑中。

生 3：我们组认为这个实验是古典概型，可以用列表法来解释（如图 7－6 所示）。把两个骰子分别标记为 1 号骰子和 2 号骰子，因为实验包含的基本事件有 36 个，满足有限性，而且每个基本事件发生的可能性是相等的，都是$\frac{1}{36}$.

1号骰子＼2号骰子	1	2	3	4	5	6
1	（1，1）	（1，2）	（1，3）	（1，4）	（1，5）	（1，6）
2	（2，1）	（2，2）	（2，3）	（2，4）	（2，5）	（2，6）
3	（3，1）	（3，2）	（3，3）	（3，4）	（3，5）	（3，6）
4	（4，1）	（4，2）	（4，3）	（4，4）	（4，5）	（4，6）
5	（5，1）	（5，2）	（5，3）	（5，4）	（5，5）	（5，6）
6	（6，1）	（6，2）	（6，3）	（6，4）	（6，5）	（6，6）

图 7－6　掷骰子概率列表图

师：我们本节课的重点是学会将问题转化为古典概型。从刚才两个小组同学的回答中，我们看到，用古典概型计算概率时，一定要先判断所给实验是否为古典概型，即是否满足古典概型的两个特点，而判断的难点在于对等可能性的把握。如果不对本题中两个骰子标上记号，类似于（1，2）和（2，1）的结果将没有区别。这时，所有可能的结果为21种，但每一个结果出现的可能性是不相同的，不能用古典概型解决。

师生共同完成下面的分析，教师板书示范解答过程。

解：掷一个骰子的结果有6种。我们把两个骰子标上记号1、2以便于区分，由于1号骰子的每一个结果都可与2号骰子的任意一个结果配对，组成同时掷两个骰子的一个结果，因此同时掷两个骰子的结果共有36种，“向上的点数之和为5”（记为事件A）的结果有4种。

由于所有的36种结果是等可能的，由古典概型的概率计算公式可得

$$P(A)=\frac{4}{36}=\frac{1}{9}.$$

6. 归纳自结，升华概念，形成能力

问题16：基本事件有什么特点?

问题17：古典概型有哪些特点?古典概型的概率计算公式是什么?

问题18：求古典概型中事件发生概率的基本步骤有哪些?

【设计意图】通过小结回顾，将学生在本节课学习的知识融入自身的知识系统中，把学过的相关知识有机地串联起来，便于记忆和应用，进一步升华本节课所要表达的数学本质，让学生的认知更上一层楼。培养学生用科学知识指导生活实际的习惯和用实事求是的精神看待问题的意识。

师生活动：根据问题提示，师生共同归纳总结本节课所学知识，既要有知识总结，也要有数学思想的渗透和思维感悟的升华。

生1：基本事件有两个特点，①任何两个基本事件是互斥的；②任何事件（除不可能事件）都可以表示成基本事件的和。

生2：古典概型有两个特点：①实验中所有可能出现的基本事件的个数只有有限个；②每个基本事件出现的可能性都相等。

古典概型的概率计算公式是：$P(A)=\frac{A\text{包含的基本事件的个数}}{\text{基本事件的总数}}$

生3：求古典概型中事件发生概率的基本步骤：第一步，根据古典概型的两个特点，判定实验是否为古典概型；第二步，计算总的基本事件个数；第三步，计算事件A包含的基本事件个数；第四步，代入公式计算。

师：概率的相关知识与我们日常生活紧密联系，对人们平时的重大决策起到理论指导作用。古典概型更是源自我们的日常生活，又指导我们的生活实践。本节课中我们学习了数形结合、分类讨论、化归、集合的思想，同时还学习了列举法、树状图、列表法等数学方法。希望同学们今后善于运用数学知识，理性对待生活。

（六）目标检测设计

1. 课堂检测

（1）假设储蓄卡的密码由 6 个数字组成，每个数字可以是 0，1，2，…，9 十个数字中的任意一个。假设一个人忘记了自己的储蓄卡密码的后四位，问他到自动取款机上随机试一次就能取到钱的概率是多少？

（2）同时抛掷三枚均匀的硬币，会出现几种结果？求“至多出现两枚正面向上”的事件的概率。

【设计意图】让学生进一步掌握古典概型及其概率公式，并能够学以致用，加深对本节课的理解。

2. 课后检测

A、B、C、D 共 4 名学生按照任意次序站成一排照相，试求事件“A、B 都不在边上”的概率。

【设计意图】在理解掌握古典概型及其概率公式的基础上，学生能够自行探索较为简单的排列组合问题，列举基本事件时做到考虑全面、不重不漏，为以后的学习打下良好的基础。

（七）教学反思

本节课的教学以问题为主线，学生围绕问题不断思考、交流、概括、归纳，从而获取新知识，培养学生发现问题、分析问题、解决问题的能力。

1. 对教学内容反思

本节课围绕古典概型的概念、特征及其概率计算进行教学，会判断哪些随机事件为古典概型的探索是教学重点，所以对于基本事件个数的复杂计算不做探讨。为了让学生能把握判断的关键，教学中对大量实例反复推敲、比较，螺旋式上升，稳扎稳打，从而落实重点。

2. 提升合情探索和合理应用的意识

关注古典概型知识的合情探索，即它是现实生活中普遍存在的一种概型，通过学生举例，发现这种概率模型在我们身边随处可见，研究它有广泛的意义。另外，公式只在古典概型下适用，问问学生这一点在哪里体现？紧扣古典概型的两个特点，完善知识体系，在逻辑上明确合理性。

3. 反思预设与生成

学生一直都有事做，思维一直保持活跃，热情能不冷却，这些都是预设的期望。在教学设计时，保证在学生思维的最近发展区提问和组织教学活动，为学生搭建思维的台阶，进而获得提高。但是学生的思维是有区别的，如果教师搭建的台阶都一般高，那显然不能够因材施教，因此教师要有角度地看问题和问问题。这就像面对一个多面体，角度不同，生成的问题也就不同，当然对“生成”也要有一定的“预设”，比如知识形成中的生成、思维方法的生成，还有价值观方面的生成。

案例 2 “空间几何体的三视图”的教学设计与实践探索

（一）内容和内容解析

三视图是利用物体的三个正投影来表现空间几何体的方法。三视图包括：正视图、侧视图和俯视图。本节内容是在学生认识了柱体、锥体、台体、球体和简单组合体的结构特征，以及投影知识的基础上，从长方体的三种正投影入手，导出三视图的定义。通过观察圆柱、圆锥等实物模型，让学生从多角度观察，进而获得相应的三视图。反之，由空间几何体的三视图想象出对应的几何体。最后归纳出画三视图的原则，从而进一步探究台体和简单组合体的三视图的画法。

三视图是立体几何的重要内容，画三视图是立体几何中的基本技能，通过三视图的学习，有助于进一步培养和发展学生的直观想象、数学运算的核心素养以及运用图形语言相互交流的能力、几何直观能力，这些能力的培养也是高中阶段数学课程的基本要求。故本节课的重点是通过学生自己的亲身实践、细心观察，认识几何体的基本结构特征，动手画出简单组合体的三视图，让学生在动手实践的过程中学会三视图的作法，体会三视图的作用。而由三视图想象出几何体为后续解决有关面积、体积的问题做铺垫，体现了数形结合的思想，也为下一节空间几何体的直观图的学习埋下伏笔。另外，三视图从细节上刻画了空间几何体的结构，根据三视图，我们可以得到一个精确的空间几何体，这使它在生产活动中得到广泛应用（例如零件图纸、建筑图纸等都是三视图），因此，三视图在日常生活中具有重要意义。

（二）目标和目标解析

1. 理解三视图的定义

从观察实物模型长方体的结构特征出发，经历光线分别从几何体的前面向后面、左面向右面、上面向下面正投影，得到投影图的过程，培养学生自主发现、观察实践的能力，从而理解正视图、侧视图、俯视图的定义。

2. 掌握三视图的画法

通过引导学生动手画出简单空间图形（长方体、圆柱、圆锥、球、棱锥等）的三视图，培养学生的观察能力和作图能力。通过所作三视图归纳出几个要点"三视图的摆放要符合长对正、高平齐、宽相等的原则，对于几何体中能看见的轮廓线和棱用实线表示，不能看见的轮廓线和棱用虚线表示"。在此基础上，通过让学生细心观察实物等简单组合体，引导学生认识其基本结构特征、动手作出相应的三视图，再重新组合几何体，体验作图的乐趣。

3. 能由空间几何体的三视图想象立体模型

通过空间几何体的三视图想象对应的立体模型，经历由二维空间向三维空间转换的过程，进一步培养学生的空间想象能力，并体验三视图在生活中的广泛应用和重要意义。

（三）教学问题诊断

（1）通过前面内容的学习，学生对柱、锥、台、球、简单组合体的结构特征、正投影的概念均有一定了解，教材在此基础上导入三视图，三视图是利用物体的三个正投影来表现空间几何体的方法，是一个新概念，学生对概念中的"前面向后面、左面向右面、上面向下面正投影"的含义较模糊，故教学中借助多媒体和大量实物模型让学生分别从这三个角度细心观察，正确理解概念。

（2）画出简单组合体的三视图是本节课的重点，教学中发现学生的问题主要是在作图过程中区别不了该画"实线"还是"虚线"，或者要不要画的问题。教学中应将实物模型转动，变换角度，并以探究和小组讨论的形式，让学生动起手来，对比着画出相应的三视图，努力实现"将课堂还给学生"的指导思想，深刻理解"能看见的轮廓线和棱用实线表示，不能看见的轮廓线和棱用虚线表示”。

例如：画如图 7 – 7 和图 7 – 8 这两个三棱柱的正视图时，图 7 – 7 中侧棱 CC_1 是不能看见的，故画虚线，图 7 – 8 中的侧棱 CC_1 是能看见的，故画成实线。

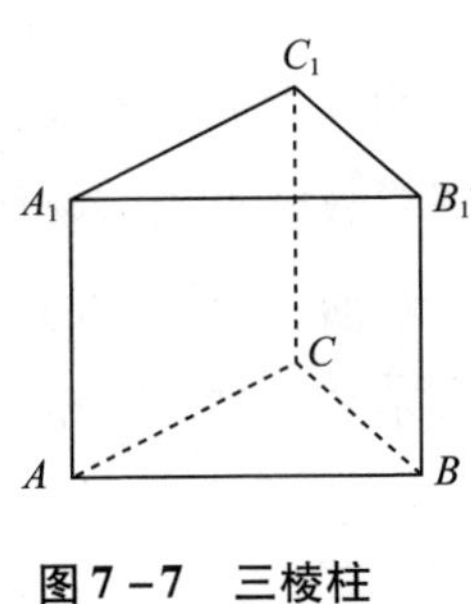

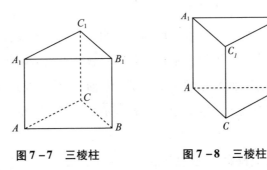

图 7 – 7　三棱柱

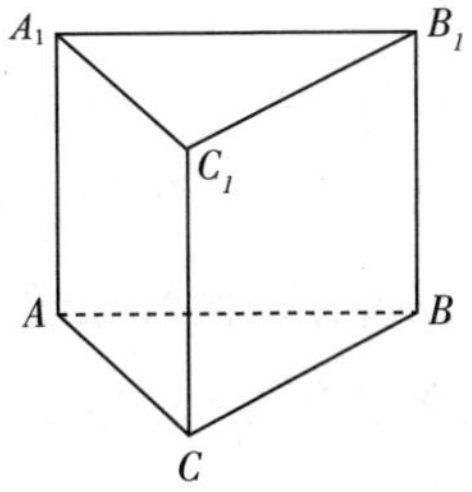

图 7 – 8　三棱柱

（3）识别三视图所表示的空间几何体是教学中的难点，尤其是要想象出简单组合体或侧放的几何体对学生来讲是较困难的，例如：由以下三视图（见图 7 – 9）想象对应的几何体的名称。

图 7 – 9　三视图

学生很难想到这是一个三棱柱。这就需要在教学中加强学生对几何体的结构特征的了解，运用大量实物模型，变换摆放方式，让学生观察，直观感知；同时教师发挥引导作用，给出不同几何体的三视图，让学生想象对应几何体的名称，以丰富学生的想象力。

（四）教学支持条件分析

为了有效实现教学目标，考虑到学生的空间想象能力和接受理解能力，在教学中，借助实物模型和多媒体，可让学生直观感知，从而容易发现规律，激励学生自主探究，合作交流，也可以有效地培养学生的空间想象能力。

（五）教学过程设计

1. 创设情境，引入概念，开启思维

讲台上摆放一个矿泉水瓶，一个长方体模型。

问题：光线从矿泉水瓶、长方体的前面向后面得到的正投影图分别是什么图形？从左面向右面的正投影图，从上面向下面的正投影图是什么图形？

【设计意图】矿泉水瓶和长方体均是学生较熟悉的物体，由它们简单直接地引入本节课内容，可引起学生的注意力，学生可能会想，老师拿一个矿泉水瓶有什么用途？从而激发学生的学习兴趣。

师生活动：教师引导学生分别从前面、左面、上面观察长方体，学生相互交流、思考后，易得出长方体的三个正投影图，教师再用多媒体展示长方体的三个投影图的形成过程，接着让学生观察矿泉水瓶，思考它的三个正投影图是什么图形，此时学生遇到了一定的困难，教师不急于解答，留一个悬念，让学生带着疑问进行学习。

2. 激学导思，形成概念，交流思维

几何体的三视图概念：几何体的正视图、侧视图、俯视图统称为几何体的三视图。光线从几何体的前面向后面正投影，得到投影图，这种投影图叫做几何体的正视图；光线从几何体的左面向右面正投影，得到投影图，这种投影图叫做几何体的侧视图；光线从几何体的上面向下面正投影，得到投影图，这种投影图叫做几何体的侧视图。

再次用多媒体演示长方体三视图的形成过程，如下图 7－10 所示。

【设计意图】几何体的三视图概念较抽象，需要丰富的想象力，除了给出实物模型让学生直观感知外，还可以利用多媒体演示长方体的三视图形成过程，使学生更进一步加强对概念的理解、把握。

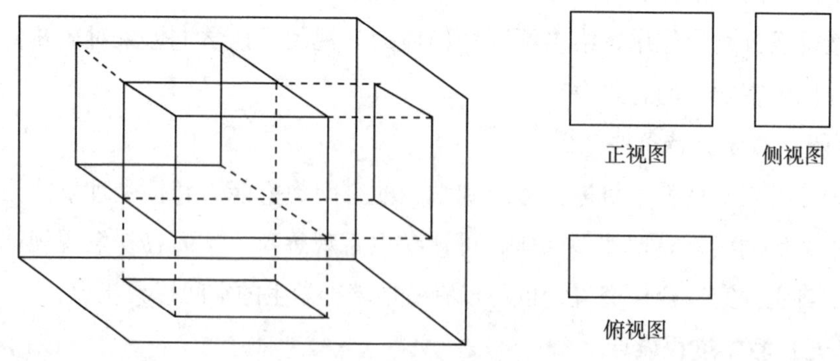

图 7－10　长方体三视图的形成过程

师生活动：引导学生讨论：画出的正视图、侧视图、俯视图的位置是不是可以任意放置？三者的尺寸是不是任意的？教学时应当让学生仔细观察所给出的三视图，教师最后归纳出画三视图的原则。

3. 引议释疑，理解概念，提升思维

画三视图的原则：侧视图在正视图的右边，俯视图在正视图的下边。

三视图的大小要符合：长对正、高平齐、宽相等，即俯视图与正视图长度一样，侧视图与正视图高度一样，侧视图与俯视图宽度一样。

采用动画效果演示“长对正、高平齐、宽相等”的含义，如图 7－11 所示。

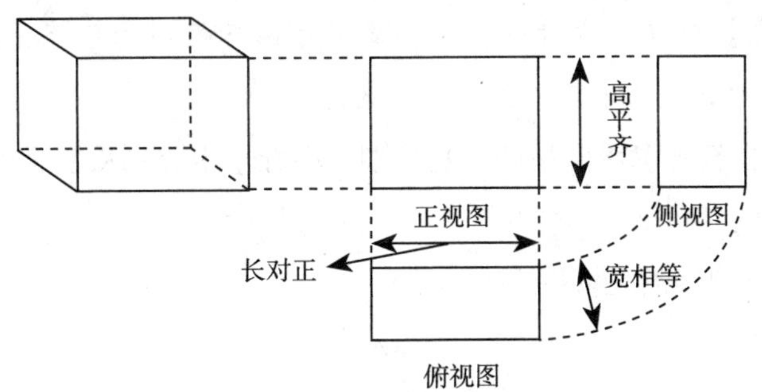

图 7－11 “长对正、高平齐、宽相等”的含义

【设计意图】“长对正、高平齐、宽相等”这一口诀朗朗上口，但对初学的学生来讲，理解起来有一定困难，采用动画效果和图形演示，可以让学生一目了然。

师生活动：教师引导学生慢慢观察图形演示，提醒学生“长对正”是指俯视图与正视图长度一样，“高平齐”是指侧视图与正视图高度一样，“宽相等”是指侧视图与俯视图宽度一样，强调在作图时须按照此要求。

4. 精讲精练，应用概念，拓展思维

例 1：画出圆柱的三视图。

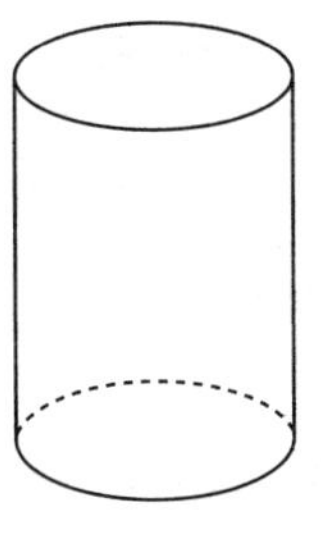

图 7－12 圆柱

解：三视图如下：

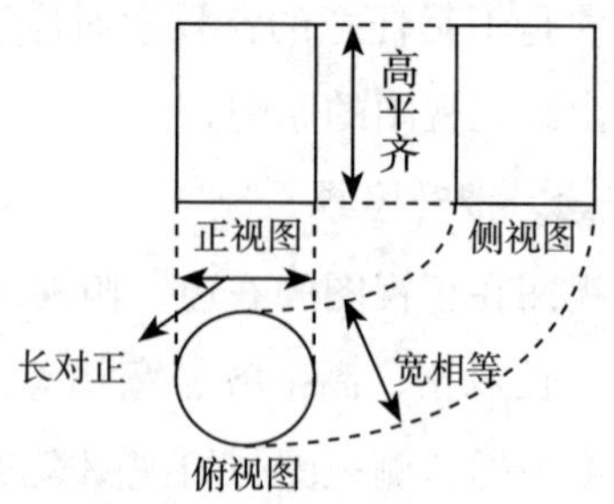

图 7－13　圆柱的三视图

【设计意图】 此题也设计了一个动画演示画三视图的环节，使学生得以进一步巩固“长对正、高平齐、宽相等”的原则。

师生活动：教师拿出圆柱的实物模型，引导学生分别从三个角度细心观察，共同画出三视图。

例 2：画出圆锥的三视图。

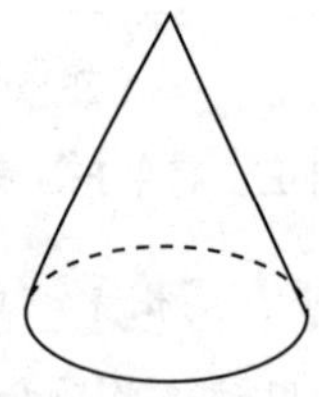

图 7－14　圆锥

解：三视图如下：

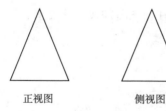

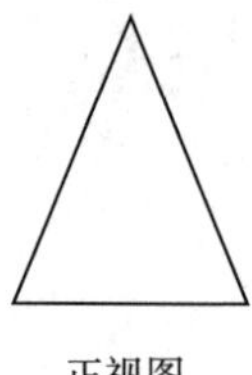

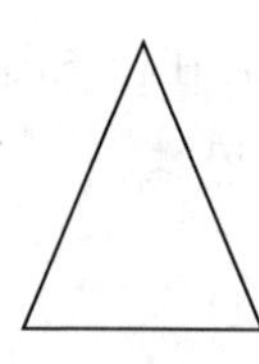

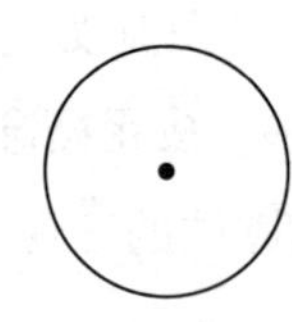

图 7－15　圆锥的三视图

【设计意图】 再以一个锥体为例，是为了让学生有一个基础，接下来能自主探究其他几何体的三视图。

师生活动：教师拿出圆锥的实物模型，引导学生分别从三个角度细心观察，共同画出三视图。

师：在圆锥的俯视图中为什么有圆心？

学生四人小组讨论，结合俯视图的概念，大胆猜想：因为三视图均是由正投影得到，故画图时，能看见的轮廓线应标出。

师：若是将圆锥倒立呢？俯视图的圆心还要标出吗？

学生继续四人小组讨论，因为倒立的圆锥的轮廓线被遮住，故圆心不标出。

师：很好，让我们一起探究，动手画出下列几何体的三视图。

5. 点拨提高，深化概念，优化思维

例题：画出下列几何体的三视图。

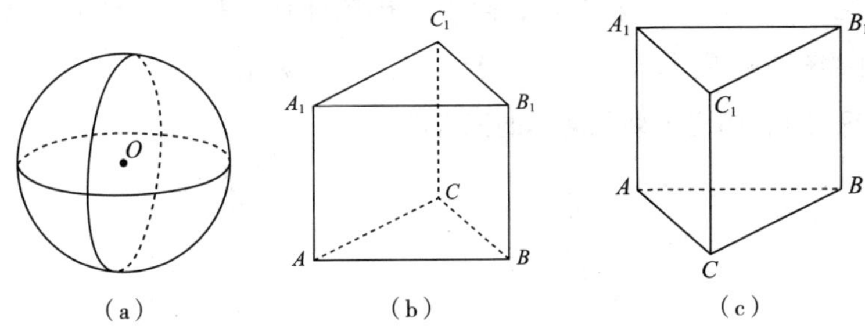

图 7－16 几何体示意图

【设计意图】这三个几何体均是继承前一例题的思想，在前一例题基础上的升华。通过变换三棱柱的放置位置，让学生进行辨析，并引导学生归纳出画三视图的要求。

师生活动：学生四人小组讨论球的三视图画法，教师巡视，适时点评，学生很快画出球的三视图。画两个三棱柱的三视图时，教师组织学生展开讨论。

师：这两个三棱柱放置的位置是否一样？

生：不一样。（学生齐答）

师：不同之处在哪里？

生 1：转了一个方向，图 7－16（b）的侧棱 CC_1 在后面，图 7－16（c）的侧棱 CC_1 在前面。

师：对，那对我们画的三视图有什么影响？先说说正视图，两者的正视图一样吗？

（学生开始讨论）

生 2：两者的正视图不一样，图 7－16（b）中侧棱 CC_1 被遮住故不画出，正视图是一矩形，图 7 – 16（c）中侧棱 CC_1 能看见，故画出，正视图是一矩形，中间还有一条竖线。

（学生在回答时，教师在黑板上板演）

生 3：图 7 – 16（b）中侧棱 CC_1 被遮住，应画成虚线，正视图是一矩形，中间有一条虚线。

师：对，回答得很好。那么我们能不能总结一下刚才作图的要点？

生 4：能看见的轮廓线和棱用实线表示，不能看见的轮廓线和棱用虚线表示。

师：这位同学归纳得非常好，同学们按照此作图原则继续完成图 7 – 16（b）的侧视图和俯视图，以及图 7 – 16（c）的三视图。

反馈练习 1：画出下列几何体的三视图。

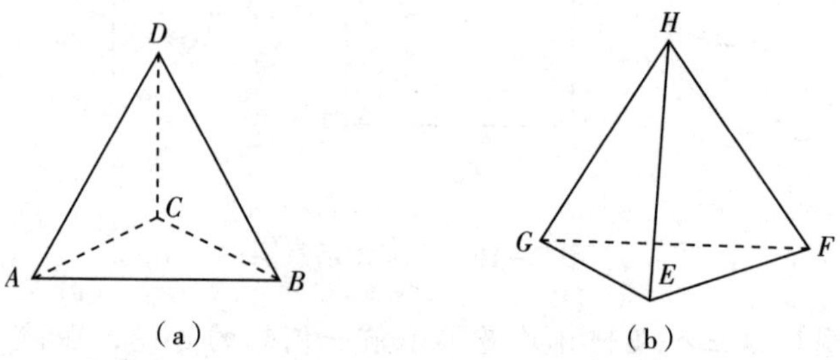

图 7 – 17　反馈练习 1 几何体的示意图

【设计意图】 通过一组改变角度放置的三棱锥的作图练习，继续加强学生对“能看见的轮廓线和棱用实线表示，不能看见的轮廓线和棱用虚线表示”的理解和把握，提高作图的基本技能。

师生活动：教师将全班分成两个组进行比赛，第一大组画图 7 – 17（a），第二大组画图 7 – 17（b），两组各选一名代表上黑板板演，比比看谁画得又快又好。

反馈练习 2：下图是一个几何体的三视图，你能说出它对应的几何体的名称吗？

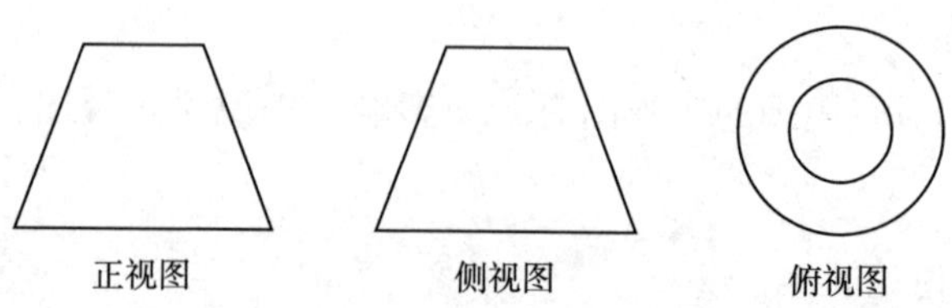

图 7 – 18　反馈练习 2 几何体的三视图

反馈练习 3：一个几何体的三视图如下，则这个几何体是________。

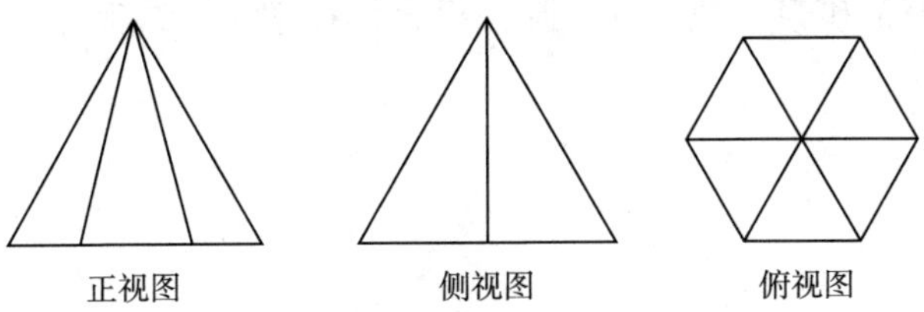

图 7－19 反馈练习 3 几何体的三视图

反馈练习 4：如图是一个几何体的三视图，想象它的几何结构特征，并说出它的名称。

图 7－20 反馈练习 4 几何体的三视图

【设计意图】 以上后面 3 题均是根据几何体的三视图想象它的几何结构特征，说出对应几何体的名称。通过这样的练习，使学生对“能看见的轮廓线和棱用实线表示，不能看见的轮廓线和棱用虚线表示”得以全面理解，拓宽学生的想象空间，丰富想象力。

师生活动：学生有了前面作图的基础，教师加以引导后，学生容易得出第 2 题的几何体是一个圆台，第 3 题的几何体是一个六棱锥。第 4 题对学生来说有一定难度，教师可以引导学生分析：

师：先从正视图思考，哪种几何体的视图会出现矩形？

生（全体）：柱体。

师：对，柱体包括圆柱和棱柱，再结合侧视图和俯视图，可以断定这是圆柱还是棱柱？

（学生讨论……）

生：棱柱，且是一个侧放的三棱柱。

师：非常好。

（教师拿出三棱柱模型让学生观察，验证）

6. 探究学习

拿出准备好的矿泉水瓶、灯、圆柱组合体让学生再次观察，让学生尝试画出其三视图。

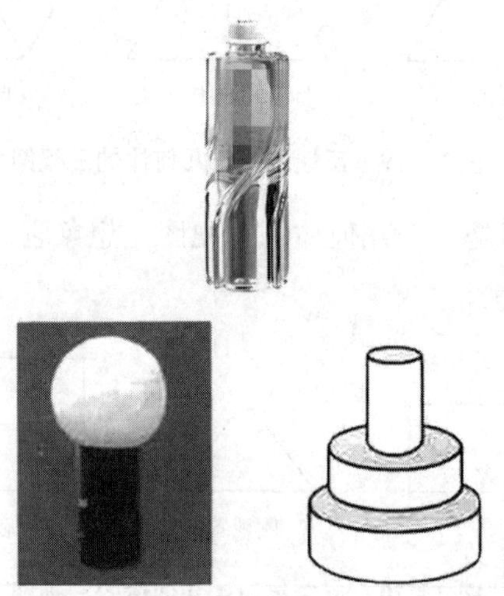

7－21　矿泉水瓶、灯、圆柱组合体示意图

【设计意图】矿泉水瓶是学生最常见，也最熟悉的简单组合体，让学生结合刚掌握的画简单几何体的三视图的知识，由教师引导分析，进一步提高学生画三视图的基本技能。

师生活动：教师可引导学生将组合体拆开，组织学生认真观察，先认识它的基本结构，然后画它的三视图。矿泉水瓶的瓶盖部分是一个小圆柱，瓶身是一个大圆柱；灯的上部分是一个球，下部分是一个圆柱；第三个图是三个圆柱的组合体。在教师的引导分析下，学生易画出这三个简单组合体的三视图。

尝试练习 1：画出这个几何体的三视图。

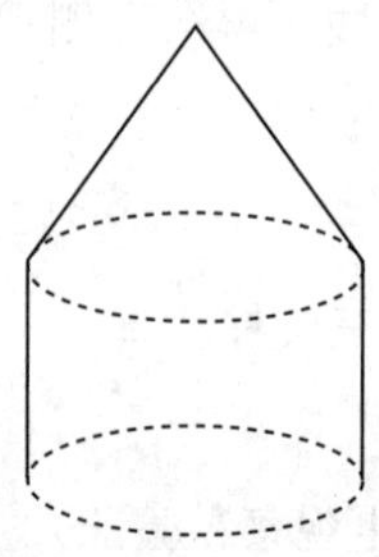

图 7－22　尝试练习 1 几何体示意图

尝试练习 2：根据下列三视图，画出对应的几何体。

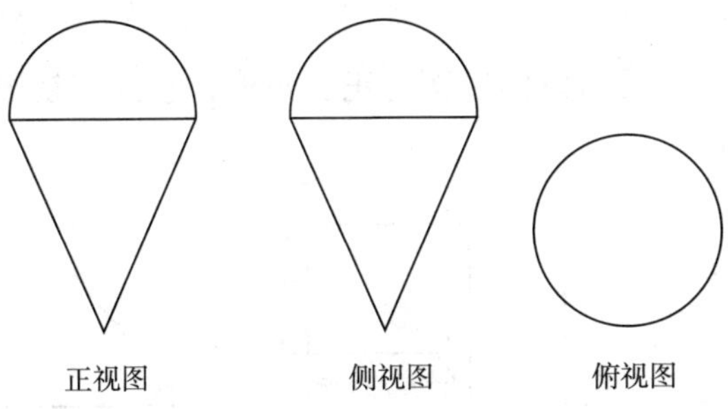

图 7－23 尝试练习 2 几何体的三视图

尝试练习 3：画出下面几何体的三视图。

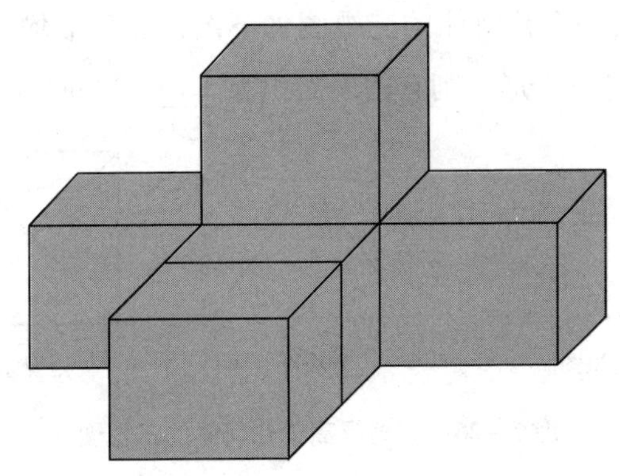

图 7－24 尝试练习 3 几何体示意图

【设计意图】 对新知识的把握需要通过反复练习，使学生全面理解作三视图的原则，知道三视图从细节上刻画了空间几何体的结构，同时，教师在学生的练习中发现学生存在的理解上的漏洞，便于教师后续辅导。

师生活动：学生四人小组讨论。教师巡视，给予点评。

分组活动：让学生拿出准备好的道具：六个正方体。将全班分成四个大组，1、2 两组，3、4 两组相互给对方出题，把六个正方体随意组合，让对方画出对应的三视图。

【设计意图】 新课程的理念是合作交流，把课堂还给学生，让学生成为课堂的主人。展开这样的活动有利于学生对知识的理解消化，培养学生的创造精神、想象力、知识的应用能力，也让课堂焕发光彩，使学生在与他人的合作交流中愉快学习。

师生活动：教师组织学生分成四个大组，学生在活动过程中的争执问题由教师帮忙解决。

能力提高1：一个几何体的底面是正三角形，它的三视图如下图，则这个几何体的表面积为________cm^2.

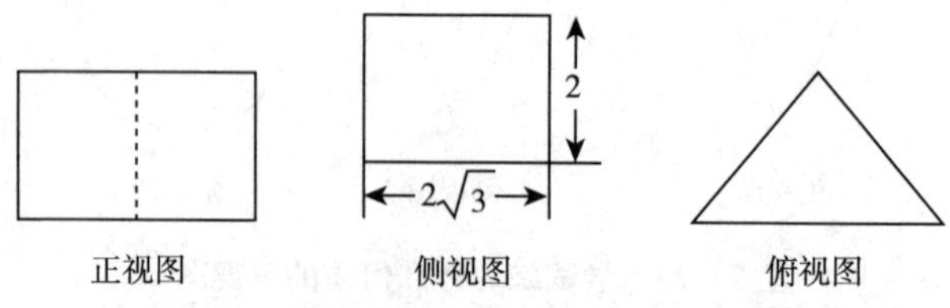

图7－25　能力提高1几何体的三视图（单位：cm）

能力提高2：若一个几何体的三视图如下图，三角形均为边长是2cm的等边三角形，俯视图是正方形，则它的表面积为________cm^2。

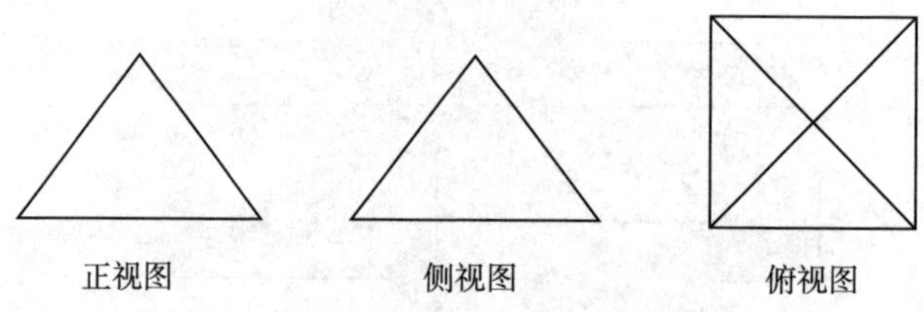

图7－26　能力提高2几何体的三视图

【设计意图】学生在初中接触过几何体的表面积，故这两道题均可让学生做。空间几何体的三视图的教学，除了培养学生的作图能力、空间想象力外，还要让学生学会将空间图形与代数运算结合应用，以培养学生的数形结合思想。

师生活动：对于题1，学生因前面练习过，易知几何体是一个三棱柱，但极大部分学生会认为$2\sqrt{3}$cm是三棱柱的一底边长，故此时教师应利用实物模型引导学生观察、想象，使学生发现$2\sqrt{3}$cm是三棱柱底面三角形的高，易看出三棱柱的高是2cm，从而计算出此三棱柱的表面积为（$24+8\sqrt{3}$）cm^2。学生根据题2所给的三视图易知其是一个正四棱锥，教师拿出实物模型，让学生思考：正视图和侧视图的边长均为2cm，这个长度是正四棱锥的侧棱长吗？让学生四人小组讨论，经过讨论和细心观察后，学生发现正四棱锥的侧棱长不是2cm，这个2cm是正四棱锥的侧面三角形的高，最后经过计算得知该正四棱锥的表面积为$12cm^2$.

7. 归纳自结，升华概念，发展思维

（1）你能说出几何体的三视图分别是从哪个方向观察得到的吗？

正视图：从前面向后面看；侧视图：从左面向右面看；俯视图：从上面向下面看。

（2）画三视图的原则是什么？什么情况下画实线？什么情况下画虚线？

画三视图的原则：侧视图在正视图的右边，俯视图在正视图的下边。

三视图的大小要符合：长对正、高平齐、宽相等。

能看见的轮廓线和棱用实线表示，不能看见的轮廓线和棱用虚线表示。

（六）目标检测设计

1. 一个几何体的三视图如图 7－27 所示，说出对应几何体的名称。

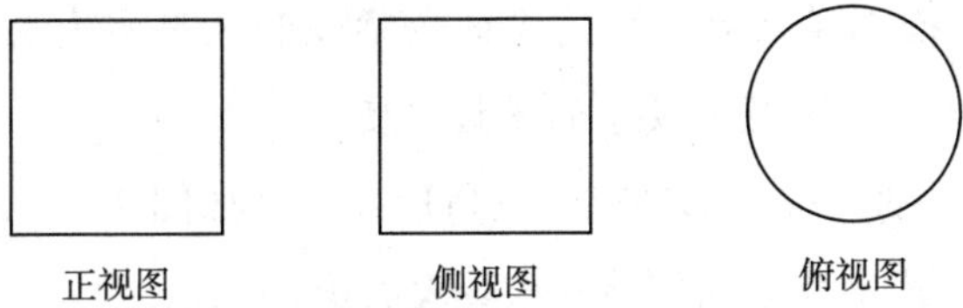

图 7－27　检测 1 几何体的三视图

【设计意图】 对本节课的简单几何体的三视图基础知识的进一步巩固。

2. 已知一简单组合体为正六棱柱和正六棱锥组合而成，直观图如图 7－28 所示，则其侧视图可能是（　　）。

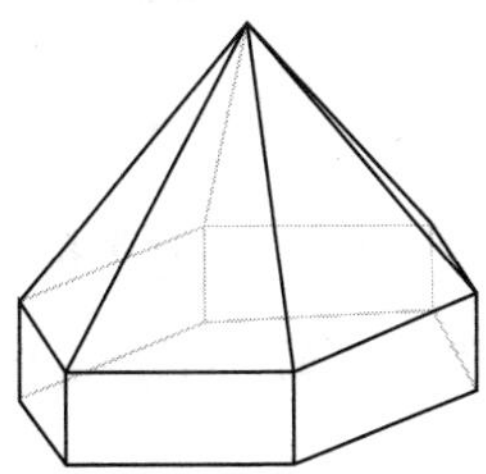

7－28　检测 2 正六棱柱和正六棱锥组合体示意图

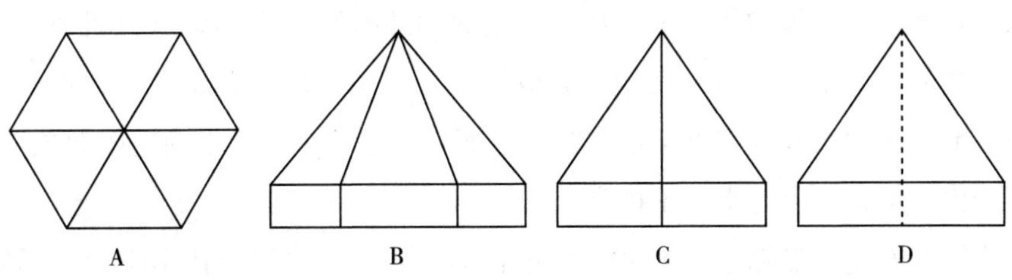

【设计意图】加强学生的空间想象力，加深学生对简单组合体的三视图的把握和应用。

3. 画出下列几何体的三视图。

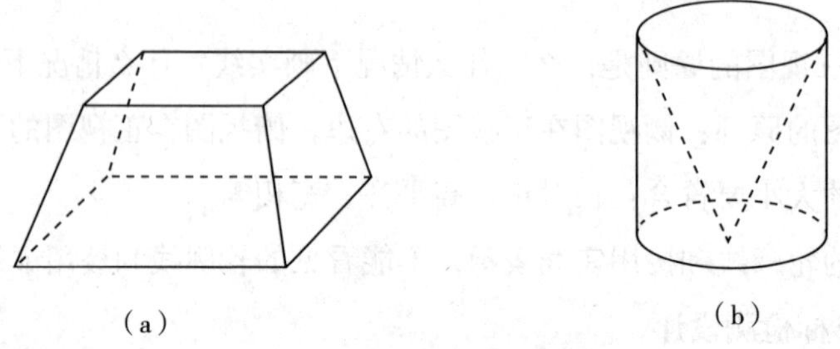

图 7－29　检测 3 几何体示意图

【设计意图】检测学生对“能看见的轮廓线和棱用实线表示，不能看见的轮廓线和棱用虚线表示”这一要求的掌握程度。

4. 一个几何体的三视图都是直角三角形，尺寸如图 7－30 所示，说出对应几何体的名称，画出对应的几何体并求其表面积。

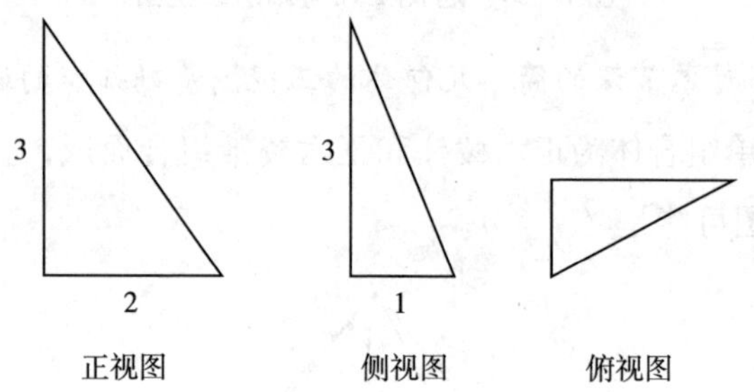

图 7－30　检测 4 几何体的三视图

【设计意图】提高学生应用知识的水平，检测学生的想象能力，考查学生的数形结合思想与运算能力。

（七）教学反思

这篇案例在教师的指导下，从现实生活中选择和确定问题进行研究，以探究的方式使学生主动地解决问题、获取知识、应用知识，并在探究过程中充分利用模型、数学实验等多种渠道。在问题探究的过程中，学生的空间想象能力、动手能力、解题能力等得到了提高。

这篇案例充分发挥教师的主导作用和学生的主体作用，让学生参与到问题的探究中，让学生成为“演员”，变成主角，成为解决问题的决策者，而教师只是充当配角。这样做不仅激发了学生的学习兴趣，活跃了课堂气氛，还充分发挥了学生的主体意识和主观能动性，能让学生从具体问题的分析过程中得到启发，让学生在互相讨论的过程中学会自己分析、转换问题并解决问题。

第八章“思意数学”定理课教学范式与实践

定理课（或公式课）旨在理解公式、定理的形成过程，揭示数学思想、思维方法和典型的数学技能技巧在其推导、论证中的应用。理解公式、定理适用的范围及成立的条件和得出的结论。

一、“思意数学”定理课教学范式构建

定理课（或公式课）教学范式的操作程序为：问题情境，引入定理——激学导思，探究猜想——引议释疑，验证论证——点拨提高，理解定理——精讲精练，应用定理——归纳自结，升华定理。如图 8－1 所示。

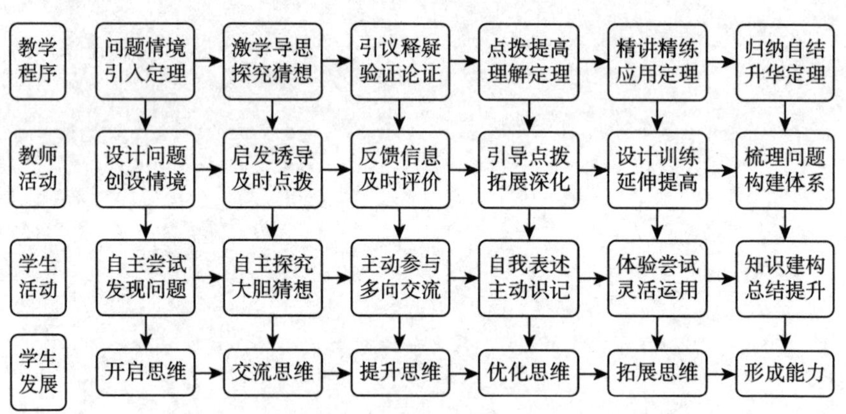

图 8－1 “思意数学”定理课教学范式框架示意图

二、“思意数学”定理课教学范式实施

（一）问题情境，引入定理，开启思维

在这一环节中，教师创设的问题情境，为学生创设探索、猜想的学习环境。

学生自主尝试，不断发现问题，激发学习情感，开启思维。

（二）激学导思，探究猜想，交流思维

在这一环节中，学生根据教师创设的问题情境，主动进行个体自主探究，探求新知，大胆猜测，形成猜想。学生在猜想和探究中产生思维困难时，教师及时指点迷津，引导学生正确思维，让学生在探究中交流思维。

（三）引议释疑，验证论证，提升思维

在这一环节中，获得猜想结论后，教师点拨验证的方法，启发诱导学生对“猜想”实施论证，学生自主实验，验证猜想。自主探究“猜想”的条件与讨论，以及“猜想”的论证方法，给出完整的理论证明。促进学生多向交流，提升思维。

（四）点拨提高，理解定理，优化思维

在这一环节中，教师对定理、公式的内涵进一步解读，对定理、公式变形、变式不断地推广，引导学生进一步地发现与探索，让学生对定理、公式产生全方位、全过程的理解。让学生掌握利用文字语言、图形语言、符号语言三种数学语言对定理、公式的变式进行语言的转换，加深对定理、公式更加深入、全面的理解，优化思维。

（五）精讲精练，应用定理，拓展思维

在这一环节中，教师根据学习目标和学生交流中所反馈的信息，精心选编题目，题目设计针对性要强，要侧重强化定理、公式的正用、逆用和变式应用，深化对定理、公式的理解和运用，促进认知结构的内化过程。

学生灵活应用定理、公式及其变式解决问题，注重一题多变和一题多解，在解决和处理问题的过程中，注意总结定理、公式的应用条件和方法，拓展思维。

（六）归纳自结，升华定理，发展思维

在完成上述各环节后，师生对课堂教学内容及方法作适当的总结，对研究问题的方法进行回顾、反思，使学生对所学定理和方法的认识得以升华，这是建立新知识的内在联系，形成知识结构，实现内化过程后的再建构。

学生对所学定理、公式、方法的探索，使知识不断地内化再建构，形成自己的知识结构，从而全面完成教学目标，逐步形成大胆假设、演绎推理以及创新能力。对于公式课、法则课的教学，也可以模仿该模式组织实施。

三、“思意数学”定理课课堂教学实践

下面以几个案例进行实践与探索：

案例1 “方程的根与函数的零点”教学设计与实践探索

（一）内容和内容解析

《方程的根与函数的零点》是《普通高中课程标准实验教科书》人教A版必修1第三章“函数的应用”第一节“函数与方程”的第一课时，主要内容是函数零点的概念、函数零点与相应方程根的关系、函数零点存在性定理，是一节概念课。

函数的零点，是中学数学的一个重要概念。从函数值与自变量对应的角度来看，就是使函数值为0的实数x；从方程的角度来看，即为相应方程$f(x)=0$的实数根；从函数的图形表示来看，函数的零点就是函数$y=f(x)$的图像与x轴交点的横坐标。函数是中学数学的核心概念，核心的原因之一就在于函数与其他知识具有广泛的联系性，而函数的零点就是其中的一个链结点，它从不同的角度，将数与形、函数与方程有机地联系在一起。

本节课是在学生学习了基本初等函数及其相关性质，具备初步的数形结合能力的基础之上，利用函数图像和性质来判断方程的根的存在性及根的个数的问题，从而掌握函数在某个区间上存在零点的判定方法，是函数应用的第一课。方程的根与函数的关系不仅为二分法的学习做准备，而且为方程与函数提供了零点这个链结点，从而揭示了两者之间的本质联系，这种联系正是“函数与方程思想”的理论基础。用函数的观点研究方程，本质上就是将局部的问题放在整体中研究，将静态的结果放在动态的过程中研究，为今后进一步学习函数与不等式等其他知识的联系奠定了坚实的基础，因此本节内容具有承前启后的作用，地位至关重要。教学时应当站在函数应用的高度，从函数与其他知识的联系的角度来解决本课的知识体系构建较为适宜。

从研究方法而言，零点概念的形成和零点存在性定理的发现，符合从特殊到一般的认知规律，有利于培养学生的概括归纳能力，也为数形结合思想提供

了广阔的平台。

本节课的教学重点：了解函数零点的概念，体会方程的根与函数零点之间的联系，掌握函数零点存在性的判断方法。

本节课的教学难点：准确理解零点存在性定理，体会定理的充分非必要性，能利用适当的方法判断零点的存在或确定零点。

（二）目标和目标解析

问题是课堂教学的灵魂，教师精心设计引导性问题，以问题链为主线贯穿教学始终。以学生为主体，以教师为主导，运用学生自主学习、小组合作探究的方式展开教学。依据普通高中课程标准，结合高一学生的认知水平和年龄特点，确定本节课的教学目标如下：

（1）通过观察二次函数的图像，准确判断一元二次方程根的存在性及根的个数，结合二次函数理解函数零点的概念，领会函数零点与相应方程的关系，掌握零点存在的判定条件。

（2）通过研究具体的二次函数再到研究一般的函数，让学生经历“类比→归纳→应用”的过程，培养学生的观察能力，感悟由具体到抽象的研究方法，培养学生直观想象的核心素养。

（3）在函数与方程的联系中，体验数形结合思想与转化思想的意义与价值，发展学生对变量数学的认识，体会函数知识的核心作用。

（4）课堂中学生动手操作，感知从特殊到一般的归纳推理，体会从图像中抽象概括出函数零点定义、零点存在性定理的数学抽象素养，养成一般性思考问题的习惯。

（5）体会函数与方程的“形”与“数”、“动”与“静”、“整体”与“局部”的内在联系，在函数与方程的联系中体验数学中的转化思想的意义和价值。

（三）教学问题诊断分析

高一学生已经学习了函数的概念，了解了一些基本初等函数的模型，对这些基本初等函数的性质、图像已经有了一些认识与理解，具备一定的看图识图能力，这些为本节课利用函数图像判断方程根的存在性提供了一定的知识基础。特别是一元二次方程和二次函数，在初中的学习中已是一个重点，学生对这块内容已经有了很深的理解，所以对本节内容刚开始的引入起到了很好的铺垫作用。

但也应该看到，高一学生刚进入高中不久，在函数知识不够系统化，动手、动脑、观察、归纳能力都还没有很全面的基础上，本节课的学习还是会遇到比较多的困难。

高一学生在函数的学习中，通常会表现出不适应，主要是数形结合思想与抽象思维尚未建立完全。具体表现为孤立地看待函数概念，暂时无法认识到函数在高中数学中的核心地位。本节课需要在学生的头脑中建立函数与方程相联系的观点，初步树立函数思想应用的意识。

学生需要经历特殊到一般的数学抽象过程，从方程根的角度理解函数零点，学生并不会觉得困难。而用函数来确定方程根的个数和大致范围，则需要学生逐步适应。也就是说，零点存在性定理的获得与应用，必须让学生从相当数量的具体案例中操作感知，通过更多的实例来验证。定理只为零点的存在提供充分非必要条件，所以定理的逆命题、否命题都不成立，在函数连续性、简单逻辑用语尚未学习的情况下，学生对定理的理解常常不够深入。这就要求教师引导学生在学习中体验各种成立与不成立的情况，从正面、反面、侧面等不同的角度审视定理的条件与适用范围。

（四）教学支持条件分析

在本节课的教学过程中，从学生已有的经验出发，将知识的起点放在学生思维的最近发展区，以问题链的方式环环紧扣地提出问题，引起学生对数学知识本质追求的好奇心，引导学生主动参与课堂教学，突出学生在课堂中的主体地位。

在教法上，本节课采用以学生为主体的探究式教学方法，采用“设问—探索—归纳—定论”层层递进的方式来突破本课的重难点。

在学法上，精心设置一个个问题链，并以此为主线，由浅入深、循序渐进，以培养学生合作、探究精神为出发点，着眼于知识的形成和发展，注重学生的学习体验，给不同层次的学生提供思考、创造、表现和成功的舞台。

教学中采取多媒体课件、多媒体投影仪、几何画板相结合，既便于学生直观想象，节约时间，又能利用问题情境营造课堂氛围，引发学生的兴趣。

教学中适时配以导学案，既能带动学生激活思维，又能有效地提升学生从

“已知”到“未知”的能力迁移，同时还能记录课堂中学生思维的发展过程。

（五）教学过程设计

1. 问题情境，引入概念，开启思维

通过“基本初等函数”的学习，我们已经认识了指数函数、对数函数、幂函数、分段函数等函数的图像和性质，另外我们在初中已经学习过了方程的根，主要是以代数计算的方式进行求解，侧重“数”方面的研究，这节课我们要从“数”和“形”两个方面来研究方程的根，也就是高中数学学习阶段我们需要掌握的一个非常重要的数学思想——数形结合思想。

教师板书课题：《方程的根与函数的零点》

2. 激学导思，形成概念，交流思维

问题1：求下列一元二次方程的实数根，画出相应二次函数的简图，完成表8－1。

表8－1 一元二次方程表

方程	$x^2-2x-3=0$	$x^2-2x+1=0$	$x^2-2x+3=0$
函数	$y=x^2-2x-3$	$y=x^2-2x-1$	$y=x^2-2x+3$
方程的实数根			
函数图像			

【设计意图】将知识起点放在学生较为熟悉的一元二次方程，从学生已有的经验出发，符合学生的认知规律。

师生活动：学生完成表格，教师巡视并指导。

师：方程的实数根与对应的函数图像之间有什么关系？

生：（观察讨论）方程的实数根就是对应的函数图像与 x 轴交点的横坐标。

师：那要是更一般的一元二次方程、二次函数是不是也同样满足这个结论呢？

问题2：一元二次方程 $ax^2+bx+c=0$（$a\neq0$）的根与二次函数 $y=ax^2+bx+c$

($a \neq 0$) 的图像有什么关系?

表 8-2 一元二次方程 $ax^2+bx+c=0$ ($a\neq0$) 与二次函数 $y=ax^2+bx+c$ ($a\neq0$) 的关系

判别式 Δ	Δ>0	Δ=0	Δ<0
方程 $ax^2+bx+c=0$ ($a>0$) 的根	有两个不相等的实数根 x_1、x_2	有两个相等的实数根 $x_1=x_2$	没有实数根
函数 $y=ax^2+bx+c$ ($a\neq0$) 的图像	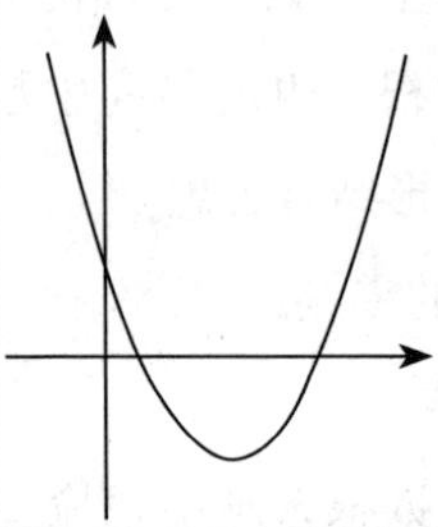	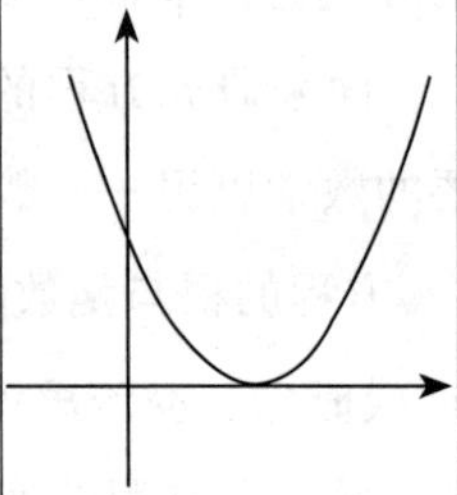	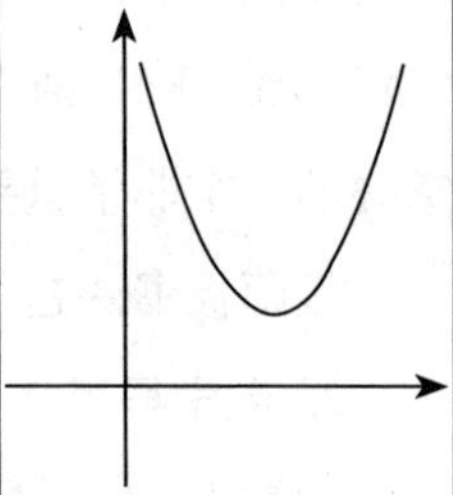
函数的图像与 x 轴的交点	两个交点: $(x_1, 0)$, $(x_2, 0)$	一个交点: $(x_1, 0)$	无交点

【设计意图】与问题 1 联系起来，把具体的结论推广到一般情况，结合二次函数图像，判断方程根的存在性及根的个数，进一步体会数形结合的数学思想，为理解函数的零点、了解函数的零点与方程根的联系做准备，充分发挥学生的主观能动性。

师生活动：教师引导学生观察二次函数的图像，判断方程根的存在性及其与根的个数的关系。

师：方程的实数根与函数图像之间有什么关系?

生：(观察讨论) 方程的实数根就是函数图像与 x 轴交点的横坐标。

师：回答得很好! 方程的根是从“数”的角度研究问题，而函数图像与 x 轴交点是从“形”的角度研究问题。这里正体现了数形结合思想。

方程的实数根⇔函数图像与 x 轴交点的横坐标

师：方程的实数根还跟什么有等价关系呢? 带着这个问题我们继续下面的学习。

问题 3：求解方程 $3x+2=0$，说出方程所对应的函数。

【设计意图】向学生渗透“从最简单、最熟悉的问题入手解决较复杂问题”的思维方法，培养学生的归纳能力。

教师活动：师生共同研讨，将结论从特殊推广到一般，从简单问题入手，逐步解决复杂问题。

生 1：方程的实数根是 $x=-\frac{2}{3}$，对应的函数是 $y=3x+2$.

师：实数 $-\frac{2}{3}$ 使 $3x+2=0$，$-\frac{2}{3}$ 叫做方程的实数根。对于函数 $y=3x+2$，我们给出一个新的定义，称 $-\frac{2}{3}$ 为函数 $y=3x+2$ 的零点。

你能根据刚才给出的零点的定义，求出函数 $y=x^2-2x-3$ 的零点吗?

生 2：实数 -1 和 3 使 $x^2-2x-3=0$，所以 -1 和 3 是函数 $y=x^2-2x-3$ 的零点。

师：能概括一般函数零点的概念吗?

生 3：对于函数 $y=f(x)$，我们把使 $f(x)=0$ 的实数 x 叫做函数 $y=f(x)$ 的零点。

教师板书概念，帮助学生准确地表达概念。

3. 引议释疑，理解概念，提升思维

问题 4：在这个概念中，我们新接触了一个数学名词——零点，请同学们思考，零点是点吗?

【设计意图】 将零点的概念与点的概念进行辨析，来加深学生对概念的理解，目的是要学生明确零点是一个实数，而不是一个点。

师生互动：学生思考作答，互相讨论；教师纠错，引导得出正确的关系。

生：（积极讨论，发表见解）零点不是点。

师：那零点是什么?

生 1：是一个数!

师：满足什么条件的数?

生 2：方程 $f(x)=0$ 的根。

师：（再次强调）零点不是点，而是一个实数!

师：回顾刚才老师提出的问题，“方程有实数根”还跟什么是等价的呢?

生 3：还跟函数有零点等价。

在屏幕上显示：方程 $f(x)=0$ 有实数根 $\Leftrightarrow$ 函数 $y=f(x)$ 的图像与 x 轴有

交点⇔函数 $y=f(x)$ 有零点

师生归纳：这种等价关系，为我们分析、解决问题又提供了一种数学思想，叫做函数与方程的思想。对于不能利用公式求根的方程，我们可以将它与函数 $y=f(x)$ 联系起来，利用函数的性质找出函数的零点，从而求出方程的根。

例1：(1) 函数 $f(x)=(x-1)(x^2-4)$ 的零点是（　　）

A. (1，0)，(2，0)，(-2，0)　　　B. 1，2

C. (0，1)，(0，2)，(0，-2)　　　D. 1，2，-2

(2) 函数 $y=f(x)$ 的图像如图8-2所示，则其零点为________。

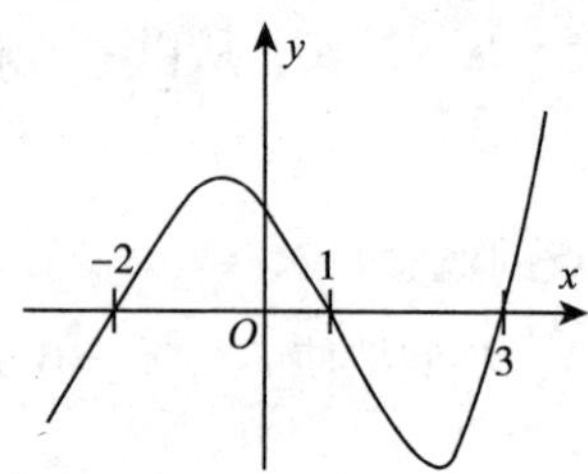

8-2　函数 $y=f(x)$ 图像

(3) 指数函数、对数函数、幂函数有零点吗？

【设计意图】第(1)、(2)小题巩固函数零点的求法，渗透二次函数以外的函数零点情况，进一步体会方程与函数的关系。第(3)小题则与前面学习的基本初等函数相联系，达到将新学概念与原有知识体系相结合的目的。

师生活动：学生讨论回答他们确定零点的方法，画图像时要求用语言描述图像的画法，教师根据学生的描述，在黑板上作出图像。

生1：(1) 中，令 $f(x)=0$，解得 $x_1=1$，$x_2=2$，$x_3=-2$，所以函数 $f(x)=(x-1)(x^2-4)$ 有三个零点，分别是1、-2、2.

师：回答得非常好，生1的解法实际上告诉了我们一个求函数零点的最基本的方法——定义法，令 $f(x)=0$，解出方程的实数根，即为函数的零点。

生2：(2) 中，由函数图像可知，函数 $y=f(x)$ 的图像与 x 轴有三个公共点，分别为(-2，0)、(1，0)、(3，0)，所以函数 $y=f(x)$ 有三个零点，分别为-2、1、3.

师：对，方程 $f(x)=0$ 有实数根⇔函数 $y=f(x)$ 的图像与 x 轴有交点⇔函数 $y=f(x)$ 有零点，利用这个等价条件，再根据函数图像与 x 轴的交点坐标求得函数的零点。

生3：(3) 中，指数函数 $f(x)=a^x$ ($a>0$，且 $a\neq1$) 图像与 x 轴没有公共点，所以指数函数没有零点。

师：很棒的回答，利用基本初等函数的图像来解决零点问题。

生4：对数函数 $f(x)=\log_a x$ ($a>0$，且 $a\neq1$) 的图像与 x 轴有一个公共点 (1，0)，所以对数函数的零点为1.

师：同样是结合对数函数的图像来解决函数的零点问题。

生5：幂函数 $f(x)=x^a$ 图像比较复杂，需要分情况讨论。

师：分哪几种情况呢?

生5：可以分为 $a=0$，$a>0$，$a<0$ 三类。

当 $a=0$ 时，幂函数 $f(x)=x^a$ 的图像与 x 轴没有公共点，所以幂函数没有零点。

当 $a>0$ 时，幂函数 $f(x)=x^a$ 的图像与 x 轴有一个公共点 (0，0)，所以幂函数的零点为0.

当 $a<0$ 时，幂函数 $f(x)=x^a$ 的图像与 x 轴没有公共点，所以幂函数没有零点。

师：回答非常完美，分类做到了不重不漏，根据幂函数的图像的特点，我们可以得到其零点情况。课下请大家将幂函数的图像进行一下分类，分别讨论它的性质。

问题5：函数零点的求法有哪些呢?

【设计意图】 由例1的解答过程，引导学生归纳，从“数”和“形”两个层面来理解函数零点这个概念，深化了学生对数形结合思想的认识。利用函数有零点的等价关系，向学生渗透函数与方程的数学思想。

生1：可以像例1 (1) 中一样，求方程 $f(x)=0$ 的实数根。

师：我们把这种方法叫做代数法。

生2：可以像例1 (2)、(3) 中一样，画函数 $y=f(x)$ 的图像，找到它与 x 轴交点的横坐标。

师：我们把这种方法叫做几何法。代数法是从“数”的层面表示函数的零点，几何法是从“形”的层面表示函数的零点，同学们在以后的学习中要注意数形结合思想的应用。

4. 点拨提高，深化概念，优化思维

问题6：已知二次函数 $f(x)=x^2-2x-3$，则 $f(-2)=$________，$f(1)=$________，$f(-2)\cdot f(1)$________0（“<”或“>”）。

问题7：根据问题6的结论判断二次函数 $f(x)=x^2-2x-3$ 在区间 $(-2,1)$ 内有零点吗？在区间 $(2,4)$ 内是否也具有这种特点呢？

问题8：已知函数 $f(x)$ 的图像是连续不断的，且有对应值如下表8-3所示，函数 $f(x)$ 在哪个区间存在零点呢？

表8-3　函数 $f(x)$ 对应值表

x	1	2	3	4	5	6
$f(x)$	2	5	-3	-1	-4	-5

【设计意图】问题6至8，以学生的经验为基础，并带有一定的趣味性和开放性，留给学生充分的空间，给他们动手实践的机会，培养其将知识转化为应用的能力，试图催生学生的深层思维，通过学生自身思维碰撞揭示结论，对突破本节课的难点有重要的意义。

师生活动：学生小组讨论，代表作答，教师展示学生作品，学生说明。

生1：问题6中，对于二次函数 $f(x)=x^2-2x-3$，$f(-2)=5$，$f(1)=-4$，$f(-2)\cdot f(1)<0$，由函数图像发现，函数 $f(x)=x^2-2x-3$ 在区间 $(-2,1)$ 内有零点 -1.

生2：问题7中，对于二次函数 $f(x)=x^2-2x-3$，$f(2)=-3$，$f(4)=5$，$f(2)\cdot f(4)<0$，由函数图像发现，函数 $f(x)=x^2-2x-3$ 在区间 $(2,4)$ 内有零点3.

生3：问题8中，对于函数 $f(x)$，$f(2)\cdot f(3)<0$，所以函数在区间 $(2,3)$ 内有零点。

师：$f(2)\cdot f(3)<0$ 就能保证函数在区间 $(2,3)$ 内有零点了吗？

生4：还要补充条件函数 $f(x)$ 的图像是连续不断的。

师：这个条件的作用是什么？

生4：因为图像连续，函数值从正变到负，图像和 x 轴一定有交点，所以函数在区间 $(2,3)$ 内有零点。

师：很好，请同学们根据这几个问题想一想，结论能推广吗？

问题9：如何判断一般函数 $y=f(x)$ 在区间 (a, b) 内是否存在零点？

问题10：如果函数 $y=f(x)$ 在区间 (a, b) 满足 $f(a) \cdot f(b) <0$，那么，函数 $y=f(x)$ 在区间 (a, b) 内有零点，这样叙述可以吗？

问题11：这个判断方法在叙述上还有没有需要修改的地方？

【设计意图】在学生尚缺乏一定的数学知识的前提下，问题由浅入深、逐层递进，要求学生独立思考、合作探究后加以解答，并提炼出相关数学知识，把课堂真正“还”给学生，教师引领学生主动思考问题，在与学生的深层次交流中碰撞出思维的火花。逐步深化零点的概念，将零点存在性定理的理解拆解为一系列有层次性的问题链，为学生充分理解这个抽象的判定方法提供了有利的条件。叙述上由原来的文字、图像转化为数学语言，培养学生的观察能力和提取有效信息的能力，体验语言转化的过程。

师生活动：学生分组讨论，教师进行引导释疑。

生1：问题9中，可以用 $f(a) \cdot f(b) <0$ 来判断函数 $y=f(x)$ 在区间 (a, b) 内是否存在零点。

师：如果用这种方法判断函数在某个区间上是否存在零点，则需要计算端点处的函数值。

生2：对于问题10，我们小组觉得只有这一个条件应该不足以判断结论。

师：为什么？

生2：如果函数 $y=f(x)$ 在区间 (a, b) 上的图像才是连续不断的一条曲线，并且有 $f(a) \cdot f(b) <0$，那么，函数 $y=f(x)$ 在区间 (a, b) 内有零点。

师：这样叙述可以吗？

（学生讨论）

生3：我们小组认为函数必须在端点处有定义，所以函数必须是在闭区间 $[a, b]$ 上的图像是连续不断的一条曲线。

师：也就是说，函数必须是在闭区间 $[a, b]$ 上的图像才是连续不断的一条曲线。

生3：对。

师：那存在零点的区间是否也需要改成闭区间？

生4：不需要，零点是利用$f(a)\cdot f(b)<0$确定的零点，所以零点不会出现在端点处。

师：好，那我们可以把大家刚才探讨得来的结论用规范的数学语言表述出来。

定理：如果函数$y=f(x)$在闭区间$[a, b]$上的图像是连续不断的一条曲线，并且有$f(a)\cdot f(b)<0$，那么，函数$y=f(x)$在区间(a, b)内有零点，即存在$c\in(a, b)$，使$f(c)=0$，这个c也就是方程$f(x)=0$的根。

问题12：满足定理条件，函数一定在区间(a, b)有零点。不满足定理条件，函数$y=f(x)$在区间(a, b)内一定不存在零点吗？

问题13：此定理能判定零点的存在性，能判定零点有多少个吗？

【设计意图】教师引导学生从多方面对定理进行解读，在学习中体验各种成立与不成立的情况，从正面、反面、侧面等不同的角度审视定理的条件与适用范围。

师生活动：教师指导学生作图，引导学生大胆猜想。小组讨论，代表作答，学生经历自主举例的过程，促进对定理的准确理解。

生1：问题12中，当不满足定理条件时，$f(a)\cdot f(b)>0$时依然可能存在零点，只要函数图像多次穿过x轴即可。

师：也就是说，不满足条件时，零点是否存在是不确定的。那么，怎样修改条件，使函数在区间(a, b)内只有一个零点？

生2：只要让函数在区间(a, b)内只穿过x轴一次即可。

师：如何做到？

生3：（讨论后回答）如果函数$y=f(x)$在闭区间$[a, b]$上是单调函数就可以。

师：定理中的“连续不断”是必不可少的条件，定理不能定确零点的个数，不满足定理条件时依然可能存在零点。

5. 精讲精练，应用概念，拓展思维

例2：判断函数$f(x)=\ln x+2x-6$在区间$(1, e)$内是否存在零点。

【设计意图】利用函数零点的存在性定理或函数的图像，对函数是否存在零点（方程是否存在实根）进行判断，教师引导学生体会运用化归思想、数形结合思想求解问题的过程。

分析：方法一，直接解方程（难度较大）；

方法二，画出函数$f(x)=\ln x+2x-6$的图像（如图8－3所示），观察函数图像在区间$(1, e)$内与x轴是否有公共点；

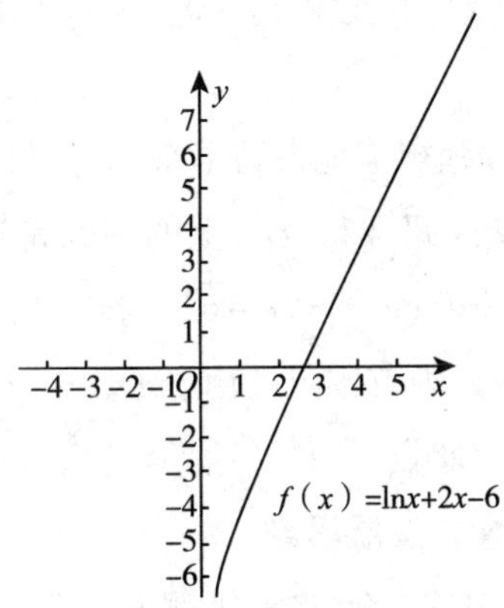

图8－3　函数$f(x)=\ln x+2x-6$的图像

方法三，令$f(x)=0$，将方程转化为$\ln x=-2x+6$，利用两个函数图像的交点所在区间来确定函数$f(x)=\ln x+2x-6$在区间$(1, e)$内是否存在零点。

师生活动：教师用几何画板演示函数图像，探究图像本质，数形转化解疑。

师：如果直接令$f(x)=0$解方程，难度比较大，看起来行不通。我们先画一下函数图像，直观感受一下。

教师用几何画板演示函数图像（如图8－4所示）。

生1：可以看到函数图像与x轴在区间（2，3）内有交点，如果更精确点，可以看出在区间$(2, e)$内有交点。

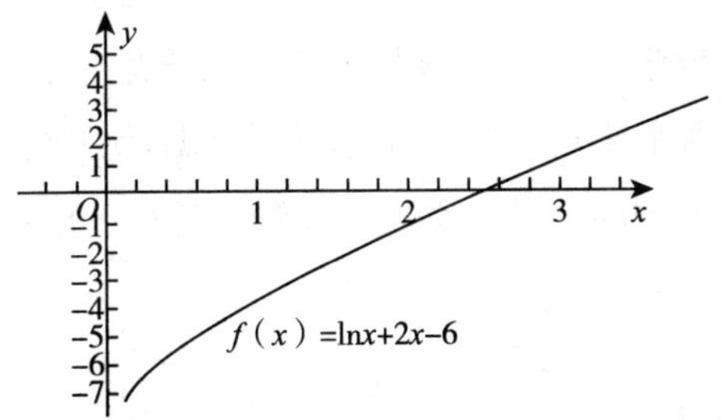

图8－4　函数图像与x轴在区间（2，3）内有交点

师：如何描述？

生2：函数 $y=f(x)$ 在区间 $[1, e]$ 上的图像是连续不断的一条曲线，并且有 $f(1)=-4$，$f(e)=2e-6$，$f(1)\cdot f(e)<0$，所以，函数 $y=f(x)$ 在区间 $(1, e)$ 内有零点。

师：有几个？为什么？

生3：由于函数 $y=f(x)$ 在定义域 $(0, +\infty)$ 内是增函数，所以它仅有一个零点。

师：好，大家把解题过程规范地书写下来。

解：函数 $y=f(x)$ 在区间 $[1, e]$ 上的图像是连续不断的一条曲线，通过计算可知，$f(1)=-4$，$f(e)=2e-6$，则 $f(1)\cdot f(e)<0$，这说明函数 $y=f(x)$ 在区间 $(1, e)$ 内有零点。由于函数 $y=f(x)$ 在定义域 $(0, +\infty)$ 内是增函数，所以它仅有一个零点。

6. 归纳自结，升华概念，发展思维

本节我们学习了哪些知识？能够解决哪些问题？接触到了哪些数学思想方法？

（1）知识点：零点的定义、等价关系、零点存在性原理。

（2）思想方法：数形结合思想、函数与方程思想、转化与化归思想。

（3）题型：求函数零点、判断零点所在区间、判断零点个数。

【设计意图】 小结是一堂课内容的概括和总结，是必不可少的一个环节。好的小结有利于使学生从整体上把握本节所学的重要内容。教师放手让学生总结，可以检查学生的接受情况，还可以更进一步培养学生的归纳总结能力，而这种能力对学生的高中学习是极其重要的。

师生活动：师生共同总结，将本节课的知识点呈现在黑板上。

师：本节课最重要的，也是贯穿本节课始终、起到灵魂作用的是三大数学思想，即数形结合的数学思想、函数与方程的数学思想、转化与化归的数学思想。数学思想才是数学的灵魂所在，也是数学的魅力所在，对我们解决问题起着指导作用。希望同学们在今后的学习中体味、感悟、应用、升华！

（六）目标检测设计

1. 课堂检测

（1）探索函数 $f(x)=\log_2 x+3x-8$ 在哪个区间存在零点？

（2）已知连续函数$y=f(x)$，有$f(a)\cdot f(b)<0$ $(a<b)$，则（　　）

A. 在区间$[a, b]$上可能没有零点

B. 在区间$[a, b]$上可能有三个零点

C. 在区间$[a, b]$上至多有一个有零点

D. 在区间$[a, b]$上不可能有两个零点

（3）已知函数$f(x)=2^x+x$，$g(x)=x-2$，$h(x)=\log_2 x+x$的零点依次是a，b，c，则（　　）

A. $a<b<c$　　B. $a<c<b$

C. $b<a<c$　　D. $c<a<b$

【设计意图】作业是学生学习信息的反馈，也是师生互动的一种方式。通过作业，教师可以发现和弥补教学中的不足，学生也可以找到自身的问题并及时纠正，实现“学数学、用数学”，在学与用中体验成功的喜悦。

2. 课后检测

（1）讨论函数$f(x)=3(x+2)(3-x)(x+4)-x$的零点所在区间。

（2）已知$f(x)=|x^2-2x-3|-a$，求a取何值时函数能分别满足下列条件：① 有2个零点；② 3个零点；③ 4个零点。

【设计意图】围绕课堂的重点，分层布置作业，帮助学生进一步理解相关的知识、方法、数学思想，有利于拓展学生的自主发展的空间。

（七）教学反思

1. 教学内容的反思

本课内容，从几何直观上感知和认识函数的零点，进而形成函数零点的概念。对于零点存在的条件，高中阶段不要求加以证明，重点是让学生通过观察和分析函数图像，直观感受、理解零点存在的条件。通过本节课的学习，学生体会到函数在高中数学的核心作用。用函数的观点统领中学代数，把中学代数问题纳入函数的思想体系中。

2. 问题设置的反思

如何创设“函数零点”的“问题情境”，是经过认真思考的。考虑到学生现有的概括能力不是很强，所以采用开门见山的方式。通过给出具体的一次函数的零点的概念，然后提出如何求一个具体二次函数的零点问题，学生通过模

仿求出二次函数的零点。这个过程也为下一个问题“抽象概括出一般函数零点的概念”做好了铺垫，使教学过渡更流畅。

3. 预设与生成的反思

课堂活动的设计是阶梯性的，多层次、多角度，尽量保证学生都能够参与到课堂活动中来。但是学生的思维是有差别的，不一定都能和教师预设的环节同步。因此教师要随时把握课堂教学，为学生提供思维发散及延伸的空间，使学生在接受数学科学教育的同时，完善和提高自己。

案例2 “三角函数的诱导公式（一）”教学设计与实践探索

（一）内容和内容解析

三角函数是描述周期现象的重要数学模型，在数学和其他领域中具有重要的作用。

本节主要内容是推导诱导公式二、三、四，并利用它们解决一些求值、化简问题。本节学习的诱导公式在内容上既是公式一的延续，又是后续学习内容的基础，它们与公式一组成的诱导公式，用于解决求任意角的三角函数求值、化简、证明等问题。三角函数的诱导公式是单位圆的对称性的“代数表示”，利用对称性，让学生自主发现终边分别关于原点和坐标轴对称的角的三角函数值之间的关系，使得“数”与“形”得到紧密结合，成为一个整体。通过简单问题的提出、诱导公式的发现、问题的解决，让学生体会由未知到已知、从简单到复杂的转化，为以后的三角函数求值、化简、简单证明以及后续学习三角函数的图像和性质等知识打好基础。

在诱导公式的学习中，转化与化归思想贯穿教学过程的始终，这一典型的数学思想与数形结合思想在教学中都要不断渗透，以培养学生的核心素养。公式一至四的作用主要体现在转化与化归的思想，即将任意角的三角函数通过诱导公式转化为锐角的三角函数进行求解。其步骤可简记为“负化正，大化小，小化锐，锐求值”，充分体现了将未知化为已知的转化与化归思想。记忆诱导公式一至四的口诀是“函数名不变，符号看象限”，其含义是公式两边的函数名称不变，符号则是将角 α 看成锐角时原角所在象限的三角函数值的符号。

本节课运用任务驱动的方式进行教学，把教学内容分解为按层次排列的一系列任务，任务内容按照数学知识的内在逻辑顺序，通过环环相扣的任务，同时适应学生认知发展的规律，使学生掌握系统的基础知识和基本技能，从而促进学生认识能力的发展。

本节课的教学重点：诱导公式的探究，运用诱导公式进行简单函数式的求值与化简。

本节课的教学难点：灵活地把任意角的三角函数转化为锐角的三角函数。

（二）目标和目标解析

本节课的教学内容主要是诱导公式二、三、四的推导、运用公式求三角函数值和化简。通过公式的推导，让学生理解角 α 的任意性、公式应用的一般性。本节课需要学生掌握特殊到一般、简单到复杂、具体到抽象等数学方法。在教学过程中始终渗透数形结合、转化与化归、分类讨论、类比等数学思想。

（1）借助三角函数的定义及单位圆的对称性推导出诱导公式二、三、四，会利用诱导公式进行简单的三角函数式的求值与化简。

（2）理解三角函数的诱导公式二、三、四及其记忆口诀。

（3）通过诱导公式的推导和具体运用，体会数形结合、转化与化归、分类讨论等数学思想。

（4）树立由特殊到一般的归纳意识，学会用联系的观点看待问题的科学思维。

教学中，教师要通过建构合理的问题情境，让学生体验公式的推导过程并能够理解借助三角函数的定义及单位圆中的对称性推导三角函数的诱导公式。

（三）教学问题诊断分析

由于本节课将教学内容分解为一系列任务进行教学，在教学中可能会遇到以下几个问题：部分学生思想认识不到位，认为只要记住公式、会做题就完成了学习任务，不重视公式的推导过程；对角 α 的任意性理解不到位，学生对公式的记忆，尤其是口诀理解不深。

教学中，教师将教学内容分解为逐层上升的一系列任务，通过诱导公式二至四的探究，概括得到诱导公式的特点，提高对数学内部关联性的认识，理解求任意角三角函数值所体现出来的化归思想，培养学生的探究能力。

教学中学生经历由观察图形、直观感知到探讨数量关系式的过程，培养数学发现能力和概括能力；通过对诱导公式的发现和探究以及运用过程，培养化归能力，提高分析问题和解决问题的能力，感受数学探索的成功感，激发学习数学的热情，增强学习数学的信心。

教学过程中，教师在一定程度上要做一个“旁观者”，大胆让学生犯错，通过试错、分析、观察，才能发现问题出现的原因，学生主体地位才能得到体现。

（四）教学支持条件分析

在进行本节课的教学时，学生已经学习了三角函数的定义、各象限角的三角函数值的符号和公式一，这些内容是学生归纳、理解公式二至公式四的基础，因此教学时应充分注意利用这一有利条件，引导学生多进行归纳与概括。信息技术的使用也为突破教学难点、启发学生思维、增加课堂容量提供了有力的支持。

在教师的组织和引导下，学生可以利用几何画板软件，以自主探索、动手实践、合作交流的方式进行学习。在学习中了解和体验公式的发生、发展过程，领会到诱导公式是前面三角函数定义、单位圆对称性等知识的延续和拓展，应用迁移规律，联想、类比、归纳推导公式。

在利用多媒体引导学生从特殊到一般的学习过程中，可以采用分小组讨论探究的方法，安排学生代表监管收集讨论的结果，小组派出同学进行板演或演示本组讨论的成果。

学生是学习的主体，教是为了使学生会学，教学中应重视学生的主体参与，通过学生的自主、合作、探究的学习过程来完成诱导公式的推导和应用。培养学生发现问题、研究问题和分析问题的能力。

（五）教学过程设计

1. 创设情境，引出公式，开启思维

我们前面学习了任意角的概念、弧度制、三角函数的定义及同角三角函数的基本关系式，同学们试着完成下面的任务。

任务1：（1）如何用单位圆定义任意角的三角函数？

（2）请填写图8－5中角 α 在各象限内的三角函数值的符号。

（3）公式一的内容是什么？有什么作用？

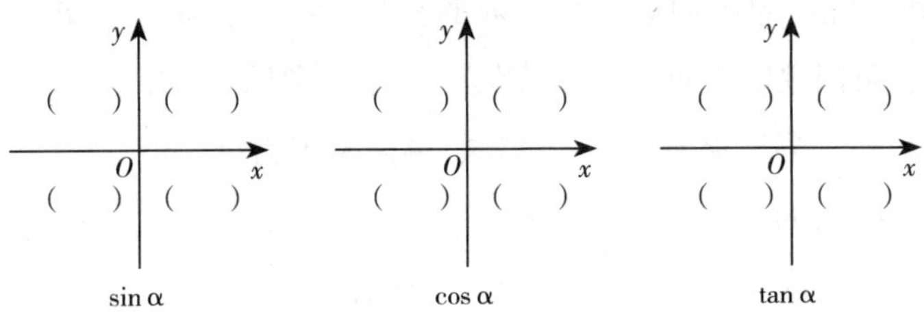

图 8-5 角 α 在各象限内的三角函数值的符号

任务 2：求 $\sin 420°$，$\cos\left(-\frac{7\pi}{4}\right)$ 的值，你能求 $\cos 330°$ 的值吗?

【设计意图】 将学生刚刚学习的任意角的三角函数概念以任务驱动的形式展现给学生，将本节课教学内容分解为一系列的小任务，为新知识的学习打下基础。将以传授知识为主的传统教学，转变为以解决问题、完成任务为主的多维互动式的教学。将内容放在学生思维的最近发展区，以符合学生的认知特点，让学生通过探究式学习，处于一种积极发动思维解决问题的状态中。使每一位学生都能根据自己对当前问题的理解，运用共有的知识和自己特有的经验提出方案、解决问题。

师生活动：学生思考、回答，教师适当追问。学生回答的过程中，教师可以用几何画板或课件演示。

生 1：可以用单位圆表示任意角 α 的正弦值、余弦值和正切值。如图 8-6 所示，设 $P(x, y)$ 为角 α 的终边与单位圆的交点，则 $\sin\alpha = y$，$\cos\alpha = x$，$\tan\alpha = \frac{y}{x}$.

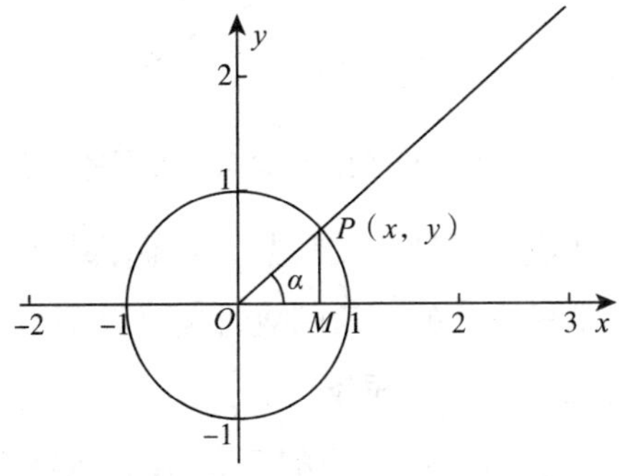

图 8-6 用单位圆表示任意角 α 的正弦值、余弦值和正切值

生 2：角 α 在各象限内的三角函数的符号情况是：$\sin\alpha$ 在第一、第二象限为正，第三、第四象限为负；$\cos\alpha$ 在第一、第四象限为正，第二、第三象限为负；$\tan\alpha$ 在第一、第三象限为正，第二、第四象限为负。

生 3：公式一的内容为 $\sin(\alpha+2k\pi)=\sin\alpha$，$\cos(\alpha+2k\pi)=\cos\alpha$，$\tan(\alpha+2k\pi)=\tan\alpha$（$k\in Z$），其作用在于把任意一角的三角函数问题转化为研究 $[0, 2\pi)$ 内角的三角函数问题。

生 4：可以利用公式一求 $\sin420°$，$\cos\left(-\frac{7\pi}{4}\right)$的值：

$\sin420°=\sin(60°+360°)=\sin60°=\frac{\sqrt{3}}{2}$，

$\cos\left(-\frac{7\pi}{4}\right)=\cos\left(\frac{\pi}{4}-2\pi\right)=\cos\frac{\pi}{4}=\frac{\sqrt{2}}{2}$，$\cos330°$的值我不会求。

生 5：$\cos330°$的值可以求，需要用到三角函数的定义，设 P 为 330°角的终边与单位圆的交点，则过点 P 作 $PM\perp x$ 轴，垂足为 M，如图 8－7 所示，在 $\mathrm{Rt}\triangle OMP$中，$\angle MOP=30°$，可以计算出 OM、MP 的长度，则点 $P\left(\frac{\sqrt{3}}{2}, -\frac{1}{2}\right)$，所以 $\cos330°=\frac{\sqrt{3}}{2}$.

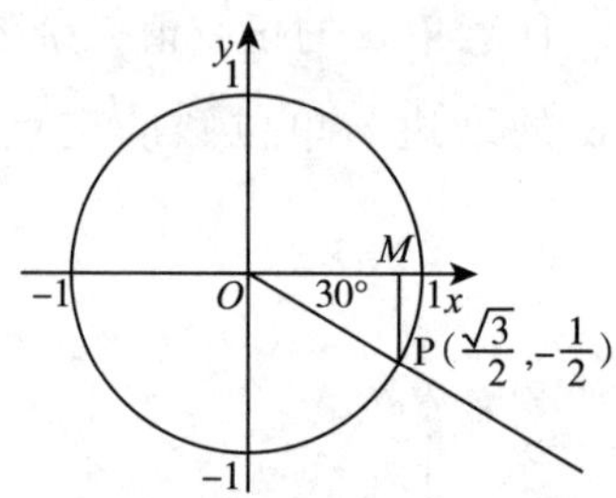

图 8－7　P 为 330°角的终边与单位圆的交点图

师：几位同学都一致应用了转化的思想，他们都把要求角的三角函数转化为锐角三角函数，我们求任意角的三角函数时也可以采用这种思想。

2. 激学导思，形成公式，交流思维

师：公式一的作用在于把任意一角的三角函数问题转化为研究 $[0, 2\pi)$ 内的角的三角函数问题。再进一步，如何求出 $[0, 2\pi)$ 内角的三角函数呢？参考前面几位同学对任务 2 的解决办法，我们可以想办法把 $[0, 2\pi)$ 内角 α

的三角函数转化为我们熟悉的锐角三角函数。这节课我们就来学习和研究这样的问题。为了解决这个问题，我们采用逐一击破的方法。

任务3：探究任意角 α 与角 $\pi+\alpha$ 的三角函数值之间的关系。

（1）角 α 的终边与角 $\pi+\alpha$ 的终边是什么关系？

（2）设 α 与角 $\pi+\alpha$ 的终边分别与单位圆交于点 P_1、P_2，则点 P_1 与 P_2 位置关系如何？

（3）设点 P_1（x，y），那么点 P_2 的坐标是什么？

（4）角 α 的三角函数值与 $\pi+\alpha$ 的三角函数值之间有什么关系？

（5）试着用你得到的结论，求 sin210°的值。

【设计意图】将公式二的探索过程进行分解，坚持循序渐进的原则，采取“小步走，不停步”的方式。教学中教师通过引导学生逐步深入，证明公式，体验成功的乐趣，培养学生的核心素养和数学思维，突出学生学习的主体地位。

师生活动：教师引导，师生合作共同完成任务。通过搭建脚手架的方式，将问题逐步呈现给学生，引导学生自主推导诱导公式二。

教师利用几何画板演示作图过程，首先作出一个第一象限的角 α，之后得到角 $\pi+\alpha$，如图8－8所示，观察两个角的终边的关系，进而引导学生完成以上任务。

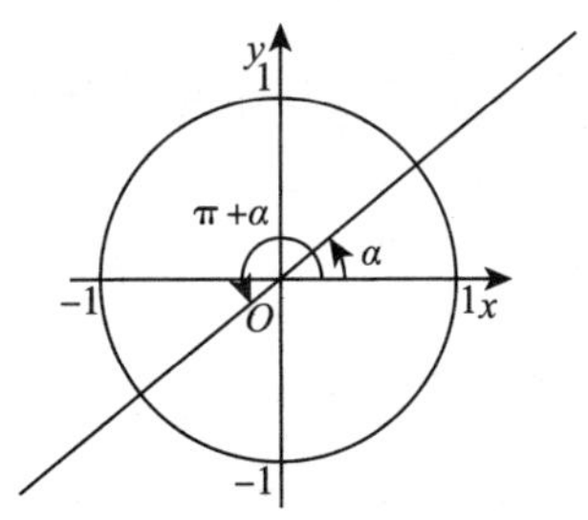

图8－8 任务三作图过程

生1：角 α 的终边与角 $\pi+\alpha$ 的终边关于原点对称。

师：能解释一下为什么吗？

生1：角 α 的终边沿逆时针方向旋转180°得到角 $\pi+\alpha$.

师：很好，用任意角的概念和两个角的和得到了角 $\pi+\alpha$ 的终边。

生2：由两个角的终边的位置关系，从图中可以看出，点 P_1 与 P_2 是关于原

点对称的。（如图 8－9 所示）

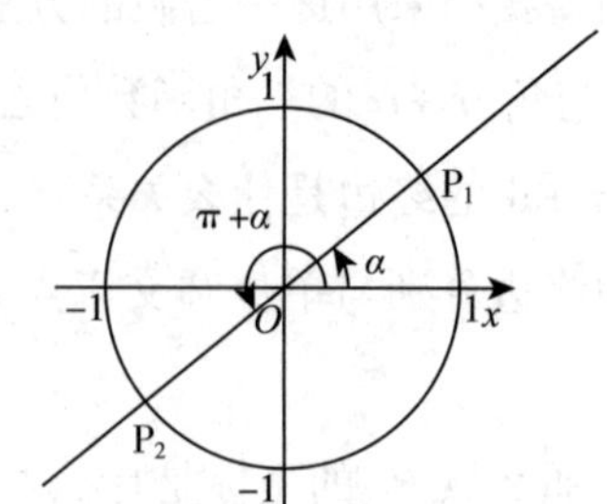

图 8－9　点 P_1 与 P_2 关于原点对称

师：坐标关系呢？

生 2：点 P_1（x，y），那么点 P_2（$-x$，$-y$）.（如图 8－10 所示）

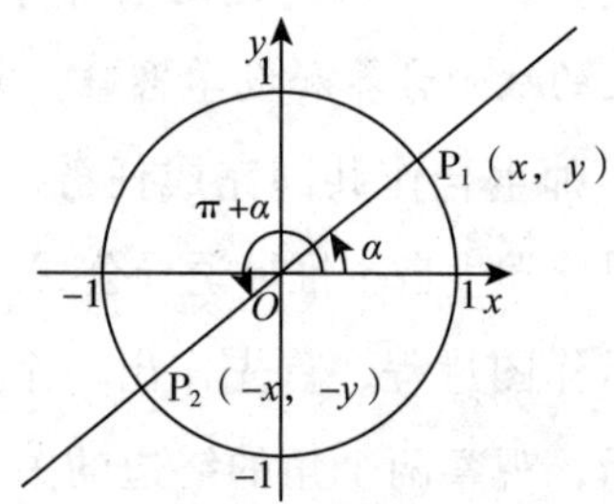

图 8－10　点 P_1（x，y）、点 P_2（$-x$，$-y$）

生 3：由任意角三角函数的定义可以知道，$\sin\alpha=y$，$\cos\alpha=x$，$\tan\alpha=\frac{y}{x}$.

$\sin(\pi+\alpha)=-y$，$\cos(\pi+\alpha)=-x$，$\tan(\pi+\alpha)=\frac{-y}{-x}=\frac{y}{x}$.

师：两个角对应的三角函数值有什么关系？

生 4：$\sin(\pi+\alpha)=-\sin\alpha$，$\cos(\pi+\alpha)=-\cos\alpha$，$\tan(\pi+\alpha)=\tan\alpha$.

师：漂亮！我们可以把得到的这组结论作为三角函数的一组诱导公式，记为公式二：

$\sin(\pi+\alpha)=-\sin\alpha$,

$\cos(\pi+\alpha)=-\cos\alpha$,

$\tan(\pi+\alpha)=\tan\alpha$.

生 5：$\sin210°=\sin(180°+30°)=-\sin30°=-\frac{1}{2}$.

师：也就是说，公式二可以把$\left(\pi, \frac{3\pi}{2}\right)$内的角的三角函数转化为锐角的三角函数，这也正符合了我们本节课的目标：把$[0, 2\pi)$内角α的三角函数转化为我们熟悉的锐角的三角函数。

3. 引议释疑，理解公式，提升思维

任务4：公式二中的角α只能是锐角吗?

【设计意图】为降低学生学习新知识的门槛，公式二的教学中几何画板演示时所涉及的角都是锐角。在公式二的抽象过程中只是代换成了一般形式的角α，这样的处理会引起部分学生的疑问，教学中需要把这个问题解决好，这也是突破本节课难点的关键之处。教学中教师引导学生参与讨论、交流，以加深学生记忆。

师生活动：教师演示几何画板课件，将角α的三角函数值和$\pi+\alpha$的三角函数值都计算出来，将角α的终边从第一象限依次拖动到其他各象限，让学生观察两个角的三角函数值的变化情况。通过多媒体演示，学生发现三角函数值的变化规律，从而验证、总结结论，让学生从直观上理解角α的任意性及诱导公式的一般性。(如图8－11所示)

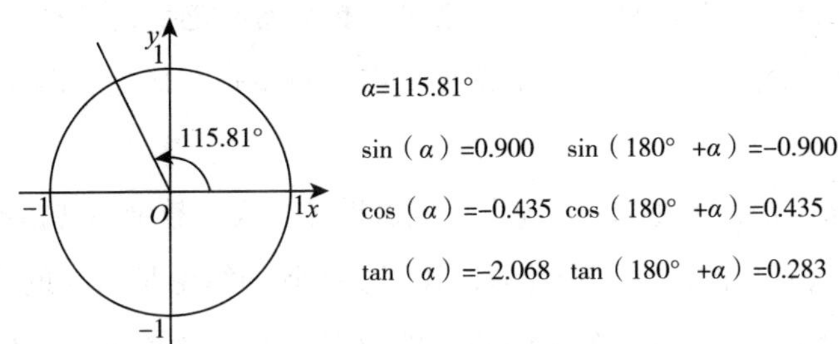

图8－11 计算角α和$\pi+\alpha$的三角函数值

生1：从几何画板计算的数据来看，角α取任意值，公式二都是成立的。

师：从刚才的演示结果来看，公式二中的角α具有一般性。公式二的含义是公式两边的函数名称不变，符号则是将角α看成锐角时，角$\pi+\alpha$所在象限的三角函数值的符号。

任务5：探究任意角α与角$-\alpha$的三角函数值之间的关系。

(1) 角α的终边与角$-\alpha$的终边是什么关系?

(2) 设角α与角$-\alpha$的终边分别与单位圆交于点P_1、P_2，则点P_1与P_2位

置关系如何?

（3）设点 P_1（x，y），那么点 P_2 的坐标是什么?

（4）角 α 的三角函数值与 $-\alpha$ 的三角函数值之间有什么关系?

（5）试着用你得到的结论，求 $\tan\left(-\frac{\pi}{6}\right)$的值。

任务6：探究任意角 α 与角 $\pi-\alpha$ 的三角函数值之间的关系。

（1）角 α 的终边与角 $\pi-\alpha$ 的终边是什么关系?

（2）设角 α 与角 $\pi-\alpha$ 的终边分别与单位圆交于点 P_1、P_2，则点 P_1 与 P_2 位置关系如何?

（3）设点 P_1（x，y），那么点 P_2 的坐标是什么?

（4）角 α 的三角函数值与 $\pi-\alpha$ 的三角函数值之间有什么关系?

（5）试着用你得到的结论，求 tan120°的值。

【设计意图】 类比公式二的推导过程，学生通过小组合作、相互交流、自主探索完成公式三、公式四的推导。教师可以适当提示，先由角的终边的对称性得到公式，再用几何画板对结果进行直观的验证，整个探究学习过程充分调动了学生的学习积极性，激发了学生主动参与探究的欲望。学生既动脑又动手，全程参与教学活动。教学中注意类比思想、数形结合思想的渗透。公式探究结果以多种方式呈现，学生通过多个角度观察得到结论，通过互相交流，感受数学美。

师生活动：学生分组讨论，先自行尝试推导公式，教师巡视指导答疑。

生1：与公式二的推导过程类似，我们组得到的结论是角 α 的终边与角 $-\alpha$ 的终边关于 x 轴对称。由两个角的终边的位置关系，从图 8－12 中可以看出，点 P_1 与 P_2 关于 x 轴对称，设点 P_1（x，y），那么点 P_2（x，$-y$）. 由任意角三角函数的定义可以得到角 α 与角 $-\alpha$ 对应的三角函数值的关系是

$\sin(-\alpha)=-\sin\alpha$,

$\cos(-\alpha)=\cos\alpha$,

$\tan(-\alpha)=-\tan\alpha$.

根据以上关系可以求得，$\tan\left(-\frac{\pi}{6}\right)=-\tan\frac{\pi}{6}=-\frac{\sqrt{3}}{3}$.

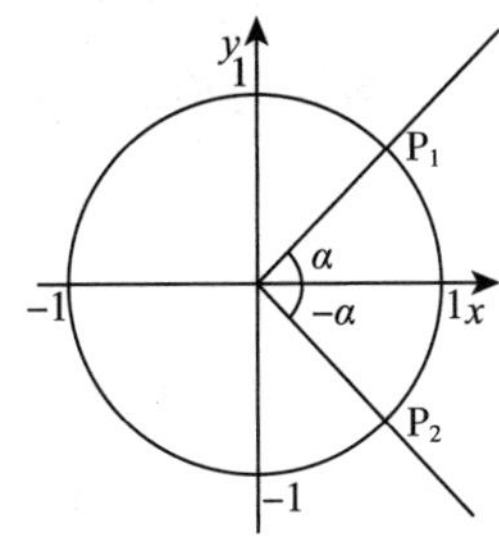

图 8－12 角 α 的终边与角 $-\alpha$ 的终边关于 x 轴对称

师：你们小组完成得非常棒！我们可以把得到的这组结论作为三角函数的另一组诱导公式，记为公式三：

$\sin(-\alpha) = -\sin\alpha$,

$\cos(-\alpha) = \cos\alpha$,

$\tan(-\alpha) = -\tan\alpha$.

生 2：公式三可以把负角的三角函数转化为正角的三角函数。

师：你谈到的是公式三的作用。

生 3：我们组利用几何画板进行计算，然后得出公式三的结论。角 α 取任意值，公式三都是成立的。也就是说，公式三中的角 α 具有一般性。（如图 8－13所示）

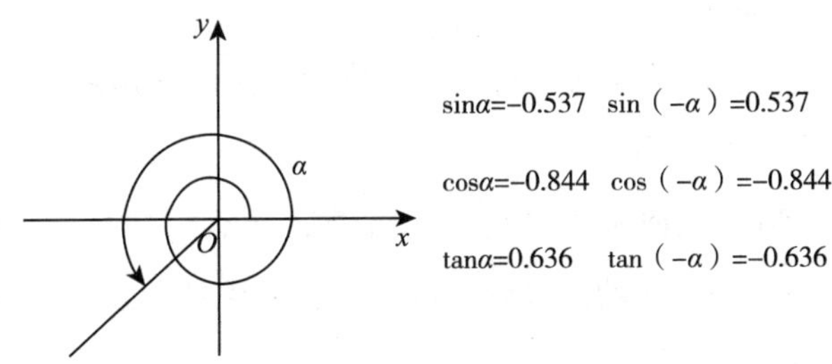

图 8－13 利用几何画板证明公式三

师：对，那么类比公式二，公式三的含义又是什么呢？

生 4：公式三的含义是公式两边的函数名称不变，符号则是将角 α 看成锐角时，角 $-\alpha$ 所在象限的三角函数值的符号。

生 5：类比公式二、公式三的推导过程，我们组得到的结论是角 α 的终边与角 $\pi-\alpha$ 的终边关于 y 轴对称，由两个角的终边的位置关系，从图 8－14 中可以看出，点 P_1 与 P_2 关于 y 轴对称。设点 P_1（x，y），那么点 P_2（$-x$，y）. 由任意角三角函数的定义可以得到角 α 与角 $\pi-\alpha$ 对应的三角函数值的关系是

$\sin(\pi-\alpha)=\sin\alpha$,

$\cos(\pi-\alpha)=-\cos\alpha$,

$\tan(\pi-\alpha)=-\tan\alpha$.

根据以上关系可以求得，$\tan 120^\circ=\tan(180^\circ-60^\circ)=-\tan 60^\circ=-\sqrt{3}$.

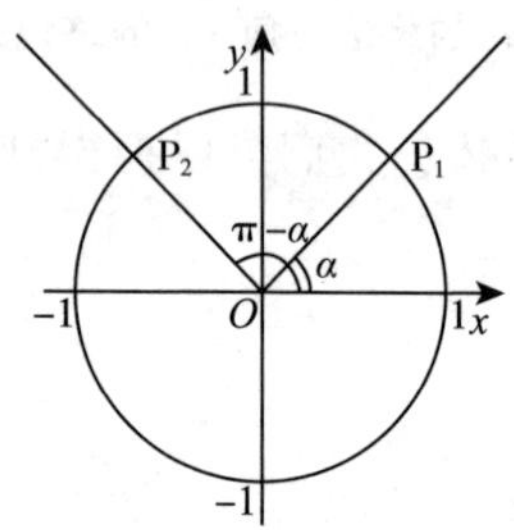

图 8－14　角 α 的终边与角 $\pi-\alpha$ 的终边关于 y 轴对称

师：很好，我们也可以把得到的这组结论作为三角函数的诱导公式，记为公式四：

$\sin(\pi-\alpha)=\sin\alpha$;

$\cos(\pi-\alpha)=-\cos\alpha$;

$\tan(\pi-\alpha)=-\tan\alpha$.

生 6：公式四可以把钝角的三角函数转化为锐角的三角函数。

师：这是公式四的作用。

生 7：我们组利用几何画板进行演示计算，然后得出公式四的结论。角 α 取任意值，公式四都是成立的。也就是说，公式四中的角 α 具有一般性。（如图 8－15 所示）

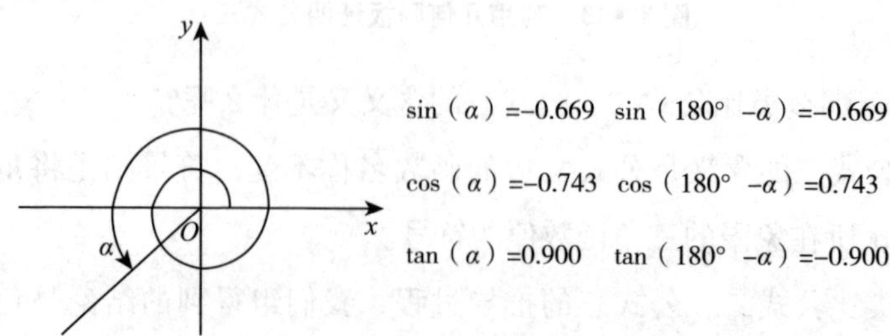

图 8－15　利用几何画板证明公式四

师：类比公式二、公式三，则公式四的含义是什么？

生 8：公式四的含义是：公式两边的函数名称不变，符号则是将角 α 看成锐角时，角 $\pi-\alpha$ 所在象限的三角函数值的符号。

师：以上三个公式的学习告诉我们，思考问题要遵循从特殊到一般、从具体到抽象的规律，这也是我们认识世界、理解世界的一般规律。

4. 点拨提高，深化公式，优化思维

任务 7：试叙述公式一、二、三、四。

问题 8：如果把角 α 看成锐角，$\alpha+2k\pi$（$k\in Z$），$\pi-\alpha$、$\pi+\alpha$、$-\alpha$ 分别位于第几象限？

任务 9：尝试将公式一、二、三、四概括为一句话。

【设计意图】 任务 8 至 9 的设计是为使学生更好地记忆公式，并从公式中抽象概括出理解公式的口诀及其含义，提高学生的归纳概括能力。

师生活动：师生共同总结公式一、二、三、四，并概括出理解公式的口诀，教师通过幻灯片展示，引导学生深刻理解口诀的含义。

生 1：公式一：

$\sin(\alpha+2k\pi)=\sin\alpha$；

$\cos(\alpha+2k\pi)=\cos\alpha$；（$k\in Z$）

$\tan(\alpha+2k\pi)=\tan\alpha$.

公式二：

$\sin(\pi+\alpha)=-\sin\alpha$；

$\cos(\pi+\alpha)=-\cos\alpha$；

$\tan(\pi+\alpha)=\tan\alpha$.

公式三：

$\sin(-\alpha)=-\sin\alpha$；

$\cos(-\alpha)=\cos\alpha$；

$\tan(-\alpha)=-\tan\alpha$.

公式四：

$\sin(\pi-\alpha)=\sin\alpha$；

$\cos(\pi-\alpha)=-\cos\alpha$；

$\tan(\pi-\alpha)=-\tan\alpha.$

师：这里需要说明的是，四个公式中的 α 指使公式两边有意义的任意一个角，这四组公式统称为三角函数的诱导公式。

生 2：如果把角 α 看成锐角，$\alpha+2k\pi$（$k\in\mathrm{Z}$），$\pi-\alpha$、$\pi+\alpha$、$-\alpha$ 分别位于第一、二、三、四象限。

师：大家再想想我们前面学习的角 α 在各象限内的三角函数值的符号。

生 3：从四个公式来看，$\alpha+2k\pi$（$k\in\mathrm{Z}$），$\pi-\alpha$、$\pi+\alpha$、$-\alpha$ 的三角函数值等于 α 的同名函数值，前面加上一个把 α 看成锐角时原函数值的符号。

师：总结得很到位，能不能从公式的特点概括一下，或者说用一句口诀简单记忆。

生 4：函数名不变，符号看象限。

师：优秀！我们可以用这句简单的口诀理解、记忆，并应用这四组诱导公式。

5. 精讲精练，应用公式，拓展思维

例 1：利用公式求下列三角函数值：

（1）$\cos225°$；

（2）$\sin\dfrac{11\pi}{3}$；

（3）$\sin\left(-\dfrac{16\pi}{3}\right)$；

（4）$\cos(-2040°)$．

【设计意图】 推导出诱导公式后，让学生独立实践，尝试解决问题。教师在教学过程中帮助学生理解并应用公式一至四，尤其当条件复杂一些时，及时引导他们去进行角的转化，逐步将任意角的三角函数转化为锐角三角函数，体会从未知到已知的化归思想，从而总结出利用诱导公式解题的一般步骤。

师生活动：学生独立解决问题，（1）（2）小题较容易解决，（3）（4）小题需要教师及时引导进行角的转化。可以让学生板书，教师巡视，纠正学生运算过程中出现的错误。

分析：应用诱导公式求三角函数值时，我们需要先将不在 $0\sim2\pi$ 范围内角的三角函数转化为 $0\sim2\pi$ 范围内的角的三角函数（利用诱导公式一），或先将负角转化为正角，然后再用诱导公式转化为 $0 \sim \frac{\pi}{2}$ 范围内角的三角函数的值。

生 1：$225° = 180° + 45°$，可以考虑直接利用公式二解决。

解：（1）
$$\begin{aligned}\cos 225° &= \cos(180° + 45°)\\ &= -\cos 45°\\ &= -\frac{\sqrt{2}}{2}.\end{aligned}$$

生 2：$\frac{11\pi}{3} = -\frac{\pi}{3} + 4\pi$，可以运用公式一，再利用公式三解决。

解：（2）
$$\begin{aligned}\sin\frac{11\pi}{3} &= \sin\left(4\pi - \frac{\pi}{3}\right)\\ &= \sin\left(-\frac{\pi}{3}\right)\\ &= -\sin\frac{\pi}{3}\\ &= -\frac{\sqrt{3}}{2}.\end{aligned}$$

生 3：$-\frac{16\pi}{3} = \frac{2\pi}{3} - 6\pi$，$\frac{2\pi}{3} = \pi - \frac{\pi}{3}$，先利用公式一，再利用公式四解决。

解：（3）
$$\begin{aligned}\sin\left(-\frac{16\pi}{3}\right) &= \sin\left(\frac{2\pi}{3} - 6\pi\right)\\ &= \sin\frac{2\pi}{3}\\ &= \sin\left(\pi - \frac{\pi}{3}\right)\\ &= \sin\frac{\pi}{3}\\ &= \frac{\sqrt{3}}{2}.\end{aligned}$$

师：还有别的解法吗？

生 4：可以考虑先用公式三，把负角化为正角，再考虑用其他公式。

（3）解法二：

$$\begin{aligned}\sin\left(-\frac{16\pi}{3}\right)&=-\sin\frac{16\pi}{3}\\&=-\sin\left(5\pi+\frac{\pi}{3}\right)\\&=-\left(-\sin\frac{\pi}{3}\right)\\&=\frac{\sqrt{3}}{2}.\end{aligned}$$

师：这里用到了一个思路——“负化正”，即用诱导公式三将负角转化为正角。

生5：对于 cos（$-2040°$），可以先用公式一将角 $-2040°$ 化为 $0°\sim360°$ 之间的角，也可以用公式三将负角转化为正角，再利用其他几个诱导公式进行解答。

（4）解法一：

$$\begin{aligned}\cos(-2040°)&=\cos(120°-2160°)\\&=\cos120°\\&=\cos(180°-60°)\\&=-\cos60°\\&=-\frac{1}{2}.\end{aligned}$$

（4）解法二：

$$\begin{aligned}\cos(-2040°)&=\cos2040°\\&=\cos(6\times360°-120°)\\&=\cos120°\\&=\cos(180°-60°)\\&=-\cos60°\\&=-\frac{1}{2}.\end{aligned}$$

师：同学们都非常灵活。可以看到，用诱导公式可将任意角的三角函数化为锐角的三角函数，大家只要用心，就可以找到很多解题方法。

任务10：用诱导公式可将任意角的三角函数化为锐角的三角函数，其一般步骤是什么?

【设计意图】 在利用诱导公式解决了一些简单的三角函数求值问题后，对解题的一般步骤进行总结，有利于学生将所学知识系统化，将新知识融入自身的知识体系中去。以上任务的设计按照数学知识的内在逻辑顺序，环环相扣，适应学生认知发展规律，使学生掌握系统的基础知识和基本技能，促进学生认知能力的发展。

师生活动：学生互相讨论，大胆发言，教师共同总结完成，教学过程中重在渗透转化与化归的思想。

诱导公式一至四的作用在于化任意角的三角函数为锐角的三角函数。其步骤可简记为"负化正，大化小，小化锐，锐求值"，充分体现了将未知化为已知的转化与化归思想。

利用诱导公式任意角的三角函数值的各步骤的含义如下：①"负化正"，用诱导公式一来转化；②"大化小"，用诱导公式一将角化为 $[0, 2\pi)$ 之间的角；③"小化锐"，用诱导公式二或四将大于$\frac{\pi}{2}$的角转化为锐角；④"锐求值"，得到锐角三角函数后求值。

例 2：化简$\frac{\cos(180°+\alpha)\cdot\sin(\alpha+360°)}{\sin(-\alpha-180°)\cdot\cos(-180°-\alpha)}$.

【设计意图】 例 1 的设计为利用诱导公式求三角函数值，本例的设计是利用诱导公式化简，在例题的选取与设计上，主要体现"由易到难，层层递进"的思想。

师生活动：学生分组讨论后派代表板书，教师巡回、答疑指导。

生 1：可以考虑分解题目中的各因式，分别进行化简，最后再合起来。

师：大家可以试着将题目进行分解，分步解答。

师生共同完成。

解：$\cos(180°+\alpha)=-\cos\alpha$,

$\sin(\alpha+360°)=\sin\alpha$

$$\begin{aligned}\sin(-\alpha-180°)&=\sin[-(180°+\alpha)]\\&=-\sin(180°+\alpha)\\&=-(-\sin\alpha)\end{aligned}$$

$$=\sin\alpha$$

$$\cos(-180°-\alpha)=\cos[-(180°+\alpha)]$$
$$=\cos(180°+\alpha)$$
$$=-\cos\alpha$$

所以，原式 $=\dfrac{-\cos\alpha\cdot\sin\alpha}{\sin\alpha\cdot(-\cos\alpha)}=1.$

6. 归纳自结，升华公式，发展思维

任务 11：请从以下三个方面对本节课知识进行总结。

（1）四组诱导公式及公式的记忆方法；

（2）求任意角的三角函数的一般步骤；

（3）公式中的 α 的任意性。

【设计意图】通过问答的形式，引导学生概括归纳本节课所学知识，总结诱导公式的规律及其结构特征，形成知识系统，并将知识纳入自身知识体系中。加深学生对诱导公式的内涵和实质的理解，理解归纳与推导、数形结合、转化与化归的思想方法，培养学生的抽象概括能力。

师生活动：总结过程由学生完成，教师通过问答形式了解学生知识掌握的程度。

生 1：如果把角 α 看成锐角，$\alpha+2k\pi$（$k\in Z$）、$\pi-\alpha$、$\pi+\alpha$、$-\alpha$ 分别位于第一、二、三、四象限。四组公式可以用图示的方法简单记忆（如图 8－16 所示）。

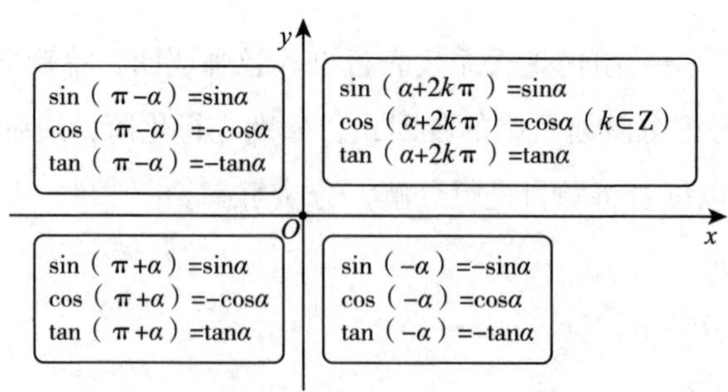

图 8－16　四组公式总结

师：做得非常漂亮，用数形结合的思想可以帮助我们更形象直观地记忆、应用公式。

生 2：从四个公式来看，$\alpha+2k\pi$（$k\in\mathrm{Z}$）、$\pi-\alpha$、$\pi+\alpha$、$-\alpha$ 的三角函数值等于 α 的同名函数值，前面加上一个把 α 看成锐角时原函数值的符号。即：函数名不变，符号看象限。

生 3：利用诱导公式求三角函数值的步骤可简记为“负化正，大化小，小化锐，锐求值”，也可以用图形来表示（如图 8－17 所示）。

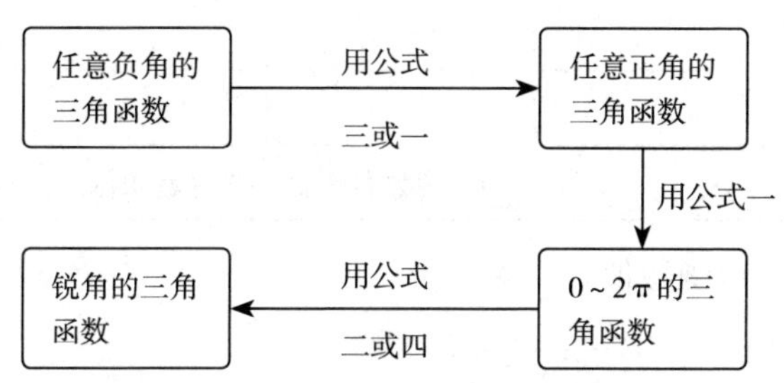

图 8－17　求三角函数的步骤

师：总结得非常好，这个过程充分体现了由未知转化为已知的化归思想。

生 4：四个公式中的 α 是使公式两边有意义的任意一个角。

师：需要注意的是，我们应用公式时，要把公式中的 α 当成锐角来处理。

（六）目标检测设计

1. 课堂检测

（1）填写下列各角的终边与角 α 的终边的关系表格。

表 8－4　各角的终边与角 α 的终边的关系表

角	$\alpha+2k\pi$（$k\in\mathrm{Z}$）	$\pi+\alpha$	$-\alpha$	$\pi-\alpha$
图示	y, α, O, x	y, α, $\pi+\alpha$, O, x	y, α, $-\alpha$, O, x	y, $\pi-\alpha$, α, O, x
与角 α 终边的关系				

（2）填写四组诱导公式的表格。

表 8－5　四组诱导公式表

	一	二	三	四
角	$\alpha+2k\pi\ (k\in Z)$	$\pi+\alpha$	$-\alpha$	$\pi-\alpha$
正弦				
余弦				
正切				
口诀	函数名不变，符号看象限			

（3）求下列三角函数值。

①$\tan(-300°)$；

②$\sin(-2025°)$；

③$\cos\left(-\frac{17\pi}{6}\right)$；

④$\sin\left(\frac{11\pi}{3}\right)$.

（4）（选做）化简：

①$\frac{\cos(\pi-\alpha)\cos(2\pi-\alpha)\tan(-\alpha)}{\cos(\pi+\alpha)\sin(2\pi-\alpha)\tan(\pi-\alpha)}$；

②$\frac{\cos(\alpha+4\pi)\cos(-\pi+\alpha)\tan(3\pi-\alpha)}{\sin(\pi-\alpha)\cos(-\alpha-\pi)}$.

【设计意图】课堂目标检测部分紧贴本节课的例题，根据学生的实际情况，作业布置分为必做题和选做题。设置必做题的目的是巩固本节课应知应会的内容，面向全体学生，人人必须完成。设置选做题的目的是提升能力，发展智力，选做题的难度稍大一些，要求学生根据个人的实际情况，尽力完成。主要引导学生发现规律、得出结论，让学生经历知识升华的过程，体验成功的喜悦，激活潜在的学习热情。在这一环节中，教师设计不同难度的题目作为巩固性训练，给不同层次的学生一块“用武”之地，让每一位同学体验学习数学的乐趣、成功的喜悦，找到自信，增强学习数学的愿望与信心。

2. 课后检测

（1）尝试由公式二、三、四中的任意两组公式推导出另外一组公式。

（2）课外探究：怎样化简$\dfrac{\sin\left(\dfrac{\pi}{2}-\alpha\right)\cos(2\pi-\alpha)\tan(-\alpha)}{\cos\left(\dfrac{3\pi}{2}+\alpha\right)\sin(2\pi-\alpha)\tan(\pi-\alpha)}$？

【设计意图】培养学生认真阅读课本的良好学习习惯。完成本节课学习之后，需要学生把几组公式之间的相互关系进行一个研究，找到它们之间的横向联系。另外，除了已经学习的对称关系外，还有哪些对称关系需要我们去研究？课外探究的题目紧紧围绕下节课的内容，以选做题的形式出现，使大多数的同学能够在课后有所发展和收获，有自己自由思考的空间。

（七）教学反思

1. 成功之处

（1）教学过程以问题为载体，设计符合学生实际和思维发展的教学活动，突出学生主体地位，在学习过程中尊重学习规律，整堂课呈现出独学、组学、群学的良好学习氛围。

（2）教学过程中围绕“角间关系→对称关系→坐标关系→三角函数间的关系”这一主线展开教学，教学中渗透了化归和数形结合的数学思想。

（3）以学生的最近发展区来设计问题，遵循学生从特殊到一般的认识问题的规律，有效地突破了教学难点。

2. 欠缺之处

本节课对学生的学习习惯和知识水平预判不够，学生展示要求不够明确，导致板书设计意图没有被学生理解，出现了学生打乱教师板书设计的现象。

3. 改进措施

努力让每一个学生都有成功的体验，都能积极参与到课堂中来并得到发展。

第九章 “思意数学” 习题课教学范式与实践

习题课（或例题课）是新知课之后，教师有计划地对学生进行一系列基本知识训练，目的就是巩固学生学过的知识。

一、“思意数学” 习题课教学范式构建

习题课（或例题课）的教学程序为：梳理知识，精选范例——激学导思，探究方法——引议释疑，应用方法——点拨提高，深化理解——精讲精练，拓展提升——归纳自结，诊断矫正。如图 9－1 所示。

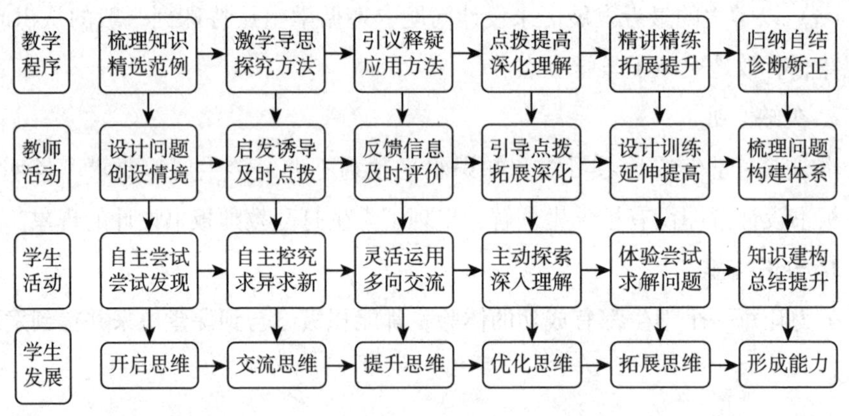

图 9－1 “思意数学” 习题课教学范式框架示意图

二、“思意数学” 习题课教学范式实施

（一）梳理知识，精选范例，开启思维

在这一环节中，师生对这一节课将会用到的知识点进行梳理和回顾。教师明确知识重难点，精选范例，为学生创设优良的探索氛围。学生自主审题，主

动探索，尝试发现，开启思维。

（二）激学导思，探究方法，交流思维

在这一环节中，学生根据教师提供的问题，自主探索，多角度思考问题，多渠道寻求解决问题的方法。教师对学生探索过程中碰到的困难，及时给予启发、引导、点拨，指点迷津，帮助学生总结各种解决问题的规律与技巧，相互交流，相互启发，交流思维，培养学生思维的广阔性和灵活性。

（三）引议释疑，应用方法，提升思维

在这一环节中，师生根据范例总结解题的一般规律和方法，并运用或迁移该方法去解决其他问题，形成技能技巧，达到触类旁通之效果。教师设计方法训练变式题组或引导学生通过对范例的变式而得到方法训练题组，并及时给予启发、引导、点拨。学生解答训练题组，探索解法，相互交流，相互启发，使方法得以迁移，形成技能技巧，提升思维，提高解题能力。

（四）点拨提高，深化理解，优化思维

在这一环节中，通过师生对范例的共同探索（包括变化条件、变化结论、等价变化、逆向变换、图形变化、推广拓展等），获得一类或几类变式的题目，达到触类旁通之效果。在教师的指导和帮助下，自主研究与探索，挖掘题目的内涵。通过小组合作探究，相互交流，相互启发，拓展学生思维。教师适时提供帮助，引导、点拨困惑，指引学生研究问题和解决问题的方向，激发学生探索问题的欲望，从而优化思维。

（五）精讲精练，拓展提升，拓展思维

在这一环节中，由于题目考查的知识点不同，师生对题目分类处理的难易程度和区分度也不同，在处理问题时要采取灵活多样的解决方法。学生自主研究与探索，按教师要求，小组合作探讨，相互交流，寻找解决问题的求解策略与方法。同时教师适时启发，及时帮助引导，注意因材施教。

（六）归纳自结，诊断矫正，发展思维

在这一环节中，师生共同完成总结。自我诊断学习中存在的问题，通过教师指导不断矫正和完善。一方面是对课堂上所用知识、方法加以梳理、概括，纳入知识方法体系；另一方面是对解决问题的方法、规律加以总结与升华，使学生掌握探究学习的方式与方法，并逐步使之成为学生的自觉行为。

通过例题（习题）课对知识体系、解题方法、规律的认识和提炼，学生将课堂上所用知识、方法加以梳理、概括，纳入知识网络体系，并对基本概念的理解进一步完整化、具体化，牢固掌握所学知识系统，培养良好的思维习惯。例题课也模仿该模式实施教学。

三、"思意数学"习题课课堂教学实践

下面以"基本不等式的习题课"为例进行教学实践与探索：

案例"基本不等式的习题课"的教学设计与实践

（一）内容和内容解析

基本不等式作为常用的不等式，在生产生活和社会实践中都有着广泛的应用。基本不等式又称均值不等式，是普通高中教科书数学第一册（2017 人教 A 版）第二章第二节的内容，是继学生在初中学习了等式、二次函数的初步知识之后进行学习的。同时，在本章前一节学生学习了等式性质与不等式性质，这些给本节课提供了一定的基础。基本不等式的学习为接下来要学习的函数知识、最值问题等提供了一种常见的工具，为后续的学习奠定了基础。

基本不等式作为不等式性质的重要运用，学生通过本章第一节的学习对不等式有了初步的了解，学会运用不等式，但接触的不等式较为单一，灵活度不够，学生在练习时运用困难，要进一步了解不等式的性质及运用，研究最值问题，基本不等式是必不可少的。基本不等式在知识体系中起承上启下的作用，而基本不等式对于学生更为灵活，同时也为学生掌握设置了障碍。

教学中结合本节课的特点，向学生渗透多种数学思想方法：配凑法、数形结合的思想、转化与化归的思想、分类讨论的思想，在教学中培养学生的直观想象、数学抽象、数学运算、数学建模等核心素养，同时对学生的观察、类比、归纳、总结、创新、应用等多种能力的培养有利，通过基本不等式的学习使学生进一步熟悉不等式在生产实践中的应用。

教学中注意用新课程理念处理教材，学生的数学学习活动不仅要接受、记忆、模仿和练习，而且要自主探索、动手实践、合作交流、师生互动。就知识的应用价值来看，基本不等式是从大量数学问题和现实问题中抽象出来的一个

模型，在实际问题的计算中经常涉及。基本不等式的学习有助于培养学生的创新思维和探索精神，是培养学生应用意识和数学能力的良好载体。教学过程中，题目的设计紧扣当前社会热点问题，渗透着数学来源于生活、服务于生活的思想。教学内容与社会生活相联系，更容易激发学生的兴趣，引起学生的深入思考，使学生易于接受本节课内容。在教学中，教师既要教授科学知识，又要培养学生健全的人格，使学生树立起正确的世界观、人生观和价值观。从多种角度引导学生主动思考、主动探究、讨论交流，在积极的学习中解决问题，注意学生思维的连续性和发展性，促进学生数学思维的形成，提高学生的综合素质，培养其核心素养。

为了充分调动学生学习的积极性，本节课采用“自主探索、动手实践、合作交流、任务驱动式教学法”，用任务驱动探究活动层层深入。教学过程中以学生为本，以问题解决为手段发展学生的创造性思维和核心素养，教师作为课堂的组织者，组织学生分析讨论、合作探究。

本节课的教学重点：基本不等式 $\sqrt{ab}\leqslant\frac{a+b}{2}$ 的应用，数学思维和探究能力的培养。

本节课的教学难点：利用基本不等式 $\sqrt{ab}\leqslant\frac{a+b}{2}$ 求最大值、最小值的掌握和应用。

（二）目标和目标解析

本节课主要内容是基本不等式的应用，在教学过程中要让学生通过探究、分析，掌握基本不等式，并能加以运用。同时，本节课还要求学生理解学习配凑法等数学方法，在教学过程中，数形结合的数学思想、转化与化归的思想、分类讨论的思想、用数学知识解决生活实践问题的思想都要贯穿始终。

（1）进一步掌握基本不等式 $\sqrt{ab}\leqslant\frac{a+b}{2}$，会应用基本不等式求某些变量的最值，能够解决一些简单的实际问题。

（2）在理解的基础上记忆基本不等式的数字特征，并注意基本不等式的应用条件。

（3）在基本不等式的运用过程中，渗透认识、研究问题由简单到复杂、由特殊到一般的化归思想、数形结合的思想、分类讨论的思想。

（4）充分利用教学手段，培养学生观察、分析、归纳、总结、抽象概括等数学思维，使学生体会数学的学习方法，通过运用多媒体的教学手段，引领学生主动探索，体会学习数学规律的方法，体验成功的乐趣。

（5）通过问题情境的设置，使学生认识到数学来源于生活实际，培养学生用数学的眼光观察世界、用数学的思维思考世界、用数学的语言表达世界，从而培养学生主动探究知识、合作交流的意识以及善于思考、勤于动手的良好品质，引发学生学习和使用数学知识的兴趣，发展创新精神，培养实事求是、理论与实际相结合的科学态度和科学道德。

（三）教学问题诊断分析

新版高中数学教材将基本不等式的学习安排在等式的性质和不等式的性质学习后，由于学生刚刚进入高一，只学习了集合与简易逻辑用语，基础尤其是函数的相关知识基础稍显薄弱，学生只有初中所学的二次函数基本知识，所以本节课对于学生来说，理解并且掌握基本不等式在求函数最大（小）值方面有一定的困难。在教学过程中，教师要注意对解题格式的规范要求及对题目的分析解答过程的指导。

（四）教学支持条件分析

由于学生刚刚学习过等式的性质和不等式的性质、基本不等式的证明及简单应用，在教学过程中通过填空题的方式梳理相关知识引入课题，将学习的起点放在学生的思维的最近发展区，从而自然引入基本不等式在生活中的应用。学生在运用基本不等式解决完例 1 的问题后，设置任务 5 和任务 6，对基本不等式应用条件的变化进行辨析，达到发展学生思维的目的。另外，作业中要设置必做题与选做题，达到分层教学、分层达标的目的。

（五）教学过程设计

1. 梳理知识，精选范例，开启思维

在前一节课，我们已经学习了基本不等式的概念，利用多种方法证明了基本不等式，并且进行了简单的应用，请回忆相关知识，完成下面的任务。

任务 1：（1）如果 $a>0$，$b>0$，通常称不等式________为基本不等式。其中$\frac{a+b}{2}$叫做正数 a、b 的________，$\sqrt{ab}$叫做正数 a、b 的________。

（2）基本不等式表明：两个正数的________。

任务2：基本不等式应用的条件是________。

任务3：已知x、y都是正数，

（1）如果积xy是定值P，那么当______时，和$x+y$有最______值______；

（2）如果和$x+y$是定值S，那么当______时，积xy有最______值______。

【设计意图】梳理上节课所学知识，以任务驱动的形式引入新课，使学生处于一种积极发动思维完成任务的状态中。情境设置以学生刚刚学习过基本不等式为背景，将内容放在学生思维的最近发展区，符合学生的认知特点。通过这种总结方式既可以让学生归纳所学的知识，以形成知识体系，同时又促使教师了解学生对知识的掌握程度，以利于不断改进、调整教学方法，提升教学质量。任务3为本节课的内容，为基本不等式的应用的学习做了很好的铺垫。

师生活动：学生回忆上节课内容后回答。

生1：如果$a>0$、$b>0$，通常称不等式$\sqrt{ab}\leqslant\frac{a+b}{2}$为基本不等式。其中$\frac{a+b}{2}$叫做正数$a$、$b$的算术平均数，$\sqrt{ab}$叫做正数$a$、$b$的几何平均数。

生2：基本不等式表明：两个正数的算术平均数不小于它们的几何平均数。

师：基本不等式的概念中需要注意的是定理及等号成立的条件，同学们可以回忆一下我们都用了什么方法进行的证明。

生3：基本不等式应用的条件是：一正二定三相等。

师：注意理解应用条件的意义，不能仅仅记住这些文字，要从根本上理解才能更准确地应用。另外，多次运用基本不等式要验证等号是否同时成立。

生4：如果积xy是定值P，那么当$x=y$时，和$x+y$有最小值$2\sqrt{P}$；如果和$x+y$是定值S，那么当$x=y$时，积xy有最大值$\frac{1}{4}S^2$.

师：基本不等式应用条件为“一正二定三相等”，应用的关键是找到定值：和为定值，积有最大值，积为定值，和有最小值。

任务4：（口答）（1）用20cm长的铁丝折成一个面积最大的矩形，应当怎样折？

（2）把36写成两个正数的积，当这两个正数取什么值时，它们的和最小？

（3）把 18 写成两个正数的和，当这两个正数取什么值时，它们的积最大？

【设计意图】适时归纳总结，有利于学生知识的系统整理，同时也将前后知识联系起来，并加以利用。

进一步深化理解基本不等式的应用条件，将求最大（小）值问题与基本不等式紧密联系起来，在学生的头脑中形成知识结构框架。与实例结合起来，达到学以致用的目的。题目利用基本不等式求最值，包含正用、逆用，体现了基本不等式的应用价值；强调利用不等式求最值的关键点，即“一正”“二定”“三相等”，有利于培养学生团结合作的精神。

师生活动：教师引导、学生口答。

生 1：（1）折成边长为 5cm 的正方形时，面积最大，最大面积为 $25cm^2$。

师：能详细叙述一下解题过程吗？

生 1 叙述详细解题过程（略）。

生 2：（2）两个正数相等，均为 6 时，它们的和最小，最小值为 12.

生 3：（3）两个正数相等，均为 9 时，它们的积最大，最大值为 81.

2. 激学导思，探究方法，交流思维

师：前面我们已经学习了等式性质与不等式性质，通过刚才的梳理，我们复习了基本不等式的基本知识。基本不等式在解决实际问题中有广泛的应用，是解决最大（小）值问题的有力工具。今天我们就生活中的实例来研究基本不等式的重要作用。

例 1：为提前应对严峻的某种病毒感染疫情形势，某医院准备紧急新建一处发热诊区，用作发热门诊和隔离病房区，如图 9－2 所示。

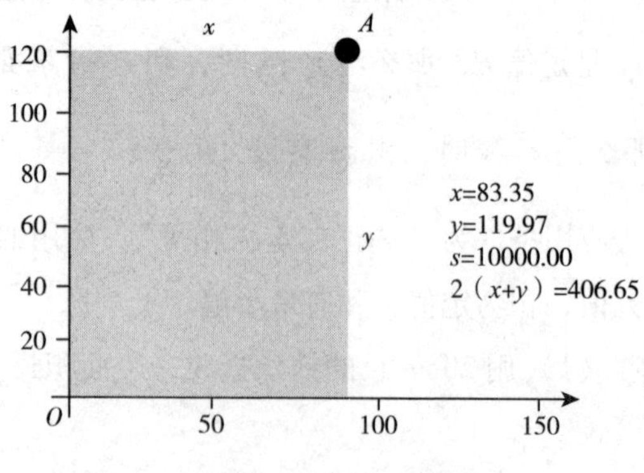

图 9－2　例题 1 示意图

（1）用围栏围成一个面积为 10000m^2 的矩形发热诊区，问这个矩形的边长为多少时，所用围栏最短？最短围栏的长度是多少？

（2）用一段长为 360m 的围栏围成矩形发热诊区，问这个矩形的边长为多少时，发热诊区的面积最大？最大面积是多少？

【设计意图】题目设计紧扣当前社会热点问题，在教学过程中渗透数学来源于生活、数学服务于生活的思想。教学内容与社会生活相联系，更容易激发学生的兴趣，引起学生的深入思考，使其易于接受本节课内容。在教学中，教师既要传授科学知识，又要培养学生健全的人格，使学生树立起正确的世界观、人生观和价值观。此题既是不等式性质在实际中的应用，又是不等式性质在求最值中的应用。教学过程中教师既要注意数学语言的应用，即函数解析式的建立，也要注意不等式性质的适用条件。让学生带着问题进行思考、激学导思、探究方法。几何直观，能够启迪思路，帮助理解，因此让学生通过几何画板探索周长的变化过程，加深对解题方法的理解。从“数”与“形”两个角度引导学生主动思考、主动探究、讨论交流，在积极的学习中解决问题，进一步强化数形结合意识，注意学生思维的连续性和发展性，促进学生数学思维的形成，提高学生的综合素质，培养其核心素养。

师生活动：师生共同探讨分析，解决问题。

教师利用几何画板演示周长的变化过程，借助于多媒体，利用几何直观学习和理解数学，是数学学习的重要手段。

经过共同探讨，师生共同分析如下：①矩形发热诊区的面积是矩形的两邻边之积，于是问题转化为：矩形的邻边之积为定值，边长多大时周长最短；②矩形发热诊区的周长是矩形两邻边之和的 2 倍，于是问题转化为：矩形的邻边之和为定值，边长多大时面积最大。

师：经过分析，我们可以把题目与哪些知识联系起来？

生 1：可以运用基本不等式求最大（小）值。

师：回答得很好，需要对题目中的生活实际问题进行抽象，使它数学化，转化为基本不等式求最值的形式。

生 2：设矩形发热诊区相邻两条边的长分别为 xm、ym，围栏的长为 $2(x+y)$ m.

对于第（1）小题，由已知得 $xy=1000$，由 $\frac{x+y}{2}\geqslant\sqrt{xy}$，可得 $x+y\geqslant2\sqrt{xy}=$

200，所以2（$x+y$）$\geqslant 400$，因此，这个矩形发热诊区最短围栏的长度为400m.

师：这位同学的解法有没有问题？

生3：感觉没有问题。

师：大家再思考一下。

生4：基本不等式应用条件为“一正二定三相等”，这里一正、二定都满足了，三相等的条件应该要确认一下。在式子 $x+y\geqslant 2\sqrt{xy}=200$ 后面加上条件：当且仅当 $x=y=100$ 时上式等号成立。因此，当这个矩形发热诊区是边长为100m的正方形时，所用围栏最短，最短围栏的长度为400m.

师：回答得非常好，虽然这道题目中三相等是可以成立的，但不代表所有的题目都成立，所以解题过程一定要严谨，防止出现错漏。

师：请大家动手完成解题过程的书写。

学生动手完成第（1）小题。

师：第（2）小题可否用类似的解决思路？

生5：也可以利用基本不等式求解。

由已知可得2（$x+y$）$=360$，矩形发热诊区的面积为 $xy\mathrm{m}^2$.

由 $\sqrt{xy}\leqslant\frac{x+y}{2}=\frac{180}{2}=90$，可得 $xy\leqslant 8100$，当且仅当 $x=y=90$ 时，上式等号成立。

因此，这个矩形发热诊区是边长为90m的正方形时，发热诊区的面积最大，最大面积是 $8100\mathrm{m}^2$.

师：我们再来回顾一下，本题中我们运用基本不等式求解最大（小）值问题。解决此类问题时，可以先用信息技术工具探究所求变量的值的变化情况，对问题有一个直观的了解，然后再从本质上分析最大（小）值形成的原因，找出解决问题的方法，制定合理的解题策略。

两个正数的积为定值，那么和有最小值，即 x、y 为正数，如果积 xy 是定值 P，那么当且仅当 $x=y$ 时，和 $x+y$ 有最小值 $2\sqrt{P}$；

两个正数的和为定值，那么积有最大值，即 x、y 为正数，如果和 $x+y$ 是定值 S，那么当且仅当 $x=y$ 时，积 xy 有最大值 $\frac{1}{4}S^2$.

师：除了利用基本不等式解决外，本题还可以有哪些方法？

生6：第（2）小题可以考虑利用二次函数求最值。

师：很好，对于二次函数，大家在初中掌握了基本的知识，在后面的内容中我们会再次学习。本题中的第（2）小题大家可以在课后尝试运用二次函数知识求解。

3. 引议释疑，应用方法，提升思维

任务5：已知 $x>1$，求 $y=x+\frac{1}{x-1}$ 的最小值。

任务6：求 $y=\sqrt{x(10-x)}$ 的最大值。

【设计意图】将基本不等式的形式进行变化，引导学生将题目转化为应用基本不等式求解最大（小）值问题，让学生认识研究问题由简单到复杂、由特殊到一般的化归思想，增加学生应用数学的意识，培养学生不怕困难的精神。通过对基本不等式不同形式应用的研究，渗透“转化”的数学思想。学生分组合作，积极探究，培养学生的团队意识。任务6的设计则渗透了分类讨论的数学思想，有利于培养学生严谨的科学思维。通过对问题的探究思考，让学生体会数学推理的严谨美、简洁美，同时感受数学的应用性，激发学生学习兴趣；让学生在自我解决问题的过程中核心素养得到提高。

师生活动：学生分组合作、探究完成。

生1：任务5中，将 $x+\frac{1}{x-1}$ 进行恒等变形，得 $x+\frac{1}{x-1}=(x-1)+\frac{1}{x-1}+1$，由已知条件得 $x-1>0$，式子中前两项可以利用基本不等式求最小值，再利用不等式的性质得到当且仅当 $x=2$ 时，$y=x+\frac{1}{x-1}$ 取最小值，最小值为3.

师：回答得非常好，运用基本不等式解答的过程中始终注意到“一正二定三相等”的应用条件。

生2：任务6中，注意到 $x+(10-x)=10$，利用基本不等式，可以得到当且仅当 $x=5$ 时，$y=\sqrt{x(10-x)}$ 取最大值，最大值为5.

师：能否确定运用基本不等式的过程中，条件是满足的？

生3：应该要先确定 x 的取值范围，以满足“一正”的条件。但是怎么解不等式 $x(10-x)\geqslant 0$，我解决不了。

师：有没有同学能帮忙？

生 4：我们小组讨论认为，可以将不等式 $x(10-x)\geqslant 0$ 转化为不等式组 $\begin{cases}x\geqslant 0\\10-x\geqslant 0\end{cases}$，或 $\begin{cases}x\leqslant 0\\10-x\leqslant 0\end{cases}$，解得 $0\leqslant x\leqslant 10$，要求 $y=\sqrt{x(10-x)}$ 的最大值，就要舍去 $x=0$ 和 $x=10$ 这两种情况，即 $0<x<10$，以确保"一正"的条件。

师：那确保了"一正二定三相等"的条件后，$x=0$ 和 $x=10$ 这两种情况怎么办？

生 5：应该最后验证一下，实际上是分类讨论思想。

师：回答相当完美。这道题目的解答过程中，将不等式 $x(10-x)\geqslant 0$ 转化为不等式组，以及最后的 $x=0$ 和 $x=10$ 这两种情况的验证，充分体现了分类讨论的思想和严谨的科学态度。

师：请同学们将任务 6 过程书写下来。

4. 点拨提高，深化理解，优化思维

例 2：某工厂要建造一个长方体无盖贮水池，如图 9－3 所示，其容积为 4800m^3，深为 3m，如果池底每平方米的造价为 150 元，池壁每平方米的造价为 120 元，那么怎样设计水池能使总造价最低？最低总造价是多少？

图 9－3　水池示意图

【设计意图】再次让学生感受基本不等式的应用价值，并再次引导学生注意基本不等式成立的三个条件。师生共同分析，教师指导学生分组探究、解决问题，感受知识的形成过程，培养学生数形结合的意识和函数思想。解决问题的过程中，教师要引导学生首先将实际问题转化为数学问题，即建立函数关系式，然后求函数的最值，其中用到了基本不等式这个工具。教学中让学生从不同角度去观察、分析题目，尝试用各种途径进行表述。由于刚刚完成例 1 和任务 4、5、6，学生有能力完成本题的探究，因此要发挥学生的主观能动性进行自主学习。小组合作探究能激发学生钻研探索的欲望，提高学生的合作意识，让学生有更多的机会表达自己的思想，学会如何应用基本不等式解决函数的最大（小）值问题。在逐步探究问题的过程中，学生的好奇心被进一步激发，此时将前面的讨论结果进行适时归纳，形成知识系统，有利于学生思维过程深化。

合作探究有利于发挥学生的主观能动性，突出学生的主体地位。问题解决过程中，学生享受到解决实际问题的乐趣，师生产生情感共鸣，促进师生共同成长。

师生活动：小组合作探究，教师适当指引答疑。

师：我们应该如何将实际问题抽象转化为数学问题？

生1：贮水池呈长方体，它的高是3m，池底的边长没有确定。如果池底的边长确定了，那么水池的总造价也就确定了。因此，应当考察池底的边长取什么值时，水池的总造价最低。

师：非常好，把题目中的实际问题转化为池底的矩形的边长取值问题。如何解决？

生2：可以参考例1的解决办法。

生3：此题首先需要设变量，然后把总造价表示为所设变量的形式。

设贮水池池底的相邻两长边的边长分别为 xm、ym，水池的总造价为 z 元。

根据题意，有 $z=150\times\frac{4800}{3}+120\ (2\times3x+2\times3y)\ =240000+720\ (x+y)$

师：好，设好变量，把总造价表示为所设变量的形式之后呢？如何处理？

生4：可以根据总造价来看能不能应用基本不等式求最小值，也就是最低造价。

由容积4800m^3，可得 $3xy=4800$，因此 $xy=1600$

所以 $z\geqslant240000+720\times2\ \sqrt{x\cdot y}$，

当 $x=y=40$ 时，上式等号成立，此时 $z=297600$

所以，将贮水池的池底设计成边长为40m的正方形时总造价最低，最低总造价是297600元。

师：完成得非常漂亮。此题既是不等式性质在实际中的使用，应注意数学语言的使用，又是不等式性质在求最值中的应用，应注意不等式性质的适用条件。请同学们书写解题步骤。

师：请同学们根据本题的解题过程，归纳使用基本不等式求解最大（小）

值问题的一般步骤。

学生讨论交流，师生共同总结，归纳得出基本不等式是求解最大（小）值问题的常见方法，运用基本不等式解决此类问题时，一般步骤如下：①先理解题意，建立数学模型。设变量，设变量时一般把要求的变量表示为所设变量的相关形式。②建立相应的关系式，把实际问题抽象为要求变量的最大值或最小值问题。③应用基本不等式求出最大（小）值。④回到实际问题，检验结果，正确写出答案。

5. 精讲精练，拓展提升，拓展思维

任务7：一家货物公司计划租地建造仓库储存货物，经过市场调查了解到下列信息：每月土地占地费 y_1（单位：元）与仓库到车站的距离 x（单位：km）成反比，每月库存货物费 y_2（单位：元）与 x 成正比；若在距离车站10km处建仓库，则 y_1 和 y_2 分别为2万元和8万元。这家公司应该把仓库建在距离车站多少千米处，才能使两项费用之和最小？

【设计意图】对知识的准确把握需要通过反复练习，使学生全面理解基本不等式运用的条件，知道基本不等式解决实际问题的一般步骤。同时，教师在学生的练习中发现学生存在理解上的漏洞，便于教师后续辅导。

师生活动：学生小组讨论，教师巡视，给予点评。

6. 归纳自结，诊断矫正，形成能力

任务8：本节课学习了利用基本不等式解决与求变量的最大（小）值有关的实际问题，基本不等式运用的条件是什么？

任务9：基本不等式是求解最大（小）值问题常见的方法，运用基本不等式解决此类问题时，一般步骤是什么？

【设计意图】通过学生的讨论交流，把本节课内容加以小结，归纳总结运用基本不等式解决实际问题时的基本步骤，提炼分类讨论、化归转化、数形结合等数学思想。小结部分留部分空白给学生思考，使学生养成自己提出问题、自己解决问题的好习惯，将知识的思考探索过程还给学生。

师生活动：师生共同总结、归纳，把知识方法系统化，形成能力。

师：我们用两个正数的算术平均数与几何平均数的关系，即基本不等式解决了实际问题中的一些最值问题。用基本不等式求变量的最值，是值得重视的一种方法，但在具体求解时，应注意考查哪些条件？

生 1：主要考查下列三个条件：一正二定三相等。

师：当题目中的变量形式不满足条件时，应如何处理？

生 2：利用配凑的方法，得到满足条件的变量形式。

师：好，非常好。运用基本不等式求解实际问题的最大（小）值的一般步骤是什么？

生 3：一般步骤如下：①先理解题意，建立数学模型。设变量，设变量时一般把要求的变量表示为所设变量的相关形式。②建立相应的关系式，把实际问题抽象为要求变量的最大值或最小值问题。③应用基本不等式求出最大（小）值。④回到实际问题，检验结果，正确写出答案。

任务 10：（课后检测）已知 $x>0$，求 $y=2-3x-\frac{4}{x}$ 的最大值。

任务 11：（探究题）一家商店使用一架两臂不等长的天平称黄金。一位顾客到店里购买 10g 黄金，售货员先将 5g 的砝码放在天平左盘中，取出一些黄金放在天平右盘中使天平平衡；再将 5g 的砝码放在天平右盘中，再取出一些黄金放在天平左盘中使天平平衡；最后将两次称得的黄金交给顾客。你认为顾客购得的黄金是小于 10g，等于 10g，还是大于 10g？为什么？

【设计意图】作业布置突出本节课知识点，题量适中，且给出必做题和探究题，以适应分层教学、分层达标的要求。通过设置分层作业，让所有的学生既能吃得饱，又能吃得好，即让每一位同学都能体验到学习数学的乐趣、成功的喜悦，找到自信，增强学习数学的愿望与信心。

课外探究的题目紧紧围绕生活中的实际问题，使大多数的同学能够在课后有兴趣参与探究，能有一定的发展和收获，有自己自由思考的空间。

第十章“思意数学”复习课教学范式与实践

学生复习的过程就是对已学知识进行整理、巩固、提高的过程，在这个过程中应以学生的活动，即主动整理知识为主，让学生主动参与教学全过程，充分发挥每位学生的主体动能，激活学生的思维。

一、“思意数学”复习课教学范式构建

复习课（或专题课）的教学程序是：知识归析，构建网络—精选范例，激学导思—引议释疑，探究方法—点拨提高，深化理解—精讲精练，拓展提升—归纳自结，反馈矫正。如图 10 - 1 所示。

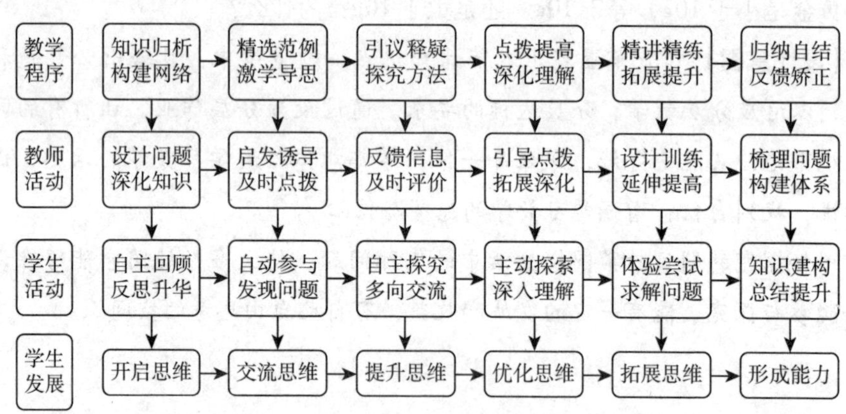

图 10 - 1 “思意数学”复习课教学范式示意图

二、“思意数学”复习课教学范式实施

（一）知识归析，构建网络，开启思维

在这一环节中，师生一起回顾和总结本专题的知识内容，梳理知识的内在

联系，构建知识网络。教师根据知识内容设计问题，引导和激发学生学习的兴趣，同时帮助学生建立知识结构体系。学生主动参与，积极回顾、探究所学知识的内在本质联系，建立明晰、稳固的知识体系，使所学知识在回顾与反思中得到进一步的升华，开启思维。

（二）精选范例，激学导思，交流思维

在这一环节中，教师设计复习内容应联系学生实际，选择符合教学要求的题目，为学生创设广阔的探索空间。学生自主审题，自主探索，明白题目对知识点、数学方法、数学思想的要求，以及对变式题的探索要有层次性，如由基础到技巧、由简单到复杂，为实现解法变式、题目变式做好情感准备，相互合作，交流思维。

（三）引议释疑，探究方法，提升思维

在这一环节中，师生根据范例总结解题的一般规律和方法，并运用或迁移该方法去解决其他问题，形成技能技巧，达到触类旁通之效果。教师设计方法训练变式题组或引导学生通过对范例的变式而得到方法训练题组，及时给予启发、诱导、点拨。学生自主解答变式训练题组，自主探索解法，使方法得以迁移，形成技能技巧，相互交流，相互启发，提升思维，提高解题能力。

（四）点拨提高，深化理解，优化思维

在这一环节中，通过师生对范例的共同探索，创新变式题目，知识渗透深，方法应用广。学生在教师的引导下，通过独立探索、小组讨论、集体交流等方式，全员参与、积极思考，最大限度地探索题目的各种变式。教师适时引导、点拨，指导学生的探索方向（如引导学生进行条件变式、结论变式、等价变式、逆向变式、拓广变式等），鼓励学生的探索精神和继续探索的勇气，优化学生思维。

（五）精讲精练，拓展提升，拓展思维

在这一环节中，师生对题目的分类处理由于难易程度不同，应采取灵活多样的解决方式。学生自主探索，按教师要求，相互探讨，注意解题规律、方法的积累与总结。教师引导点拨，适时启发。解题方向的引导、点拨可面向全体，也可面向个体，注意因材施教，拓展学生思维。

（六）归纳自结，反馈矫正，发展思维

在这一环节中，师生共同完成总结。学生回顾这一知识板块存在的问题并进行反馈与矫正。一方面是对课堂上所用知识、方法加以梳理、概括，纳入知识方法体系；另一方面是对解决问题的方法、规律加以总结与升华，使学生掌握探究学习的方式与方法，并逐步使之成为学生的自觉行为。

复习（专题）课上，教师引导学生按一定的标准把有关知识进行整理、分类、综合，通过回忆、思考、查阅课本等方式，以表格、树状图或纲要的形式，把本单元的知识体系和已梳理过的知识与方法的相互联系，构建学生自己的知识体系。专题课也模仿该模式实施教学。

三、"思意数学"复习课课堂教学实践

下面以"不等式"为例进行教学实践与探索：

案例　不等式复习

（一）知识归析，构建网络，开启思维

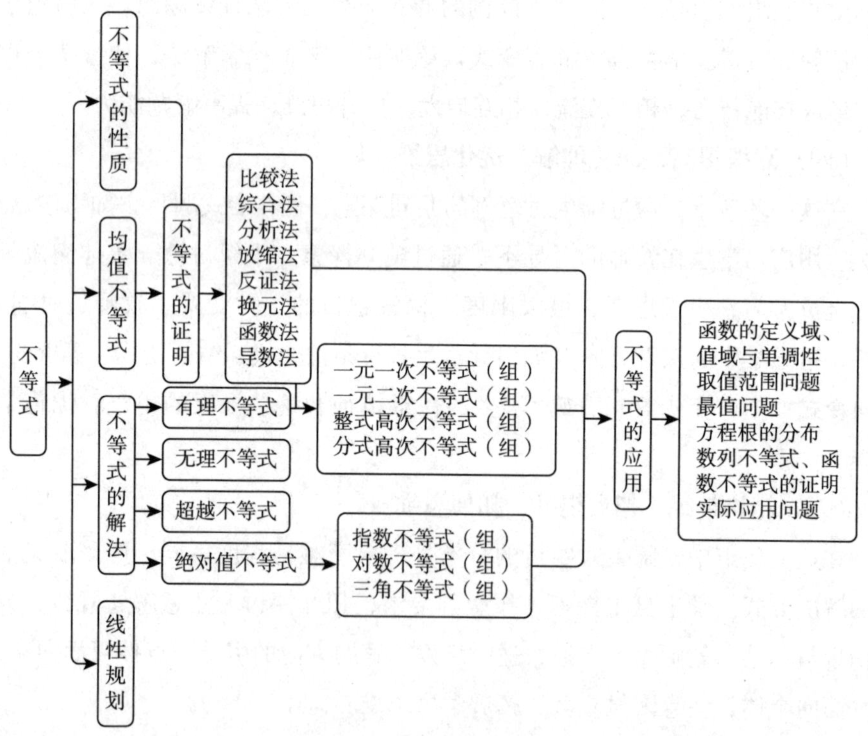

图 10－2　不等式知识结构图

（二）点拨提高，深化理解，优化思维

1. 不等式的性质是证明不等式和解不等式的基础

不等式的基本性质有：

（1）对称性：$a>b\Leftrightarrow b<a$；

（2）传递性：若 $a>b$，$b>c$，则 $a>c$；

（3）可加性：$a>b\Rightarrow a+c>b+c$；

（4）可乘性：$a>b$，当 $c>0$ 时，$ac>bc$；当 $c<0$ 时，$ac<bc$.

不等式运算性质：

（1）同向相加：若 $a>b$，$c>d$，则 $a+c>b+d$；

（2）异向相减：$a>b$，$c>d\Rightarrow a-d>b-c$；

（3）正数同向相乘：若 $a>b>0$，$c>d>0$，则 $ac>bd$；

（4）乘方法则：若 $a>b>0$，$n\in \mathrm{N}_+$，则 $a^n>b^n$；

（5）开方法则：若 $a>b>0$，$n\in \mathrm{N}_+$，则 $\sqrt[n]{a}>\sqrt[n]{b}$；

（6）倒数法则：若 $ab>0$，$a>b$，则 $\frac{1}{a}<\frac{1}{b}$.

2. 基本不等式（或均值不等式）

利用完全平方式的性质，可得 $a^2+b^2\geqslant 2ab$（a，$b\in \mathrm{R}$），该不等式可推广为 $a^2+b^2\geqslant 2|ab|$；或变形为 $|ab|\leqslant \frac{a^2+b^2}{2}$；

当 a，$b>0$ 时，$a+b\geqslant 2\sqrt{ab}$ 或 $ab\leqslant \left(\frac{a+b}{2}\right)^2$.

3. 不等式的证明

（1）不等式证明的常用方法：比较法、公式法、分析法、反证法、换元法、放缩法；

（2）在不等式证明过程中，应注意与不等式的运算性质联合使用；

（3）在不等式证明过程中，放大或缩小应适度。

4. 不等式的解法

解不等式是寻找使不等式成立的充要条件，因此在解不等式过程中应使每一步的变形都要恒等。

一元二次不等式（组）是解不等式的基础，解一元二次不等式是解不等式的基本题型。一元二次不等式与相应的函数方程的联系：

（1）求一般的一元二次不等式 $ax^2+bx+c>0$ 或 $ax^2+bx+c<0$（$a>0$）的解集，要结合 $ax^2+bx+c=0$ 的根及二次函数 $y=ax^2+bx+c$ 图像确定解集。

（2）对于一元二次方程 $ax^2+bx+c=0$（$a>0$），设 $\Delta=b^2-4ac$，它的解按照 $\Delta>0$、$\Delta=0$、$\Delta<0$ 可分为三种情况。相应地，二次函数 $y=ax^2+bx+c$（$a>0$）的图像与 x 轴的位置关系也分为三种情况。因此，我们分三种情况讨论对应的一元二次不等式 $ax^2+bx+c>0$（$a>0$）的解集，列表如下：

表 10－1　一元二次不等式 $ax^2+bx+c>0$（$a>0$）的解集

$\Delta=b^2-4ac$	$\Delta>0$	$\Delta=0$	$\Delta<0$
$y=ax^2+bx+c$（$a>0$）的图像	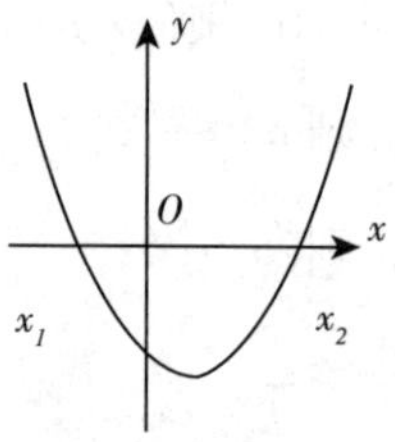 y O x x_1 x_2	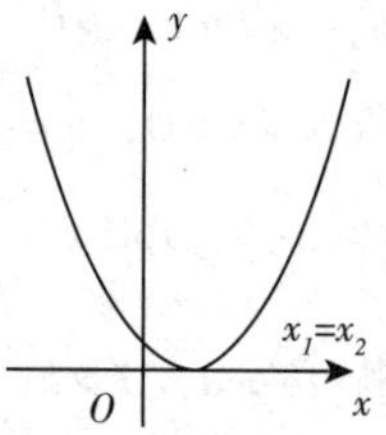 y $x_1=x_2$ O x	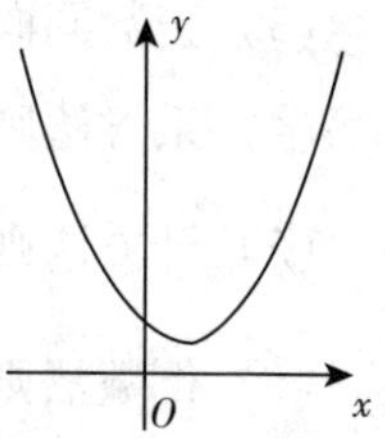 y O x
$ax^2+bx+c=0$（$a>0$）的根	有两不等实根 x_1，x_2 且 $x_1<x_2$	有两相等实根 x_1，x_2 且 $x_1=x_2$	无实根
$ax^2+bx+c>0$（$a>0$）的解集	$\{x \mid x<x_1$ 或 $x>x_2\}$	$\left\{x \mid x<\neq-\dfrac{b}{2a}\right\}$	R
$ax^2+bx+c<0$（$a>0$）的解集	$\{x \mid x_1<x<x_2\}$	Ø	Ø

含参数的不等式应适当分类讨论。

5. 不等式的应用

不等式的应用相当广泛，如求函数的定义域、值域，研究函数单调性等。在解决问题过程中，应当善于发现具体问题背景下的不等式模型。

用基本不等式求分式函数及多元函数最值是求函数最值的初等数学方法之一。

研究不等式可结合函数思想、数形结合思想、等价变换思想等。

6. 线性规划问题的解题方法和步骤

解决简单线性规划问题的方法是图解法，即借助直线（线性目标函数看作斜率确定的一族平行直线）与平面区域（可行域）有交点时，直线在 y 轴上的截距的最大值或最小值求解。它的步骤如下：

（1）设出未知数，确定目标函数。

（2）确定线性约束条件，并在直角坐标系中画出对应的平面区域，即可行域。

（3）由目标函数 $z=ax+by$ 变形为 $y=-\frac{a}{b}x+\frac{z}{b}$，所以，求 z 的最值可看成是求直线 $y=-\frac{a}{b}x+\frac{z}{b}$ 在 y 轴上截距的最值（其中 a、b 是常数，z 随 x，y 的变化而变化）。

（4）作平行线：将直线 $ax+by=0$ 平移（即作 $ax+by=0$ 的平行线），使直线与可行域有交点，且观察在可行域中使 $\frac{z}{b}$ 最大（或最小）时所经过的点，求出该点的坐标。

（5）求出最优解：将（4）中求出的坐标代入目标函数，从而求出 z 的最大（或最小）值。

7. 绝对值不等式

（1）$|x|<a$（$a>0$）的解集为：$\{x|-a<x<a\}$；

$|x|>a$（$a>0$）的解集为：$\{x|x>a$ 或 $x<-a\}$.

（2）$||a|-|b||\leqslant|a\pm b|\leqslant|a|+|b|$.

（三）引议释疑，探究方法，提升思维

考点一：不等关系与不等式

1. 内容解读

通过具体情境，感受在现实世界和日常生活中存在着大量的不等关系，了解不等式（组）的现实背景；了解不等式的有关概念及其分类，掌握不等式的性质及其应用。

养成推理必有依据的良好习惯，不要想当然，不要错漏不等式性质使用的条件，如 $a>b>0$，$n\in\mathbf{N}_+\Rightarrow a^n>b^n$ 中，注意后面大于0的条件，出题者往往喜欢在这里出一些似是而非的题目来迷惑考生。

2. 命题规律

高考中，对本节内容的考查，主要放在不等式的性质上，题型多为选择题或填空题，属容易题。

例1：设a、$b\in R$，若$a-|b|>0$，则下列不等式中正确的是（　　）

A. $b-a>0$　　　　B. $a^3+b^3<0$

C. $b+a>0$　　　　D. $a^2-b^2<0$

解：由$a>|b|>0$知，$a>|b|\geqslant -b$，所以$b+a>0$，故选C.

点评：本题考查绝对值的概念和绝对值的性质，如果用特殊值法也能求解。

例2：已知a、b为非零实数，且$a<b$，则下列命题成立的是（　　）

A. $a^2<b^2$　　　　B. $a^2b<ab^2$

C. $\frac{1}{ab^2}<\frac{1}{a^2b}$　　　　D. $\frac{b}{a}<\frac{a}{b}$

解：取$a=-3$，$b=2$，由于ABD都错，故C.

点评：特殊值法是解选择题的一种技巧，在应试时要时刻牢记有这么一种方法。这里a，b没有说明符号，注意不要错用性质。

考点二：一元二次不等式及其解法

1. 内容解读

会从实际情况中抽象出一元二次不等式的模型，了解一元二次不等式与函数方程的联系；会解一元二次不等式，会由一元二次不等式的解求原不等式；用同解变形解不等式，分类解不等式；对于解含参的不等式，对参数进行讨论；注意数形结合，会通过函数图像来解不等式。

（1）用图像法解一元二次不等式：教材中在研究一元二次不等式的解法时，是结合二次函数的图像，利用对应的一元二次方程的解得出的，所以我们学习一元二次不等式的解法时，应从二次函数图像出发加以理解。

（2）弄清一元二次方程、二次函数、一元二次不等式三者之间的关系：二次函数$y=ax^2+bx+c$（$a\neq0$）是研究自变量x与函数值y之间的对应关系，一元二次方程的解就是自变量为何值时，函数值$y=0$的这一情况；而一元二次不等式的解集是自变量变化过程中，何时函数值$y>0$（$y\geqslant0$）或$y<0$（$y\leqslant0$）的情况。一元二次方程ax^2+bx+c（$a\neq0$）的解对研究二次函数$y=ax^2+bx+c$

$(a\neq0)$ 的函数值的变化是十分重要的，因为方程的两根 x_1、x_2 是函数值由正变为负或由负变为正的分界点，也是不等式解集的区间的端点。在学习过程中，只有搞清三者之间的联系，才能正确认识与理解一元二次不等式的解法。

2. 命题规律

高考命题中，对一元二次不等式解法的考查，若以选择题、填空题出现，则会对不等式直接求解，或经常与集合、充要条件相结合，难度不大。若以解答题出现，一般会与参数有关，或对参数分类讨论，或求参数范围，难度以中档题为主。

例3：不等式 $x^2>x$ 的解集是（　　）

A. $(-\infty, 0)$　　B. $(0, 1)$

C. $(1, +\infty)$　　D. $(-\infty, 0)\cup(1, +\infty)$

解：原不等式可化为 $x^2-x>0$，即 $x(x-1)>0$，所以 $x<0$ 或 $x>1$，故选 D.

点评：这是一道很简单的一元二次不等式的试题，只要知道它的解法即可。

例4：“$|x|<2$”是“$x^2-x-6<0$”的（　　）条件。

A. 充分而不必要条件　　B. 必要而不充分条件

C. 充要条件　　D. 既不充分也不必要条件

解：由 $|x|<2$，得 $-2<x<2$，由 $x^2-x-6<0$，得 $-2<x<3$，$-2<x<2$ 成立，则 $-2<x<3$ 一定成立，反之则不一定成立，故选 A.

点评：本题是不等式与充分必要条件结合的综合考查题，先解出不等式的解集，再由充分必要条件的判断方法可得。

例5：不等式 $2^{x^2+2x-4}\leqslant\frac{1}{2}$ 的解集为________。

解：将原不等式变为 $2^{x^2+2x-4}\leqslant2^{-1}$，由指数函数的增减性，得

$x^2+2x-4\leqslant-1\Rightarrow(x+3)(x-1)\leqslant0\Rightarrow x\in[-3, 1]$，所以填 $[-3, 1]$.

点评：不等式与指数函数交汇、不等式与对数函数交汇、不等式与数列交汇是经常考查的内容，应加强训练。

例6：已知集合 $A=\{x\mid x^2-5x+4\leqslant0\}$，$B=\{x\mid x^2-2ax+a+2\leqslant0\}$，若 $B\subseteq A$，求实数 a 的取值范围。

解：$A=\{x\mid x^2-5x+4\leqslant0\}=\{x\mid 1\leqslant x\leqslant4\}$

设 $f(x)=x^2-2ax+a+2$，它的图像是一条开口向上的抛物线，如图 10－3 所示。

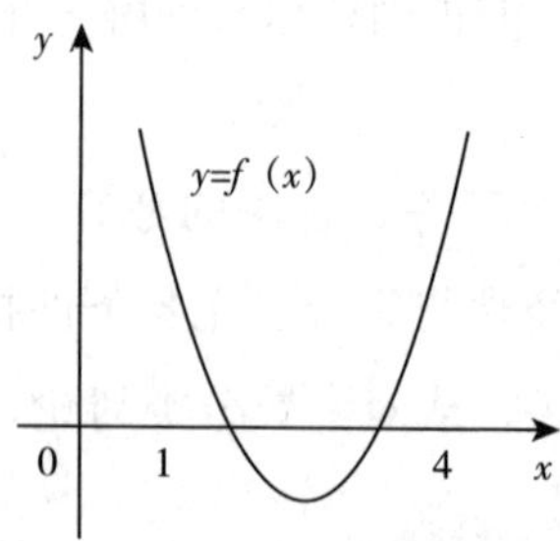

图 10－3　例题 6 抛物线示意图

（1）若 $B=\phi$，满足条件，此时 $\Delta<0$，即 $4a^2-4(a+2)<0$，

解得 $-1<a<2$；

（2）若 $B\neq\phi$，设抛物线与 x 轴交点的横坐标为 x_1，x_2

且 $x_1\leqslant x_2$，欲使 $B\subseteq A$，应有 $\{x\mid x_1\leqslant x\leqslant x_2\}\subseteq\{x\mid 1\leqslant x\leqslant 4\}$，

结合二次函数的图像，得 $\begin{cases}f(1)\geqslant 0,\\ f(4)\geqslant 0,\\ 1\leqslant -\dfrac{-2a}{2}\leqslant 4,\\ \Delta\leqslant 0\end{cases}$

即 $\begin{cases}1-2a+a+2\geqslant 0,\\ 4^2-8a+a+2\geqslant 0,\\ 1\leqslant a\leqslant 4,\\ 4a^2-4(a+2)\geqslant 0\end{cases}$　解得 $2\leqslant a\leqslant\dfrac{18}{7}$

综上可知 a 的取值范围是 $\left(-1,\dfrac{18}{7}\right]$.

点评：本题是一元二次不等式与集合相结合的综合题，考查含参数的一元二次不等式的解法，要注意分类讨论思想的应用，分类时做到不遗漏。

考点三：简单的线性规划

内容解读：了解二元一次不等式（组）表示的平面区域和线性规划的意义；了解线性约束条件、线性目标函数、可行解、可行域、最优解等基本概念；了解线性规划问题的图解法，并能应用线性规划的方法解决一些简单的实际问题，以提高解决实际问题的能力。

生产实际中有许多问题都可以归纳为线性规划问题。在线性规划的实际问题中，主要掌握两种类型：一是给定一定数量的人力、物力资源，问怎样运用这些资源，能使完成的任务量最大、收到的效益最大；二是给定一项任务，问怎样安排，能使完成这项任务耗费的人力、物力资源最小。

命题规律：线性规划问题多以选择、填空题的形式出现，题型以容易题、中档题为主，考查平面区域的面积、最优解的问题；随着课改的深入，近年来，以解答题的形式来考查的试题也时有出现，目的是考查学生解决实际问题的能力。

例 7：如图 10－3 所示，若 A 为不等式组 $\begin{cases} x\leqslant 0 \\ y\geqslant 0 \\ y-x\leqslant 2 \end{cases}$ 表示的平面区域，则当 a 从 -2 连续变化到 1 时，动直线 $x+y=a$ 扫过 A 中的那部分区域的面积为（　　）

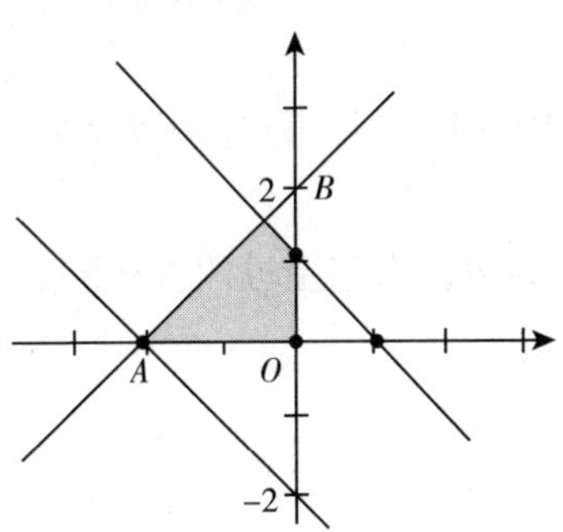

图 10－3　例题 7 不等式组示意图

A. $\frac{3}{4}$　　B. 1

C. $\frac{7}{4}$　　D. 5

解：由图可知，区域的面积是 $\triangle OAB$ 去掉一个小直角三角形。

（阴影部分面积比 1 大，比 $S_{\triangle OAB}=\frac{1}{2}\times 2\times 2=2$ 小，故选 C，不需要算出来）

点评：给出不等式组，画出平面区域，求平面区域的面积的问题是经常考查的试题之一，如果区域是不规则图形，先将它分割成规则图形再分别求面积即可。

例 8：若变量 x、y 满足 $\begin{cases}2x+y\leqslant 40\\x+2y\leqslant 50\\x\geqslant 0\\y\geqslant 0\end{cases}$，则 $z=3x+2y$ 的最大值是（　　）

A. 90　　　　B. 80

C. 70　　　　D. 40

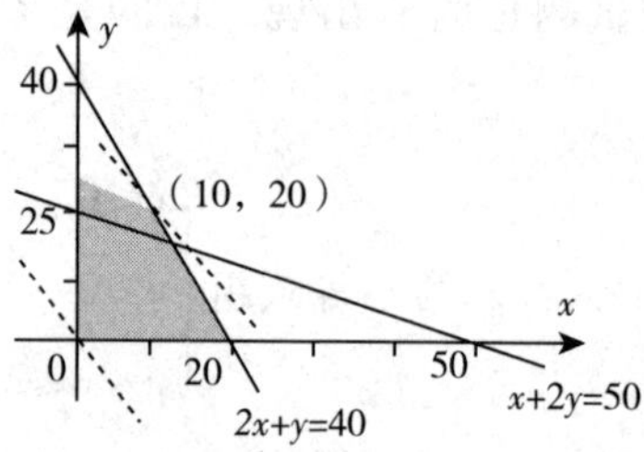

图 10－4　例题 8 示意图

解：做出可行域如图 10－4 所示。目标函数化为：$y=-\frac{3}{2}x+\frac{z}{2}$，令 $z=0$，画 $y=-\frac{3}{2}x$ 及其平行线，如图，当它经过两直线的交点时，z 取得最大值。

解方程组 $\begin{cases}2x+y=40\\x+2y=50\end{cases}$

得 $\begin{cases}x=10\\y=20\end{cases}$

所以 $z_{max}=3\times 10+2\times 20=70$，故选 C.

点评：求最优解，画出可行域，将目标函数化为斜截式，再令 $z=0$，画出它的平行线，得到 y 轴上的截距的最值，就是最优解。

例 9：（2007 山东）本公司计划 2008 年在甲、乙两个电视台做总时间不超过 300 分钟的广告，广告总费用不超过 9 万元，甲、乙电视台的广告收费标准分别为 500 元/分钟和 200 元/分钟，规定甲、乙两个电视台为该公司所做的每分钟广告，能给公司带来的收益分别为 0.3 万元和 0.2 万元。问该公司如何分配在甲、乙两个电视台的广告时间，才能使公司的收益最大？最大收益是多少万元?

解：设公司在甲电视台和乙电视台做广告的时间分别为 x 分钟和 y 分钟，总收益为 z 元，

由题意得$\begin{cases} x+y\leqslant 300, \\ 500x+200y\leqslant 90000, \\ x\geqslant 0,\ y\geqslant 0. \end{cases}$

目标函数为 $z=3000x+2000y$.

二元一次不等式组等价于$\begin{cases} x+y\leqslant 300, \\ 5x+2y\leqslant 900, \\ x\geqslant 0,\ y\geqslant 0. \end{cases}$

作出二元一次不等式组所表示的平面区域，即可行域。

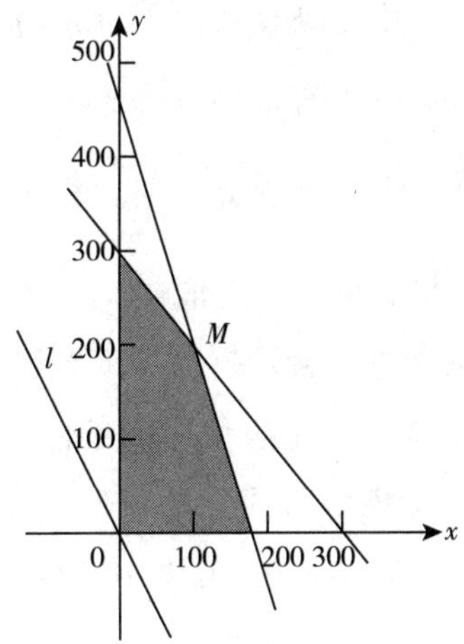

图 10－5　例题 9 示意图

如图 10－5：

作直线 l：$3000x+2000y=0$，

即 $3x+2y=0$.

平移直线 l，从图中可知，当直线 l 过 M 点时，目标函数取得最大值.

联立$\begin{cases} x+y=300, \\ 5x+2y=900. \end{cases}$

解得 $x=100$，$y=200$.

$\therefore$ 点 M 的坐标为（100，200）

$\therefore z_{max}=3000x+2000y=700000$（元）

答：该公司在甲电视台做 100 分钟广告，在乙电视台做 200 分钟广告，公司的收益最大，最大收益是 70 万元。

点评：用线性规划的方法解决实际问题能提高学生分析问题、解决问题的能力，随着课改的深入，这类试题应该是高考的热点题型之一。

考点四：基本不等式

1. 内容解读

了解基本不等式的证明过程，会用基本不等式解决简单的最值问题，能用综合法、分析法、比较法证明不等式。

利用基本不等式可以求函数或代数式的最值问题：

（1）当 a、b 都为正数，且 ab 为定值时，有 $a+b\geqslant 2\sqrt{ab}$（定值），当且仅当 $a=b$ 时，等号成立，此时 $a+b$ 有最小值；

（2）当 a、b 都为正数，且 $a+b$ 为定值时，有 $ab\leqslant\frac{(a+b)^2}{4}$（定值），当且仅当 $a=b$ 时，等号成立，此时 ab 有最大值。

创设基本不等式使用的条件，合理拆分项或配凑因式是经常用到的解题技巧，而拆与凑的过程中，一要考虑定理使用的条件（两数都为正），二要考虑必须使和或积为定值，三要考虑等号成立的条件（当且仅当 $a=b$ 时，等号成立）。它具有一定的灵活性和变形技巧，高考中常被设计为一个难点。

2. 命题规律

高考命题重点考查均值不等式和证明不等式的常用方法，单纯不等式的命题，主要出现在选择题或填空题，一般难度不太大。

例 10：已知 x，$y\in\mathrm{R}^+$，且 $x+4y=1$，则 $x\cdot y$ 的最大值是________。

解：$xy=\frac{1}{4}x\cdot 4y\leqslant\frac{1}{4}\left(\frac{x+4y}{2}\right)^2=\frac{1}{16}$，当且仅当 $x=4y=\frac{1}{2}$时取等号。

点评：本题考查基本不等式求最值的问题，注意变形后使用基本不等式。

例 11：已知 $a\geqslant 0$，$b\geqslant 0$，且 $a+b=2$，则（　　）

A. $ab\leqslant\frac{1}{2}$　　　　B. $ab\geqslant\frac{1}{2}$

C. $a^2+b^2\geqslant 2$　　　　D. $a^2+b^2\leqslant 3$

解：由 $a\geqslant 0$，$b\geqslant 0$，且 $a+b=2$，

$\therefore 4=(a+b)^2=a^2+b^2+2ab\leqslant 2(a^2+b^2)$，

$\therefore a^2+b^2\geqslant 2$.

点评：本小题主要考查重要不等式知识的运用。

例 12：已知 x，y，z，$z\in \mathrm{R}^+$，$x-2y+3z=0$，则$\dfrac{y^2}{xz}$的最小值为________。

解：由 $x-2y+3z=0$ 得 $y=\dfrac{x+3z}{2}$，代入$\dfrac{y^2}{zx}$得$\dfrac{x^2+9z^2+6xz}{4xz}\geqslant\dfrac{6xz+6xz}{4xz}=3$，当且仅当 $x=3z$ 时取“＝”。

点评：本小题考查二元基本不等式的运用。题目有三个未知数，通过已知代数式，对所求式子消去一个未知数，用基本不等式求解。

（四）点拨提高，深化理解，优化思维

考点五：含有参数的不等式问题

含有参数的不等式问题是高考常考题型，求解过程中要利用不等式的性质将不等式进行变形转化，化为一元二次不等式等问题去解决，注意参数在转化过程中对问题的影响。

例 13：已知 $f(x)=\lg(x+1)$，$g(x)=2\lg(2x+t)$（$t\in\mathrm{R}$，t 是参数）

（1）当 $t=-1$ 时，解不等式：$f(x)\leqslant g(x)$；

（2）如果当 $x\in[0,1]$ 时，$f(x)\leqslant g(x)$ 恒成立，求参数 t 的取值范围。

思路点拨：将对数方程转化为不含对数的方程，在转化过程中要注意定义域。

解：（1）$t=-1$ 时，$f(x)\leqslant g(x)$，即为 $\lg(x+1)\leqslant 2\lg(2x-1)$，此不等式等价于$\begin{cases}x+1>0\\2x-1>0\\x+1\leqslant(2x-1)^2\end{cases}$

解得 $x\geqslant\dfrac{5}{4}$，

$\therefore$ 原不等式的解集为$\left\{x \mid x\geqslant\dfrac{5}{4}\right\}$

（2）$x\in[0,1]$ 时，$f(x)\leqslant g(x)$ 恒成立，

$$\therefore x\in[0,1] \text{ 时，} \begin{cases} x+1>0 \\ 2x+t>0 \\ x+1\leqslant(2x+t)^2 \end{cases} \text{ 恒成立，}$$

$$\therefore x\in[0,1] \text{ 时，} \begin{cases} x+1>0 \\ t>-2x \\ t\geqslant-2x+\sqrt{x+1} \end{cases} \text{ 恒成立，}$$

即 $x\in[0,1]$ 时，$t\geqslant-2x+\sqrt{x+1}$ 恒成立，

于是转化为求 $-2x+\sqrt{x+1}$（$x\in[0,1]$）的最大值问题。

令 $u=\sqrt{x+1}$，则 $x=u^2-1$，由 $x\in[0,1]$，知 $u\in[1,\sqrt{2}]$

$$\therefore -2x+\sqrt{x+1}=-2(u^2-1)+u=-2\left(u-\frac{1}{4}\right)^2+\frac{17}{8}$$

当 $u=1$，即 $x=0$ 时，$-2x+\sqrt{x+1}$ 有最大值为 1

$\therefore t$ 的取值范围是 $t\geqslant1$.

点评：对于含参数问题，常常用分类讨论的方法；而恒成立问题，除了运用分类讨论的方法外，还可采用分离参数的方法。

变式 1：解关于 x 的不等式：

$|\log_a(ax^2)|<|\log_a x|+2$（$a>0$，且 $a\neq1$）

点拨与提示：用换元法将原不等式化简，注意对 a 的讨论。

考点六：不等式的实际应用问题

对于应用题要通过阅读，理解所给定的材料，寻找量与量之间的内在联系，抽象出事物系统的主要特征与关系，建立起能反映其本质属性的数学结构，从而建立起数学模型，然后利用不等式的知识求出题中的问题。

例 14：为了竖一块广告牌，要制造三角形支架。三角形支架如图 10－7 所示，要求 $\angle ACB=60°$，BC 长度大于 1m，且 AC 比 AB 长 0.5m。为了保证广告牌的稳固，要求 AC 的长度越短越好，求 AC 最短为多少？当 AC 最短时，BC 长度为多少？

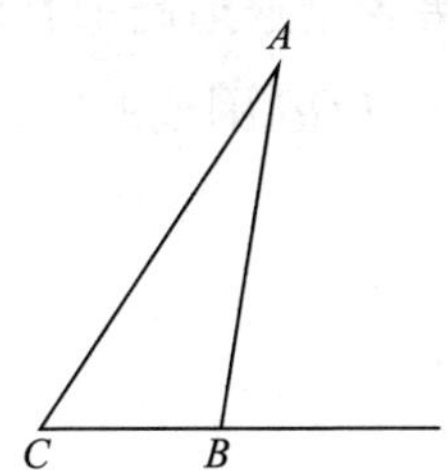

图 10－6 例题 14 示意图

解：设 $BC=a$，$(a>1)$，$AB=c$，$AC=b$，

$b-c=\frac{1}{2}$. $c^2=a^2+b^2-2ab\cos60°$

将 $c=b-\frac{1}{2}$ 代入得 $\left(b-\frac{1}{2}\right)^2=a^2+b^2-ab$，化简得 $b(a-1)=a^2-\frac{1}{4}$.

$\because a>1$,

$\therefore a-1>0$

$$b=\frac{a^2-\frac{1}{4}}{a-1}$$

$$=\frac{(a-1)^2+2a-2+\frac{3}{4}}{a-1}$$

$$=(a-1)+\frac{3}{4(a-1)}+2$$

$$\geqslant\sqrt{3}+2$$

当且仅当 $a-1=\frac{3}{4(a-1)}$ 时取“$=$”号，

即 $a=1+\frac{\sqrt{3}}{2}$ 时，b 有最小值 $2+\sqrt{3}$.

答：AC 最短为 $(2+\sqrt{3})$ m，此时，BC 长为 $\left(1+\frac{\sqrt{3}}{2}\right)$m。

变式 2：如图 10－9，一载着重危病人的火车从 O 地出发，沿射线 OA 行驶，其中 $\tan\alpha=\frac{1}{3}$，在距离 O 地 $5a$（a 为正数）公里北偏东 β 角的 N 处住有一位医学专家，其中 $\sin\beta=\frac{3}{5}$，现有 110 指挥部紧急征调离 O 地正东 p 公里的 B

处的救护车赶往 N 处载上医学专家全速追赶乘有重危病人的火车，并在 C 处相遇，经测算，当两车行驶的路线与 OB 围成的三角形 OBC 面积 S 最小时，抢救最及时。

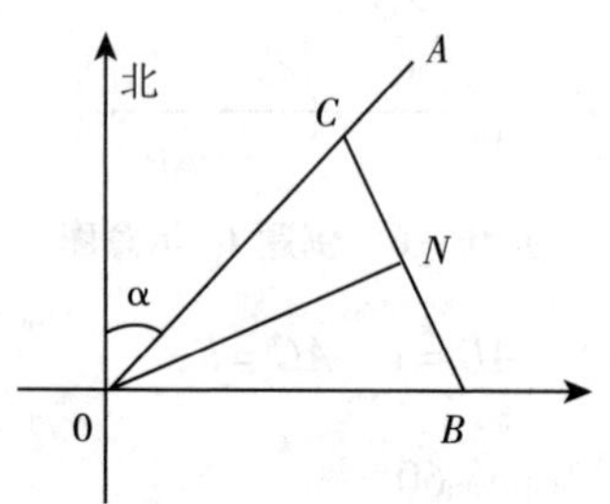

图 10－7　演变 2 示意图

（1）求 S 关于 p 的函数关系；

（2）当 p 为何值时，抢救最及时。

考点七：不等式的证明

1. 内容解读

证明不等式的方法灵活多样，但比较法、综合法、分析法仍是证明不等式的最基本方法。要依据题设条件的结构特点、内在联系，选择适当的证明方法，要熟悉各种证法中的推理思维，并掌握相应的步骤、技巧和语言特点。比较法的一般步骤是：作差（商）→变形→判断符号（值）。

2. 命题规律

不等式的证明多以解答题的形式出现，属中等偏难的试题。

例 15：已知 m、n 为正整数。

（Ⅰ）用数学归纳法证明：当 $x>-1$ 时，$(1+x)^m\geqslant 1+mx$；

（Ⅱ）对于 $n\geqslant 6$，已知 $\left(1-\frac{1}{n+3}\right)^n<\frac{1}{2}$，求证：$\left(1-\frac{m}{n+3}\right)^n<\left(\frac{1}{2}\right)^m$，$(m\leqslant n,\ m=1,\ 2,\ \cdots,\ n)$；

（Ⅲ）求出满足等式 $3^n+4^n+\cdots+(n+2)^n=(n+3)^n$ 的所有正整数 n.

解：（Ⅰ）证：当 $x=0$ 或 $m=1$ 时，原不等式中等号显然成立，下用数学归纳法证明：

当 $x>-1$，且 $x\neq 0$ 时，$m\geqslant 2$，$(1+x)^m>1+mx$.　　①

(i) 当 $m=2$ 时，左边 $=1+2x+x^2$，右边 $=1+2x$，因为 $x\neq 0$，所以 $x^2>0$，即左边 > 右边，不等式①成立；

(ii) 假设当 $m=k$（$k\geqslant 2$）时，不等式①成立，即 $(1+x)^k>1+kx$，则当 $m=k+1$ 时，因为 $x>-1$，所以 $1+x>0$. 又因为 $x\neq 0$，$k\geqslant 2$，所以 $kx^2>0$.

于是在不等式 $(1+x)^k>1+kx$ 两边同乘以 $1+x$ 得

$(1+x)^k\cdot(1+x)>(1+kx)(1+x)=1+(k+1)x+kx^2>1+(k+1)x$，

所以 $(1+x)^{k+1}>1+(k+1)x$，即当 $m=k+1$ 时，不等式①也成立。

综上所述，所证不等式成立。

（Ⅱ）证：当 $n\geqslant 6$，$m\leqslant n$ 时，

$\because \left(1-\frac{1}{n+3}\right)^n<\frac{1}{2}$，

$\therefore \left[\left(1-\frac{1}{n+3}\right)^n\right]^m<\left(\frac{1}{2}\right)^m$

而由（Ⅰ），$\left(1-\frac{1}{n+3}\right)^m\geqslant 1-\frac{m}{n+3}$

$\therefore \left(1-\frac{1}{n+3}\right)^m\leqslant\left[\left(1-\frac{1}{n+3}\right)^m\right]^n<\left(\frac{1}{2}\right)^m$

（Ⅲ）解：假设存在正整数 $n_0\geqslant 6$ 使得等式 $3^{n_0}+4^{n_0}+\cdots+(n_0+2)^{n_0}=(n_0+3)^{n_0}$ 成立，

即有 $\left(\frac{3}{n_0+3}\right)^{n_0}+\left(\frac{4}{n_0+3}\right)^{n_0}+\cdots+\left(\frac{n_0+2}{n_0+3}\right)^{n_0}=1.$ ②

又由（Ⅱ）可得

$$\left(\frac{3}{n_0+3}\right)^{n_0}+\left(\frac{4}{n_0+3}\right)^{n_0}+\cdots+\left(\frac{n_0+2}{n_0+3}\right)^{n_0}=\left(1-\frac{n_0}{n_0+3}\right)^{n_0}+\left(1-\frac{n_0-1}{n_0+3}\right)^{n_0}+\cdots+\left(1-\frac{1}{n_0+3}\right)^{n_0}<\left(\frac{1}{2}\right)^{n_0}<\left(\frac{1}{2}\right)^{n_0-1}+\cdots+\frac{1}{2}=1-\frac{1}{2^{n_0}}<1$$

，与②式矛盾，

故当 $n\geqslant 6$ 时，不存在满足该等式的正整数 n.

故只需要讨论 $n=1$，2，3，4，5 的情形：

当 $n=1$ 时，$3\neq 4$，等式不成立；

当 $n=2$ 时，$3^2+4^2=5^2$，等式成立；

当 $n=3$ 时，$3^3+4^3+5^3=6^3$，等式成立；

当 $n=4$ 时，$3^4+4^4+5^4+6^4$ 为偶数，而 7^4 为奇数，故 $3^4+4^4+5^4+6^4\neq7^4$，等式不成立；

当 $n=5$ 时，同 $n=4$ 的情形，可分析出等式不成立。

综上，所求的 n 只有 $n=2$，3.

点评：本题考查数学归纳法、不等式的基本、反证法等内容，难度较大。

（五）归纳自结，反馈矫正，发展思维

1. 方法总结

（1）熟练掌握不等式的基本性质，常见不等式（如一元二次不等式、绝对值不等式等）的解法，不等式在实际问题中的应用，不等式的常用证明方法。

（2）数学中有许多相似性，如数式相似、图形相似、命题结论的相似等，利用这些相似性，通过构造辅助模型，促进转化，进而使不等式得到证明。可以构造函数、方程、数列、向量、复数和图形等数学模型，针对欲证不等式的结构特点，选择恰当的模型，将不等式问题转化为上述数学模型问题，从而顺利解决不等式的有关问题。

2. 高考预测

在近年的高考中，有关不等式的考查，选择题、填空题、解答题都有，不仅考查不等式的基础知识、基本技能、基本方法，而且还考查了分析问题、解决问题的能力。解答题从函数、不等式、数列、导数相交汇处命题，函数与不等式相结合的题多以导数的处理方式解答，先以直觉思维方式定方向，再以递推、数学归纳法等方法解决，具有一定的灵活性。

由上述分析，预计不等式的性质、不等式的解法及重要不等式知识将以选择题或填空题的形式出现，解答题可能出现解不等式与证不等式。如果是解不等式，含参数的不等式可能性比较大，如果是证明题，将是不等式与数列、函数、导数、向量等相结合的综合问题，用导数解答这类问题仍然值得重视。

3. 复习建议

（1）不等式的证明题题型多变，证明思路多样，技巧性较强，加之又没有一劳永逸、放之四海而皆准的程序可循，所以不等式的证明是本章的难点。攻克难点的关键是熟练掌握不等式的性质和基本不等式，并深刻理解和领会不等式证明中的数学转化思想。

在复习中应掌握证明不等式的常用思想方法：比较思想、综合思想、分析思想、放缩思想、反证思想、函数思想、换元思想、导数思想。

（2）在复习解不等式过程中，注意培养、强化与提高函数与方程等价转化、分类讨论、数形结合的数学思想和方法，逐步提升数学素养，提高分析和解决综合问题的能力。能根据各类不等式的特点、变形的特殊性，归纳出各类不等式的解法和思路以及具体解法。

第十一章“思意数学”讲评课教学范式与实践

讲评课是学生继续学习过程中的一个必不可少的环节。讲评课的教学目的和特点就是“及时矫正错漏”“增强学习自信心”。

一、“思意数学”讲评课教学范式构建

数学讲评课的教学程序是：汇总信息，总体评价—激学导思，引出错因—引议释疑，讲析研讨—点拨提高，深化理解—精讲精练，拓展提升—归纳自结，反馈矫正。如图 11－1 所示。

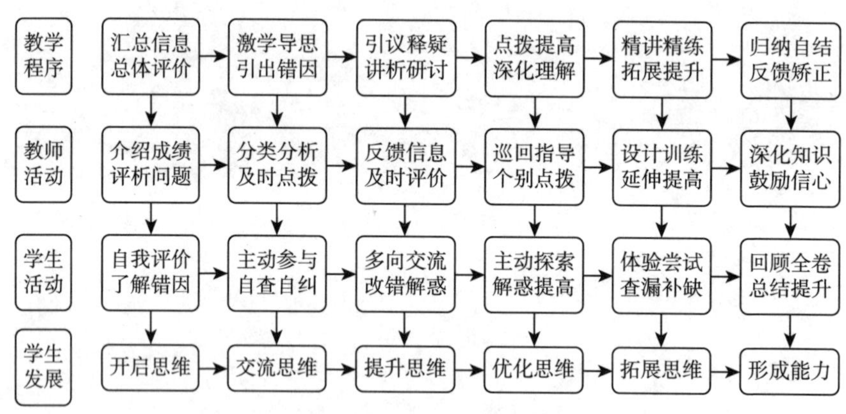

图 11－1 “思意数学”讲评课教学范式示意图

二、“思意数学”讲评课教学范式实施

讲评课是对一个阶段教学的总结和反馈、对学生存在问题的发现和补救、对数学教学效果的反思和改进，试卷讲评力求挖掘产生问题的内在原因，寻找

学生存在的共性问题或薄弱环节，注重补缺的针对性，避免就题论题，找出错因，寻找对策，强化针对性的训练。数学讲评课的教学程序如下：

（一）汇总信息，总体评价，开启思维

在这一环节中，教师根据评卷统计结果，对试题的整体难度、信度、区分度予以通报，也对重点题目或全部题目的难度、区分度予以通报，同时指出学生出错比较多的题目和知识点，学生根据教师的分析了解自己的答题情况，正确评价自己的成绩，对出错较多的题目、题型、知识点等进行补救和纠正，补足自己的薄弱环节。

（二）激学导思，引出错因，交流思维

在这一环节中，教师选择学生出错率较高的题目进行讲解。在讲解时，辨清学生出错的原因：是知识欠缺还是粗心大意？是方法有误还是缺乏毅力？是知识问题还是能力问题？在找到根源的基础上，引导学生寻找正确的解题思路和方法。学生自主寻找错因，自查自纠，探求正确的解题方法。

（三）引议释疑，讲析研讨，提升思维

在这一环节中，教师选择范例，分析错误原因，寻找解题策略，引导学生给出范例的正确解答。学生理清自己错因，积极参与，多向交流，改错解惑。

（四）点拨提高，深化理解，优化思维

在这一环节中，教师根据学生的答题情况，有所侧重地选择，重点评析。

通过实施“剖析—讨论—尝试—讲解”四个环节去解决学生不会做而懂的题目，即教师先引导学生分析，然后学生小组讨论，在相互启发的基础上尝试，最后教师讲评。

通过实施“展示—找错—剖析—解答”四个环节去解决学生会做而错的题目，即由做错的学生展示错解，其他的学生帮助找出错误点并进行错点分析，然后给出解答。

通过实施“展示—找错—剖析—解答”四个环节去解决学生做错了而不知为什么错的题目，教师帮助学生寻找错误的原因，剖析错误原因，通过类似的题目进行解答补救。

通过实施“演说—验证—比较—提炼”四个环节去解决学生会做而方法非优的题目，即由解法不同的学生演说自己所用的解法，师生对解法进行比较和验证，选择最佳的解题方法，从而提炼出解决这一类题目的一般规律或方法。

学生自主探索，积极总结、提炼数学思想方法。在教师的点拨下，自主回顾旧知，理清知识网络，重构知识体系。

（五）精讲精练，拓展提升，拓展思维

在这一环节中，教师根据学生出现的错误编拟矫正练习或题组强化训练。学生在教师的帮助和指导下矫正错误，巩固知识，强化方法，建立完善的知识结构，利用数学思想方法去解决问题，养成良好的思维和学习习惯。

（六）归纳自结，反馈矫正，发展思维

在这一环节中，通过上述各环节的教学，师生要梳理试卷中学生普遍反映的问题、重点知识点、重要数学思想方法。通过教师答疑解惑，帮助与辅导个别学生。学生统揽全卷，改错、剖析、讨论、解答，自主探究学习，查漏补缺。

讲评课最好以激励为主，教师在讲评课中以激励性语言激发学生学习积极性，培养其形成“胜不骄、败不馁”的学习心态。学生感受到来自教师的期待，对学习数学更加充满信心。

三、“思意数学”讲评课课堂教学实践

下面以一节试卷讲评课为例进行教学实践与探索：

表 11－1 “测试试卷讲评”教学设计与实践探索

学科	数学	任课班级	高一（21）班
课题	周六测试试卷讲评	总课时	1 课时
课标分析	平面向量、三角函数是高考的必考内容，属中档偏易题，是学生的必得分题。数形结合的思想、转化的思想是学生必备的数学的核心思想，直观想象、逻辑推理、数学运算也是学生必须培养的数学核心素养。		

续 表

学情分析	高一级的学生，经过了一个多学期的学习，已经具备了一定的观察能力、理解能力、合作探究和交流的能力，但由于所学知识较多，时间较短，对所学知识与方法的综合运用能力不够，知识体系欠缺，方法小结不足。
三维目标	1. 知识与技能：通过试卷的讲评，使学生对平面向量线性运算、数量积和正（余）弦定理、面积公式在解三角形中的灵活运用有关问题温故知新，巩固基础知识，加深对重点知识的理解。查漏补缺，构建知识体系，能根据题设灵活选择方法与工具解决问题，加强对数学思想方法的提炼与运用。 2. 过程与方法：通过错题自我更正检测，结合讲评自行纠错难题，了解学生自我更正或小组合作纠错情况；通过诊断学生在做平面向量、解三角形及有关题目时存在的问题，聚焦问题，进行针对性纠错，完善解答；通过限时变式训练，拓展提升，巩固解题方法与技能，发展学生综合运用知识的能力。 3. 情感、态度与价值观：通过本节教学，让学生领会转化与化归、数形结合等数学思想方法，提高学生直观想象、逻辑推理、数学运算等数学核心素养。能够在试卷讲评的过程中明确自己的知识缺陷，自觉地做好查漏补缺工作，总结规律方法，并培养乐于参与、勤于思考、善于合作、勇于探索、敢于质疑的学习习惯。在更正错题的过程中，体验成功的喜悦。
重点难点	教学重点：引导学生自我分析错题的错因，更正、检测、巩固提升，归纳知识与方法，梳理知识体系。 教学难点：知识的综合运用与方法的灵活选择；数形结合、转化与化归的思想的渗透与强化训练。
教法及意图	利用多媒体、希沃软件助手辅助教学，以学生为中心，以错题为载体，以变式训练为拓展，采用启发、引导、探索相结合的教学方法。试卷评讲课中，引导学生自己去研究、去思考、参与纠错的全过程和指导学生反思总结非常重要，这样才能让学生真正理解题目的本质，知道它有可能的变式延伸，达到知识的融会贯通和思维方法的提升，发展学生的最近发展区，提高学生的数学核心素养。

续 表

<table>
<tr><th>教学内容</th><th>教学活动</th><th>设计意图</th></tr>
<tr><td>第一环节：
考试情况简要分析、教师公布错误率较高的题目，分析存在问题和指导解决措施。
1. 最高分与平均分情况
最高分{21 班：144 分；18 班：140 分}　平均分{21 班：109.5 分；18 班：105.8 分}
2. 成绩分布情况（满分 150 分）
<table><tr><th>分数段</th><th>21 班（人数）</th><th>18 班（人数）</th></tr><tr><td>[130，150]</td><td>2</td><td>3</td></tr><tr><td>[120，130)</td><td>7</td><td>4</td></tr><tr><td>[110，120)</td><td>9</td><td>10</td></tr><tr><td>[100，110)</td><td>14</td><td>12</td></tr><tr><td>[90，100)</td><td>9</td><td>11</td></tr><tr><td>[70，90)</td><td>9</td><td>12</td></tr></table></td><td>考试情况简要分析，公布错误率较高的题目，分析存在问题和指导解决措施。</td><td>让每位学生大体了解自己本次测试成绩在班里的位置，更好地反思自己前段时间的学习，既可以吸引学生注意力，又可以让学生对易错题目产生警惕性。</td></tr>
<tr><td>3. 错题情况与存在的问题
客观题错误率高的题目：9、11、12、16；
主观题错误率高的题目：20（2）、21（3）、22（2）。
存在问题：基础知识不牢，比如，向量投影的概念，向量数量积、模、夹角的计算（第9、12、17 题）；正（余）弦定理在解三角形中的灵活运用（第 18、20 题），尤其是对于数形结合、转化的数学思想，分析理解能力不足。
4. 措施
课前自我更正与学习小组合作纠错相结合，课堂错题检测，总结知识方法。错题典例分析，变式训练，举一反三。</td><td>答卷已经提前发给每一位学生，方便学生对试卷错题进行自我更正或小组合作纠错。</td><td></td></tr>
</table>

续 表

教学内容	教学活动	设计意图
第二环节： 错题自我更正检测（5 分钟）。 1. 已知向量 $\vec{a}\cdot\vec{b}=4$，$\|\vec{b}\|=2$，求向量 $\vec{a}$ 在 $\vec{b}$ 方向的投影为________. 2. 已知 $\overrightarrow{e_1}$、$\overrightarrow{e_2}$ 是夹角为 $\frac{\pi}{3}$ 的单位向量，若 $\vec{a}=\overrightarrow{e_1}+2\overrightarrow{e_2}$，$\vec{b}=2\overrightarrow{e_1}$，则 $\vec{a}\cdot\vec{b}=$____，$\|\vec{b}\|=$____，$\|\vec{a}\|=$____. 3. 在 $\triangle ABC$ 中，$\angle C=90^\circ$，$AC=BC=4$，点 M 满足 $BM=3MA$，则 $\overrightarrow{CM}\cdot\overrightarrow{CB}=$______.	学生限时训练，教师巡查学生解题情况，了解学生对试卷错题自我更正或小组合作纠错情况。	围绕试卷错误率高的题目，将错题（难题）分解成几个简单的小题，增强学生攻克难题的信心。诊断自我更正或小组合作纠错情况，培养学生知识点、方法迁移能力。
第三环节：检测讲评 1. $\|\vec{a}\|\cos(\vec{a},\vec{b})=\|\vec{a}\|\dfrac{\vec{a}\cdot\vec{b}}{\|\vec{a}\|\,\|\vec{b}\|}$ $=\dfrac{\vec{a}\cdot\vec{b}}{\|\vec{b}\|}$ $=\dfrac{4}{2}$ $=2.$ 2. $\vec{a}\cdot\vec{b}=(\overrightarrow{e_1}+2\overrightarrow{e_2})\cdot2\overrightarrow{e_1}$ $=2\overrightarrow{e_1}^2+4\overrightarrow{e_1}\cdot\overrightarrow{e_2}$ $=2+4\times\cos\dfrac{\pi}{3}$ $=4$ $\|\vec{b}\|=\|2\overrightarrow{e_1}\|=2$ $\|\vec{a}\|^2=(\overrightarrow{e_1}+2\overrightarrow{e_2})^2$ $=\overrightarrow{e_1}+4\overrightarrow{e_1}\cdot\overrightarrow{e_2}+4\overrightarrow{e_2}^2$ $=1+4\times\dfrac{1}{2}+4$ $=7$ $\therefore\|\vec{a}\|=\sqrt{7}.$	学生展示，教师对学生代表的解答进行过程性评价，在评价中引导学生归纳本题所考知识点、所用求解方法，与试卷中错题进行对比，分析试卷错题错误原因。	欣赏学生解答，可以激励学生一题多解，拓展学生思维，让学生比较、优化解法，培养学生转化和化归的能力。

续 表

教学内容	教学活动	设计意图
3. 解法一： $\overrightarrow{CM}\cdot\overrightarrow{CB}=(\overrightarrow{CB}+\overrightarrow{BM})\cdot\overrightarrow{CB}$ $=\overrightarrow{CB}^2+\overrightarrow{BM}\cdot\overrightarrow{CB}$ $=16+3\sqrt{2}\times4\times\cos135°$ $=4.$ 解法二： 用余弦定理在$\triangle CAM$中直接求 $\|\overrightarrow{CM}\|=\sqrt{10}$ 在ΔCBM中求$\overrightarrow{CM}$与$\overrightarrow{CB}$的夹角余弦值 $\cos\angle BCM=\frac{\sqrt{10}}{10}$ $\therefore\overrightarrow{CM}\cdot\overrightarrow{CB}=\sqrt{10}\times4\times\frac{\sqrt{10}}{10}$ $=4.$ 解法三： 以C为坐标原点，CA，CB分别为x，y轴，建立直角坐标系，则$B(0,4)$，$M(3,1)$， $\therefore\overrightarrow{CM}\cdot\overrightarrow{CB}=4$ 解法四：（几何意义） 过点M作$MD\perp CB$ $\because\overrightarrow{BM}=3\overrightarrow{MA}$ $\therefore BD=3DC$ $\therefore DC=1$ $\therefore\overrightarrow{CM}\cdot\overrightarrow{CB}=\|\overrightarrow{CM}\|\|\overrightarrow{CB}\|\cos\angle BCM$ $=\|\overrightarrow{CB}\|\|\overrightarrow{CD}\|$ $=4.$ 问题1：思考有关向量数量积问题可以从哪些角度求解? 答：向量问题从“数”与“形”的两大思考方向：从数的角度出发：基底法与坐标法；从形的角度出发：结合平面几何知识与解三角形知识。	引导学生归纳向量数量积、模、夹角有关知识，体会向量问题两大思考方向。	巩固和发展学生的逻辑推理、数学运算、直观想象等核心素养。 让学生体会攻克难题的喜悦，增强学生的自信心；也让学生体会“难题”其实不难，只要能透过现象看清楚它的本质，运用好基本的方法就能解决。

续 表

<table>
<tr><th>教学内容</th><th>教学活动</th><th>设计意图</th></tr>
<tr><td>第四环节：
教师和学生共同纠错和限时变式、拓展训练。
典例 1：已知边长为 2 的菱形 $ABCD$ 中，$\angle BAD=120°$，若$\overrightarrow{AP}=\lambda\overrightarrow{AC}$（$0<\lambda<1$），则$\overrightarrow{BP}\cdot\overrightarrow{PD}$的取值范围为（　　）
A. [0，3]　　B. [2，3]
C. (0，3]　　D. (2，3]
错误分析：①学生不能熟练利用向量数量积定义将计算转化到已知模、夹角的向量上计算；②学生不能利用坐标系简化向量数量积计算；③忽略二次函数限定区间最值。
知识储备：①向量的线性运算，数量积；②数形结合、转化的数学思想；③二次函数限定区间最值方法。
错题更正：
解法一：(数量积定义与转化思想)
$\overrightarrow{BP}\cdot\overrightarrow{PD}=(\overrightarrow{AP}-\overrightarrow{AB})\cdot(\overrightarrow{AD}-\overrightarrow{AP})$
$=\overrightarrow{AP}\cdot\overrightarrow{AC}-\overrightarrow{AP}^2-\overrightarrow{AB}\cdot\overrightarrow{AD}$
$=\lambda\overrightarrow{AC}^2-\lambda^2\overrightarrow{AC}^2-2\times2\times\cos120°$
$=4\lambda-4\lambda^2+2$
$=-4\left(\lambda-\frac{1}{2}\right)^2+3$
又：$0<\lambda<l$，$\overrightarrow{BP}\cdot\overrightarrow{PD}\in(2,3]$.
解法二：(坐标法) 以 A 为坐标原点，AB 为 x 轴，CD 中垂线为 y 轴，建立直角坐标系，则 $B(2,0)$，$C(1,\sqrt{3})$，$D(-1,\sqrt{3})$
$\because\overrightarrow{AP}=\lambda\overrightarrow{AC}=(\lambda,\sqrt{3}\lambda)$ 即 $P(\lambda,\sqrt{3}\lambda)$
$\therefore\overrightarrow{BP}=(\lambda-2,3\lambda)$ $\overrightarrow{PD}=(-1-\lambda,\sqrt{3}-\sqrt{3}\lambda)$
$\therefore\overrightarrow{BP}\cdot\overrightarrow{PD}=-4\lambda^2+4\lambda+2$. 以下同上。
方法小结：向量数量积、模、夹角的计算</td><td>学生根据检测讲评方法，自行纠错难题，教师巡查学生解题情况，指导学生纠错或引导学生完善解答。</td><td>欣赏学生解答，并逐步完善解答，学生容易接受，并且增大课堂容量。</td></tr>
</table>

续 表

教学内容	教学活动	设计意图
定义式：已知模、夹角 坐标法：建立适当的坐标系，简化计算 变式拓展：（2019 天津卷理科 14） 在四边形 $ABCD$ 中，$AD//BC$，$AB=2\sqrt{3}$，$AD=5$，$\angle A=30°$，点 E 在线段 CB 的延长线上，且 $AE=BE$，则 $\overrightarrow{BD}\cdot\overrightarrow{AE}=$________ 解：$\because AD//BC$，$AE=BE$ $\therefore \angle BAD=\angle ABE=\angle EAB$ 又 $AB=2\sqrt{3}$ $\therefore AE=BE=2$ 解法一：（基底法，最基本方法） $\overrightarrow{AE}\cdot\overrightarrow{BD}=\overrightarrow{AE}\cdot(\overrightarrow{AD}-\overrightarrow{AB})=\overrightarrow{AE}\cdot\overrightarrow{AD}-\overrightarrow{AE}\cdot\overrightarrow{AB}$ $=2\times5\times cos60°-2\times2\sqrt{3}\times cos30°$ $=-1.$ 解法二：（坐标法，学生的挚爱） 如图，以 A 为坐标原点，建立 xAy 直角坐标系，易知 $D(5,0)$，$B(3,\sqrt{3})$，$E(1,\sqrt{3})$ $\overrightarrow{AE}=(1,\sqrt{3})$， $\overrightarrow{BD}=(2,-\sqrt{3})$ $\overrightarrow{AE}\cdot\overrightarrow{BD}=2-3$ $=-1.$ 解法三：（平面几何，解三角形，开拓学生思维） 过点 B 作 $BF//EA$ 交 AD 于点 F $\therefore BF=2$，$DF=3$ 在 $NBFD$ 中，由余弦定理得 $BD=\sqrt{7}$. $\therefore \cos\angle FBD=\frac{\sqrt{7}}{14}\overrightarrow{AE}\cdot\overrightarrow{BD}$ $=\overrightarrow{FB}\cdot\overrightarrow{BD}$ $=2\times\sqrt{7}\times(-\cos\angle FBD)$ $=2\times\sqrt{7}\times\left(-\frac{\sqrt{7}}{14}\right)$ $=-1.$	展示部分学生典型例题答题情况，教师对典型例题答题情况进行过程性评价，在评价中引导学生纠错或完善解答，从而规范解答题书写格式。	一题多解，培养学生多角度思考问题，寻求解决问题的办法。

续 表

教学内容	教学活动	设计意图
问题2：每种方法的关键点是什么？ 数的角度：基底法：选择转化为已知模与夹角的向量为基底；坐标法：建立合适的直角坐标系 形的角度：几何意义：理解数量积几何意义；平面几何：平面几何、解三角形知识与向量数量积结合 典例2：在△ABC中，角A、B、C的对边分别为a、b、c，已知$b(1+\cos C)=c(2-\cos B)$. (1) 求证：a、c、b成等差数列； (2) 若$C=\frac{\pi}{3}$，△ABC的面积为$4\sqrt{3}$，求c. 错误分析： (1) 不能熟练利用正（余）弦定理实现边角互化； (2) 不能利用完全平方和公式巧妙计算； (3) 计算能力欠缺。 知识储备：①正（余）弦定理；②三角形中的三角函数与面积公式；③完全平方公式。 错题更正： (1) 解法一：(利用正弦定理，边化角) 由正弦定理得：$\sin B+\sin B\cos C=2\sin C-\sin C\cos B$ $\therefore \sin B+\sin(B+C)=2\sin C$ $\because \sin(B+C)=\sin A$ $\therefore \sin B+\sin A=2\sin C$ 又由正弦定理得：$b+a=2c$，c为a、b的等差中项，故a、c、b成等差数列。 解法二：(利用余弦定理，角化边) 由余弦定理得： $b+b\frac{a^2+b^2-c^2}{2ab}=2c-c\frac{a^2+c^2-b^2}{2ac}$ 整理得：$b+a=2c$， $\therefore c$为a、b的等差中项，故a、c、b成等差数列。	归纳本题所考知识点，所用求解方法，分析本题错误原因。 引导学生直观发现。	巩固和发展学生直观想象、逻辑推理、数学运算等核心素养。

续 表

教学内容	教学活动	设计意图
解法三：（直观想象，利用 $b\cos C+c\cos B$ 的几何意义） 由正弦定理得： $b+b\cos C=2c-c\cos B$ $\because b\cos C+c\cos B=a$ $\therefore b+a=2c$，c 为 a、b 的等差中项，故 a、c、b 成等差数列。 （2）$\because S=\frac{1}{2}ab\sin C=4\sqrt{3}$，$C=\frac{\pi}{3}$ $\therefore \frac{1}{2}ab\times\frac{\sqrt{3}}{2}=4\sqrt{3}$ $\therefore ab=16$ 由余弦定理有： $c^2=a^2+b^2-2ab\cos C=(a+b)^2-3ab$ 又由（1）知 $a+b=2c$ 得：$c^2=4c^2-48$ $\therefore c>0$， $\therefore c=4$. 变式训练：（10 分钟） （2016 全国Ⅰ卷 17）ΔABC 的内角，A、B、C 的对边分别为 a、b、c，已知 $2\cos C(a\cos B+b\cos A)=c$. （1）求 C； （2）若 $c=\sqrt{7}$，ΔABC 的面积为 $\frac{3\sqrt{3}}{2}$，求 ΔABC 的周长. （1）解法一：（利用正弦定理，边化角） 由正弦定理得： $2\cos C(\sin A\cos B+\sin B\cos A)=\sin C$ $\therefore 2\cos C\sin C=\sin C$ $\because C\in(0,\pi)$ $\sin C>0$ $\therefore \cos C=\frac{1}{2}$ $\therefore C=\frac{\pi}{3}$.	$b\cos C+b\cos B$ 的几何意义。 学生限时训练，个别学生上黑板板演，教师巡查学生解题情况，实时指导和点拨。	感受高考，增强学生的数学学习兴趣和自信心。

续 表

教学内容	教学活动	设计意图
解法二：（利用余弦定理，角化边） 由余弦定理得： $2\cos C\left(a\dfrac{a^2+c^2-b^2}{2ac}+b\cdot\dfrac{b^2+c^2-a^2}{2bc}\right)=c$ 整理得：$2\cos C\times c=c$ $\therefore \cos C=\dfrac{1}{2}$ 又 $C\in(0,\pi)$ $\therefore C=\dfrac{\pi}{3}$. 解法三：（直观想象，利用 $a\cos B+b\cos A$ 的几何意义） $\because a\cos B+b\cos A=c$ $\therefore 2\cos C\times c=c$ $\therefore \cos C=\dfrac{1}{2}$下同. （2）$\because S=\dfrac{1}{2}ab\sin C=3\dfrac{\sqrt{3}}{2}$，$c=\dfrac{\pi}{3}$ $\therefore \dfrac{1}{2}ab\times\dfrac{\sqrt{3}}{2}=\dfrac{3\sqrt{3}}{2}$ $\therefore ab=6$ 由余弦定理有： $c^2=a^2+b^2-2ab\cos C=(a+b)^2-3ab$ 又由 $c=\sqrt{7}$得 $7=(a+b)^2-18$ $\therefore a+b>0$ $\therefore a+b=5$ $\therefore \Delta ABC$ 的周长为 $5+\sqrt{7}$. 方法小结：利用正（余）弦定理实现边角互化；三角形中的三角函数与面积公式完全平方和公式巧妙计算 变式拓展：（3 分钟） （2）若 $c=7$，求 ΔABC 的周长的取值范围。 解法一：（利用基本不等式解决最值问题） 由余弦定理有： $c^2=a^2+b^2-2ab\cos C=(a+b)^2-3ab$	请学生点评上黑板板演同学的解答过程。 用多媒体展示部分学生典型答题情况，教师对典型答题情况进行过程性评价，在评价中引导学生完善解答，规范解答题书写格式。	让学生学会欣赏、学会评判，并逐步完善解答，激发学生学习的兴趣。 巩固和发展学生直观想象、逻辑推理、数学运算等核心素养。 开阔、拓展学生思维，发展学生“最近发展区”，培养学生逻辑推理、数学运算等核心素养。

续 表

<table>
<tr><th>教学内容</th><th>教学活动</th><th>设计意图</th></tr>
<tr><td>又由 $c=\sqrt{7}$ 得 $7=(a+b)^2-3ab$
$\therefore (a+b)^2-7=3ab\leqslant 3\left(\frac{a+b}{2}\right)^2$
$\therefore (a+b)^2\leqslant 28$
$\therefore \sqrt{7}<a+b\leqslant 2\sqrt{7}$
$\therefore \Delta ABC$ 的周长的取值范围为 $(2\sqrt{7},\ 3\sqrt{7}]$.
解法二：（利用正弦定理，转化为三角函数最值问题）
由正弦定理有：
$a+b=\frac{c}{\sin C}(\sin A+\sin B)$
$=\frac{2\sqrt{21}}{3}\left[\sin A+\sin\left(\frac{2\pi}{3}-A\right)\right]$
整理得：$a+b=2\sqrt{7}\sin\left(A+\frac{\pi}{6}\right),\ A\in\left(0,\ \frac{2\pi}{3}\right)$
$\therefore A+\frac{\pi}{6}\in\left(\frac{\pi}{6},\ \frac{5\pi}{6}\right)$
$\therefore \sqrt{7}<\sin\left(A+\frac{\pi}{6}\right)\leqslant 2\sqrt{7}$
$\therefore \Delta ABC$ 的周长的取值范围为 $(2\sqrt{7},\ 3\sqrt{7}]$.
第五环节：
指导学生自我反思和小结，并通过作业巩固提高。
1. 向量问题“数”与“形”的两大思考方向：从数的角度出发：基底法与坐标法；从形的角度出发：数量积几何意义，结合平面几何知识与解三角形知识。
数的角度 { 基底法：基本方法；坐标法：快速简洁 }
形的角度 { 几何意义：巧妙方法；平面几何：能入手的方法 }
2. 解三角形问题：①利用正（余）弦定理边角互化；②化为边：利用基本不等式；化为角：三角函数最值。</td><td>学生限时训练，个别学生上黑板板演，教师巡查学生解题情况，实时指导和点拨。</td><td>检验课堂效果，发展学生“最近发展区”。</td></tr>
</table>

续　表

<table>
<tr><th>教学内容</th><th>教学活动</th><th>设计意图</th></tr>
<tr><td>3. 一题多解，训练发散思维。
4. 考查学生运算求解能力，数形结合、转化与化归的思想，培养数学运算、直观想象、逻辑推理等核心素养。
必做题：做好错题笔记整理 { 错因分析；知识点归纳；方法小结 }
1. 在梯形 $ABCD$ 中，$AB /\!/ CD$，$CD=3$，$\angle BAD=45°$，若$\overrightarrow{AB}\cdot\overrightarrow{AC}=2\overrightarrow{AB}\cdot\overrightarrow{AD}$，则$\overrightarrow{AD}\cdot\overrightarrow{AC}=$________.
2.（2018 天津理科 8）在平面四边形 $ABCD$ 中，$AB\perp BC$，$AD\perp CD$，$\angle BAD=120°$，$AB=AD=1$，若点 E 为边 CD 上的动点，则$\overrightarrow{AE}\cdot\overrightarrow{BE}$的最小值为（　　）.
A. $\frac{21}{16}$　　B. $\frac{3}{2}$　　C. $\frac{25}{16}$　　D. 3
3. 已知ΔABC 的内角 A，B，C 的对边分别为 a，b，c，且 $c\tan C=\sqrt{3}\,(a\cos B+b\cos A)$.
（1）求角 C；
（2）若 $c=2\sqrt{3}$，求$\triangle ABC$ 面积的最大值。
选做题：小组合作，查找今年全国卷、各省市高考题中涉及平面向量与三角函数的考题，尝试解答，归纳题型，总结方法。</td><td>教师布置作业，及时巩固；学生整理错题，反思总结；限时完成作业，书写完整的解答过程。</td><td>选做题培养学生自主学习的习惯和能力。</td></tr>
<tr><td colspan="3">板书设计：
周六测试试卷讲评
一、公布错误较多的题目
二、错题检测（12 题、20 题）
三、典例分析，变式训练
四、反思
小结：……
作业：……</td></tr>
</table>

续 表

教学反思： 本课利用多媒体辅助教学，以学生为主体，以错题为载体，以限时变式训练为拓展，采用启发、引导、合作探索相结合的教学方法完成教学任务。从课堂的互动、学生的反应来看，试卷评讲课的设计较科学，注重独立思考、小组合作相结合，让学生在主动探究、合作交流的同时享受学习效果，感受成功。 试卷评讲课中，引导学生自己去研究、去思考，参与纠错的全过程，逐步完善解答和指导学生反思总结非常重要，这样才能让学生完善知识结构，感悟解题的思想方法，真正理解题目的本质，知道它有可能的变式延伸，达到知识的融会贯通和数学思想方法的提升，发展学生的最近发展区，提高学生的数学核心素养。

第十二章“思意数学”课题研究课教学范式与实践

课题研究课主要是以学生探究为主，以小组合作的形式完成，注重培养学生创新精神与实践能力。

一、“思意数学”课题研究课教学范式构建

思意数学课题研究课的教学程序是选择研究课题——制订研究计划——收集资料与研究——撰写研究报告——汇报研究成果。如图 12－1 所示。

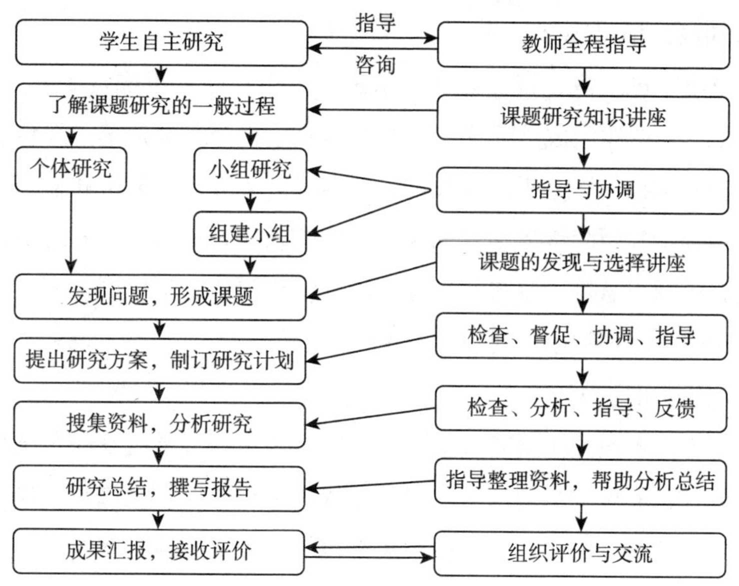

图 12－1　课题研究课的教学模式示意图

二、“思意数学”课题研究课教学范式实施

（一）选择研究课题

研究课题宜小不宜大，要有新意、科学性和可行性，研究课题的选择可由教师提供，也可由学生根据自己的兴趣、爱好和能力来确定。在这个环节中，教师根据学生实际情况提供一些课题清单让学生参考或选择，安排学生进行课题研究方面知识讲座，学生根据自身已有的知识、经验和能力，以及结合自己对生活和社会的认识，提出自己的研究问题，确定研究课题。

（二）制定研究方案

课题选好之后，要制定研究方案，组建研究小组，教师进行检查、督促、协调和指导，方案完成后可以派代表向教师和全班学生汇报，教师和学生根据汇报情况对方案提出修改建议和意见，以便课题组进一步对方案进行修改、补充和完善。计划书一般包含课题名称、课题的提出（选题意义）、课题概念的界定、国内外研究现状综述、课题研究的理论依据、课题研究的价值、课题研究的目标、课题研究的内容、课题研究的假设、课题研究的拟创新点、课题研究的方法、课题研究思路及研究过程、预期成果形式、完成课题的可行性分析、经费预算等。

（三）收集资料与研究

研究方案通过之后，根据课题要求进行分组，课题组成员既要分工负责，又要相互配合，课题组成员根据课题研究内容进行搜集和遴选相关资料，根据资料进行进一步整理和分析，以及讨论和学习，从资料中分析和梳理出课题研究需要的内容。教师为学生提供课题研究的咨询、方法指导，同时对课题组研究过程实施协调与监控、检查和督促，及时指导和帮助学生调整研究思路和方法，解决学生研究过程中出现的偏差或问题。

（四）撰写研究报告

研究报告是表达课题研究成果最重要的形式之一，学生一般是把课题研究结果以研究报告的形式呈现出来。课题组成员根据研究情况进行总结归纳，撰写研究报告。初稿完成之后，先在小组中进行讨论、交流、修改和完善。教师指导学生整理资料，帮助学生分析、总结和梳理研究成果。研究报告的内容一般应包括课题题目、摘要、问题的提出、研究方法、研究结果及其分析、讨论、

结论、参考书目等几部分。

（五）汇报研究成果

研究报告完成之后，课题组在全班进行展示和交流，主要汇报研究背景分析、研究过程、结果与讨论、结论，教师和学生对汇报成果提出意见和建议，并且进行评价，教师总结点评和指导，对研究报告进行进一步补充和完善。

数学课题的选择应具有一定的可行性、科学性、操作性、实用性、趣味性和参与性，让学生都能参与课题的开展，培养学生发现问题、提出问题以及解决问题的能力，同时树立研究意识，初步掌握研究方法。

三、“思意数学”课题研究课课堂教学实践

（一）研究性学习阶段设计（见表 12－1）

表 12－1 研究性学习阶段教学设计

<table>
<tr><th colspan="2">研究性学习的阶段</th><th>学生活动</th><th>教师活动</th><th>时间</th></tr>
<tr><td colspan="2">第一阶段：
动员和培训（初步认识研究性学习、理解研究性学习的研究方法和过程，了解本研究的主题、背景以及研究目标）</td><td>了解研究性学习的目的和方法。
了解本研究的主题，并通过看一些研究成品，点评成品的优劣之处，对预期研究可视化成果有一定的认知。</td><td>激发学生研究热情。
制作 PPT 介绍本次研究性学习的方法、步骤和预期成果。
介绍研究性学习的方法、资料收集方法、小视频制作方法。</td><td>2 课时</td></tr>
<tr><td rowspan="2">第二阶段：课题准备阶段</td><td>提出和选择课题</td><td>自愿组成小组（3 人），选择感兴趣的领域，确定研究对象，命名研究主题。</td><td>组织学生组成小组，并选出小组长。
组织学生计划内容，选择研究方法。
为学生提供研究结果的评价量规。</td><td rowspan="2">2 课时</td></tr>
<tr><td>成立课题组</td><td>组长进行小组分工。
共同学习评价量规。</td><td>分组指导。
帮助学生建立学习策略并指导学生制订具体学习计划。
对学生的前期准备资料提供建议和帮助。</td></tr>
</table>

续 表

<table>
<tr><th colspan="2">研究性学习的阶段</th><th>学生活动</th><th>教师活动</th><th>时间</th></tr>
<tr><td>第二阶段：课题准备阶段</td><td>形成小组实施方案</td><td>根据研究子目标，形成分工，制订研究计划。
确定方案实施的步骤和时间。</td><td>设计《研究性学习过程报告单》。</td><td>2 课时</td></tr>
<tr><td colspan="2">第三阶段：课题实施阶段</td><td>收集资料：在教师提供的参考书目与推荐网站基础上结合本课题的实际要求运用多种方式采集数据、收集资料。
整理分析资料：对众多资料进行精选和提取有用的信息，围绕课题，选择最能说明问题的资料。</td><td>给组长发放《研究性学习过程报告单》，及时记录每次活动的内容。
给学生提供一些学习网站和书籍。
组织学生通过网络查阅和收集资料。
通过微课“小视频制作”，帮助学生建立视频制作的思路和规范。
提供 1 次课堂，学生进一步制作和完善作品。
提供 2 次课堂，各组展示作品，汇报交流。</td><td>6 课时</td></tr>
<tr><td colspan="2">第四阶段：评价</td><td>针对评价量规，对本组的研究活动进行组内互评并对他组研究互动进行评价。</td><td>制作开发评价量规。
制作《组内互评表》和《组间互评》评价表。
教师根据学生表现进行点评并根据评分标准进行评分。</td><td>2 课时</td></tr>
</table>

（二）总结提高

在实践过程中，除了完成课题的研讨之外，还需要学生能够快速、准确地在网络上查询资料、根据需求提取有用的数据，并对数据进行进一步加工，整理成信息，通过使用对比、归纳等方法对成果进行可视化展示和评估。同时，通过使用可视化工具——思维导图，对知识进行梳理。这些活动都需要师生共同创造一个良好的学习氛围，积极交流和合作共享。

同时，通过研究课题，我们也在反思一些研究性学习的学习方法问题和学习价值问题：

（1）研究性学习的开放性与学生固有的封闭式思维的冲突。学生在进行研究性学习时具有一定的开放性，包括主题的自选、研究分工、研究目标的确定、研究计划的制订、研究方法和策略的选择、资料的选择和整理，都具有很强的生成性和随机性。为了让学生更好地适应这种学习方式，教师可以适当对学生提供一些方法上和工具上的指引，提供一些思维的“脚手架”、问题的“脚手架”或“可视化工具”，帮助或提示学生打开思路并且行动起来。

（2）研究性学习的分享和反思总结过程。以往的学习过程，主要以知识的学习为主体，而研究性学习的分享环节，是面对其他小组的展示，要引导学生不要把这个过程当作研究性学习的结束，认识到这只是研究性学习的一个分享阶段，分享是为了激发自己知识的外化，教师在点评过程中，要引导学生反思和总结，可以对研究方法、研究过程进行反思，也可以反思自己的感受、成长和感悟。从这些反思和总结过程中，学生的思维和解决问题的能力和品质才能真正得到提高，这才是研究性学习的核心价值。

附　录

做学者型教师，走最远教育路

《教育家》记者　李香玉

三十多年的时光里，密密麻麻地记载着一个人生命中最美好的青春岁月，几多风雨，几多欣喜。从偏僻的农村到繁华的都市，从一位普普通通的教师成长为中学正高级教师、二级教授、国家“万人计划”教学名师、国家级教学成果奖获得者、广东省中小学名师工作室主持人、全国教育系统劳动模范、全国模范教师……在三十多年的教学生涯里，林伟努力将自己炼成学者型教师，不断通过研究更新自己的教育理念，将最科学的知识用最适合的方式传递给学生。在他看来，做一名学者型教师，既要“教”，又要“研”，还要“写”。“教师只有以研究者的心态置身于教育情境，以研究者的目光审视自己的教育理论和现实，以研究者的精神不断发现问题和解决问题，才能成为自觉的实践者。”

错位的梦想，不悔的选择

人生几何，林伟曾想成为一名画家，用多彩的画笔描绘美好的生活，也曾想笔下生花，在当代中国文坛开拓出一片属于自己的天地。在诸多的选择中，他唯独没有考虑过教师这一职业。但命运却偏偏与他“作对”，高中毕业后最终被一所师范院校录取。虽然梦想错位，但他仍以积极向上的心态去面对，既来之、则安之，不负青春、不负韶华，他慢慢地感悟着“为人师表”的意义和价值。大学是人生学习的黄金时期，除了课堂上学习教育学和心理学之外，他经常在学校图书馆阅读大量教育理论书籍，将书中触动他的内容记了一本又一本读书笔记，也开始对教育科研产生了浓厚的兴趣。从此对学习和研究“情有独钟”，为今后专业发展注入了持久的动力。

三十多年的教育生涯中，林伟从教过四所学校，第一所是名不见经传、普通得不能再普通的农村完中，这是他父亲的母校，第二所是县城重点中学，是他读中学的母校，第三所是他从一名班主任提拔调任至副校长的学校，第四所是深圳特区颇具影响力的名校。林伟坦言，进入这四所学校教书，都是“意想不到”，都是“无心插柳”。但每一次停留，都有一个令他感动的故事，每一次感恩，都推着他在教书育人这条道路上不断奋力前行。

陶行知先生说过：“惟其学而不厌，才能诲人不倦；如果天天卖旧货，索然无味，要想教师生活不感到疲倦是很困难的。”为了解教育教学的最新信息，保持数学教学的新鲜感，丰富自己的知识和认知体系，不断提高教学质量，林伟先后购买了 3000 多册教育理论书籍，订阅了十多种教育教学杂志。选择了一种职业，就是选择了一种生活方式。“三更有梦书当枕，半床明月半床书。”无论在哪所学校，学校阅览室都是他最常去的地方，往往一坐就半天，查阅资料、学习思考、设计修改教案……学习和阅读让他认识自己、发现自己、提升自己。“读一本书就如登上一层楼，研究一个问题就开阔一部分眼界”，林伟告诫自己，不能成为一个不读书而拼命教书的老师。他要求自己把每节课都上成精品课，为实现这个目标，多少个寂静的夜晚，伏案研读，既与孤独为伍，也与快乐做伴，因为他深信，春耕夏耘，必将迎来硕果累累的金秋。

让数学课堂“活”起来

接触过数学的人大都有这样的体会，数学的一大特点就是抽象。如何让抽象的数学生动起来？在数学教学中，林伟认为一节好课要具备“五有”，即“有知识、有生活、有方法、有思想、有境界”。自从新课标实施之后，数学教学实行“一标多本”。林伟强调教师要对教材进行二次开发，用教材来教不等于教教材。他主张用鲜活的教学方法、鲜活的教学语言、鲜活的教学评价和鲜活的教学内容让数学生命鲜活绽放。

在“定理应用”课上，林伟始终坚持从课本的例题、习题出发，用一般化和类比的方法，引导学生对数学问题进行“猜想、验证、修正、验明、再猜想、再证明”，让学生在体验数学问题发生、发展、深入的过程中，体验数学家的思想，磨炼自己的意志，体验创新的愉悦，提高数学学习的兴趣，提高发现问题、解决问题的能力。于是，讲解“函数”时，他设计出“一张厚 1 毫米的纸，对折24次的厚度竟然比珠峰还高”这样魔幻神奇的导入，也可以听到他教授“等差数列”时，放声高歌“一四七，三六九，九九归一跟我走”。林伟的数学课堂成了学生最喜欢的课堂，最享受的课堂，最高效的课堂。

新时代呼吁新数学课堂的探索与变革，如何让数学教学更富有意蕴和成效，从而提升学生综合素养，落实“立德树人”的根本任务？林伟首倡“思意数学”，以问题引路，以“思”为魂，以“意”为核，构建“融思之规律、意之方法，思意于一体”的数学教育模式，逐步实现由数学思维教学向数学意蕴教育的发展，以期为新时代数学课堂教与学提供若干有益的思考角度。

比如，教“集合”这一节课时，对于这个非常抽象的数学概念，林伟是这样导入的——

情境1：说到集合，相信同学们对这个词并不陌生，我们一定在某个场合听到过“集合”这个词，在什么情况下呢？

问题1：军训时，我们经常听到教官下达“集合”的口令，例如“高一（2）班全体学生，集合”，这里所谈到的“集合”与数学中的“集合”有没有区别呢？

情境2：请仿照下列叙述，向全班同学介绍你的家庭、初中毕业的学校及班级等情况。

我家住××区××街道，家庭成员有爸爸、妈妈、姐姐和我。

我来自××中学初三（2）班，全班共有学生46人，其中男生20人，女生26人。

问题2：“家庭”“学校”“班级”“男生”“女生”等概念有什么共同的特征？

林伟希望通过这种符合学生生活实际的设计，让学生参与其中，激起学生学习的热情。通过问题情境，让学生思考，从而理解数学的意蕴。

成为有高度、有厚度、有宽度的名师

何谓名师？林伟有三句非常经典的概括——

“站起来是一座山，内心充满激情和自信。”这种坚定和自信源于对教育的初心与激情，师德为先，大爱于心，挚爱教育，执着专注，心存学生，以生为本，甘于寂寞，执着教学。在他看来，这样当老师才有高度。

教师靠课堂立身。而课堂有一种较为普遍的现象：教师讲得滔滔不绝，学生听得津津有味，结果一下课，头脑一片空白，做题吃力。林伟指出，其实这是“假懂”。因教师以教为主，而不是以学为主，造成师生思维不协调。为了师生思维能够同频，林伟总是和学生站在“同一战线”，做学生的朋友。他会以学生的思维去考虑新的学习内容，预测教学中可能出现的问题与困难，寻找解决问题的方法和对策。学生做练习或者考试，他也会跟学生一起做，他说这样可以了解题目的思维量、知识点、难易度等，知道自己选择的题目或教学内容是否符合学生的认知水平，有利于下一节课进行反馈和补救，真正实现教学的有效性。

“坐下来是一本书，有丰富的内涵，能让人读而不烦。”怎样做到让人一直读下去而不觉得乏味？林伟认为要努力做好以下几点：一是知识为本，终身学习。也就是博学多识，自觉修炼；潜心教研，勤于笔耕。二是能力为重，技艺超群。也就是乐于钻研，敢为人先；善于调控，灵活睿智。三是反思为要，躬行实践。也就是自觉反思，勇于超越；同伴互助，引领辐射。

为了丰富专业底蕴，林伟把工作之外的大部分时间都用在深造学习上。1999 年，他参加了广东省首批高中教学骨干教师培训，巩固了教学专业知识，拓宽了视野；2002 年至 2005 年，经过三年学习，他终于拿下大学数学本科文凭；2006 年至 2009 年，他被推选为广东省“百千万人才工程”名师培养对象并参加学习，三年时间把教育学专业大学和研究生课程全部学完；2008 年至 2009 年，他又参加中国政法大学 MBA 课程研修，学习教育管理课程，提高了管理能力和水平；2012 年被选入深圳市首届后备校长培训班学习，在北京大学封闭研修，领略大师风范……他说，唯有不断学习、不断进步，才能成为有厚度的老师。

2012 年，林伟开始担任广东省名师工作室主持人，继续积极行走在教学科研的路途上，组建团队，着手进行“思意数学”的课题研究，将自己的优秀做法进一步总结整理，进行理论提升；不断创新数学教学策略，特别是将“思意数学”有机融入数学教学中，形成具有自己特色的教学风格。辛勤的付出终有丰厚的回报，近年来林伟先后出版了《数学教学论》《师者行者——林伟数学教学研究》《在研究中寻找数学真谛》《思意数学教学论》等 11 部专著。

“躺下去是一条路，能帮助别人和引领别人。”作为广东省名师工作室主持人，林伟主动牵头担当，发挥好示范引领作用，他先后到全国各地为校长和老师们讲学，“新高考背景下探索新型学校发展新路径”“追求卓越之路”“名师成长的新境界”“全国卷数学高考命题与复习设计”“自主招生的探索与思考”“教会学生学会思考”“高效教研活动，凝聚教育智慧”“如何进行课题设计”等80余个专题讲座，深受广大教育工作者欢迎和好评。2018年12月17日，林伟为重庆市第二期高层次人才高级研修班讲题为“名师工作室品牌建设与行动实践”的讲座对，重庆市合川中学高中英语教研组长、正高级教师陈书元现场点评吟诗一首——

江城子　杏坛星

——致深圳市第二实验学校正高级教师林伟

高山流水遇知音，浅声吟，扶瑶琴。

倩语琴丝，流转入青云。

字字珠玑弦尽诉，催人进，动我心。

翰林卓伟杏坛星，点迷津，去雾尘。

高山仰止，向往丽景行。

阳光雨露润万物，育桃李，满园春！

一路走来，林伟更深刻地理解了教育，使他坚定地扎根在教育的沃土，真切地触摸教育的脉搏，也见证了他多年对教育的不懈思索与追求。林伟用三个词指引自己今后的工作，那就是“激励人、培养人和影响人”，他认为这样当老师才有宽度。

结语：林伟的微信名叫“实实在在”，折射出他为人处世的态度、教育教学的风格和当下的心境与状态。他认为，认认真真做事、实实在在做人应该是教师最基本的行为准则。他的教学风格“激情、自然、灵动、朴实、致用”，他强调，教育就要顺应教育规律，以学生为主体，让学生自然感知教师的亲切感，乐于接受教师，从而促进学生在自然状态下愉悦地学习。教育要实在，不做作，顺其自然才是真，保持自然才是好。在林伟看来，最好的生活就是简单的生活，每天“安安静静读书、认认真真教书、实实在在写书”，用淡然的心境呵护着自己的教育生命。

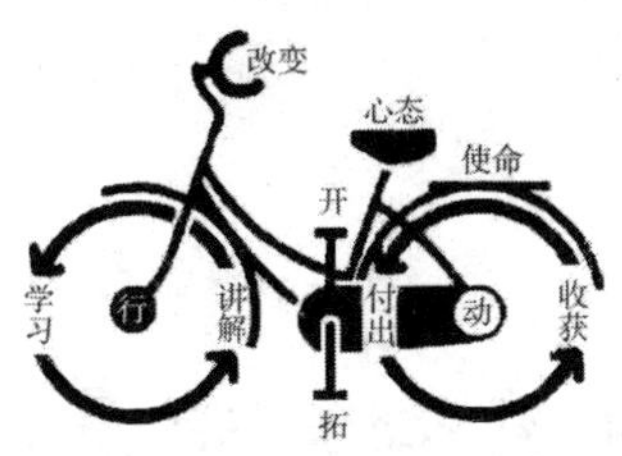

附图 1 “单车哲学”示意图

最后，必须谈一谈林伟在工作和生活中凝练出的“单车哲学”，单车的两个轮子分别为学习和讲解、付出和收获，而动力区是付出和行动，双脚踏板持续开拓，车把控制发展方向，车座折射心态，后座承载使命。林伟进一步阐述“单车哲学”的内涵——我们肩负着教书育人的使命和责任，作为一名教师，要调整好心态，在教育教学过程中，适当改变教育教学方法，不断学习，充分讲解，坚持开拓，敢于付出，继续行动，才能有收获，才能完成教书育人的使命和责任。用最初的教育心，走最远的教育路。

原载《教育家》2020 年第 7 期

用最初的教育心，走最远的教育路

《南方都市报》记者　何思敏

从乡村课堂到特区名校，从青年教师到优秀校长，林伟用32年的岁月将知识和爱洒在教育这片热土上。“我太喜欢讲课的这种感觉了。”当林伟从课堂前渐渐转为幕后，尽管曾从教几十年，他却仍旧怀念站在讲台上的感觉，他称那是一段激情澎湃的岁月，和孩子们在课室尽情交流、互动，收获的每一份快乐都是真实而有温度的。

前不久，林伟获评第十三届“苏步青数学教育奖”，成为全国仅有的二十六名获奖人之一，同时也是广东省唯一一名获奖者。对于得奖，他坦言“一切都是顺其自然，从不刻意追求”。林伟的微信昵称是“实实在在”，朋友圈动态还是几年前的，他说自己现在的状态特别舒适，只求安安静静读书、认认真真教书、实实在在写书，顺其自然才是好，保持自然才是真。

从教32年却称成为教师是个“意外”

初见林伟时，是在他的办公室里，不大的办公桌却被书籍、报刊层层包围着，墙上挂着几幅字画，书柜里珍藏着陈年读物和一箩筐的获奖牌匾和勋章。林伟热情地打招呼，亲切的南方口音说道“我普通话不太好，面对镜头讲话还有点不自然啊”。

林伟来自广东湛江，1990年7月从大学毕业后就走上了课堂讲台，一晃到现在就32年了。很多人觉得林伟天生就是当教师的一块料，他却说自己教书是个“意外”，是自己的“无心插柳”。“说实在的，从初中到高中，我一直都是班长、校团委干部，成绩还可以，我当时是想当一名医生，但总是事与愿违，后来被师范院校录取了。”

除了医生，林伟也曾想过当一名画家或者书法家，他有点腼腆地说："我的字真的写得很不错，练习了一辈子，之前每天下午下班回家都要练上半小时书法才行。"事实上，在年轻时面对的诸多选择中，他唯独没有考虑过教师这一职业，但最后却和数学这门课打了几十年交道，并且乐此不疲，成为生命中重要的一部分。

回顾林伟的教书历程，他是实打实的从乡村成长起来的青年教师。林伟从教过四所学校，他的教书起点是在自己的家乡，但却是离县城最远的一所中学。林伟回忆，1990 年夏天，酷热难耐，自己拖着数麻袋的书，来到这所设备简陋，条件艰苦的学校。"当时我们住的学生宿舍，宿舍上下两层平铺，6 位老师住在一起，但也没有任何怨言。"

漫漫人生路，走的每一步都算数。林伟在乡村课堂任教五年，却从未耽误过学生一节课，甚至在结婚这样的大事上也从未请假，期间还一同带着初三毕业班和高三毕业班，就这样，1995 年，林伟被调任到雷州市第一中学，这是一所县级的重点中学。紧接着三年多之后，林伟再次调任至雷州市第二中学当副校长，直到 2003 年来到深圳市第二实验学校，林伟便在二实扎根至今。"来到二实后，从教学处主任、科研处主任再一路到现在的副校长，回想 18 年前坐着大巴上深圳的情景，历历在目。"

读书是一生的爱好，念旧、爱收藏是终身的习惯

林伟是一名数学老师，但他对于书籍的涉猎范围和痴迷程度你可能难以想象。林伟指着办公室一堆一堆的书籍说："我上周才去书城买书，你看到的这些只是九牛一毛，我自己的家里简直'乱'极了，全是书。告诉你个秘密，诺贝尔文学奖每一年公布获奖名单后，我就会在一个月内甚至一周内把获奖作者生平所有书籍读个遍。"林伟说，他不仅想知道作者能获奖的原因是什么，另外，这样的阅读习惯也是自己的一种沉淀和积累。

林伟的办公室挂着两幅书法作品，一幅是他带的第一任高三毕业生为他写的书法：为学而教，不教之教。他说这也是自己的教学思想，希望能培养学生的思维和独立学习的能力，另外一幅书法则是自己的高三班主任赠送给自己的，林伟认为这两幅书法都是对自己的激励，也一直跟随着自己，希望自己坚守教育的初心。

“随着年纪越来越大，我更加念旧，也十分重感情。”林伟有着收藏的习惯，甚至连自己曾经读高中时的数学试卷都一直留着，还有每次参加会议的出席证、手册也保存完好，平时的课堂笔记、会议记录都一一珍藏。林伟也提到，自己重感情，实在很想念课堂上和学生的互动、交流，每当回忆起来，都觉得在课堂上教书是一件非常美好的事情，那段时光是一段激情澎湃的岁月。

人生格言：用最初教育心走最远教育路

回归到数学本身，那么数学到底是什么？在林伟看来，数学并不是让学生学会解那几道题，真正要领悟的是解题背后的故事，这是最重要的一件事。“数学的课堂，是可以用来教育孩子的，数学背后的故事能够让学生激发学习数学的一种信心。”林伟说，学生懂得思考、思辨、思维，理解数学背后的故事，这才是数学的本质所在。

林伟告诉记者，他现在对于数学简直是越来越痴迷了。在办公室里，林伟拿起桌子上的《思意数学》介绍，这本书就是他的教学理念和教学主张，而“思意数学”教学就是运用思辨于数学教学，让学生领悟数学意涵，培养学生的问题思维。事实上，多年来林伟一直潜心研究数学教学，已出版专著十余部，经过三十多年的积淀和思考，林伟认为，适合才是最好的教育。“教学目标要准确，教学内容要适合学生，教学手段要被学生接受，才能真正把书教好。”

2012 年，林伟担任广东省名师工作室主持人，开始走在教学科研的路途上，组建团队，进行“思意数学”的课题研究。2013 年，林伟是深圳试点评选的首批正高级教师之一，这些年在他的帮扶带领下，广东省名师工作室中产生了多达 20 个正高级教师。“教育部也曾评价这是全国独一无二的工作室，我们对于名师的培养很直接，就是缺啥补啥，凭自己的一套方法，朝着培养正高级教师的方向不断努力。”林伟说。

谈到待了 18 年的深圳市第二实验学校，林伟马上绽放笑容说：“二实的发展可以说是跨越式的发展，从当初一所普通学校到现在跨入名校行列，当然这离不开历届的领导班子的带领和努力。”林伟介绍，2003 年刚来到二实时，本科率才 30% 多，如今的本科率已经 90% 多，同时学校的很多特殊项目在全市乃至广东省都很有名，例如毽球、男篮女篮、舞蹈等。另外值得一提的是，二实虽然是一所规模不大的中学，却有着惊人的教师实力，学校拥有一支强劲的名师队伍，其中正高级教师的数量在市直属学校中也是名列前茅。

再回眸林伟32年的教育之路，他从几个阶段实现了自我的成长跨越，从普通教师到广东省高层次人才——广东省“特支计划”教学名师，再到国家“万人计划”教学名师，还有现在的“苏步青数学教育奖”，三十多年的成绩，他用了一句“其中艰辛自不必讲，只有自己清楚”来做总结。林伟说，走到今天，获得如此荣誉也是不易的。但又有什么值得满足的呢？我自己追求卓越，越而胜己，重新确定新的奋斗目标，通过自己不懈努力再达到新的高度，这样才能用最初教育心，走最远教育路。

原载《南方都市报》2021年1月17日

林伟：老师就像一面镜子，要准确捕捉学生需求

《课堂内外》记者　彭一皓

高中理科班数学老师、学校副校长、名师工作室主持人……身兼数职的林伟，每天除了教学工作外，还有诸多的管理及行政类事务。但纵使日常工作再繁忙，他也雷打不动地保持每天进行教育写作的习惯。和写作习惯一起保留的还有“原始”且朴素的写作方式——用纸和笔写。纸是作文本的那种方格子纸张，林伟喜欢那些格子之间的缝隙和旁边的空白处，便于他在空白的地方随时增加新的想法。

因为忙，很多时候，东西并不能一下子写完，林伟只好抓住一切可以利用的时间。比如每天6点起，就能在8点正式工作前，拥有两个小时的写作时间；又比如中午从不午休，12点到2点的时间，也可以用来写作和思考。

时间花在哪儿，收获就在哪儿。30多年从教生涯，从新教师到名教师，从教育人到教育家，从农村学校到县城学校再到城市学校，沿着林伟攀登的脚印，我们清晰地看到了他成功背后的故事。

因地制宜的教学改革

林伟走上讲台的第一站，乌石中学，不仅地处其家乡，更是父亲的母校。父亲劝勉他：“要想进步快，就得多听老教师上课。”林伟将父亲的建议牢牢记在心中并外化于行，只要没有课的时候，他便搬着凳子四处听课，观察和思考老教师课堂中的优点与不足。听得多了，林伟渐渐发现了老教师们的课堂中一个共同的最大弊端，那就是满堂灌。

林伟剖析道：“第一，老师是痛苦的，一讲就讲45分钟。第二，学生也是

痛苦的，学生不一定45分钟都能认真听老师的课。”在林伟看来，这样的上课模式，老师讲的速度快过学生接受的速度，双方的思维显然是不同步的。

正是从这时起，林伟萌生了课堂教学改革的念头。在许许多多个挑灯学习的夜晚之后，林伟详细理清了改革思路，同时写出了改革方案和预期目标。有了方案，便有了底气，林伟鼓起勇气，向校长建议进行数学课堂模式的改革，令他备受鼓舞的是，校长不仅充分认可了方案，还愿意全力支持改革，当然，要求是少不了的，林伟得拿得出成绩。

改革以实验班作为切口。林伟有条不紊地逐步推进课堂模式变革，探索实际教学操作中的规程，反思总结自己的教学模式，最后，一套完整的“学导法”模式被整理和总结出来，模式包含六个环节：第一是目标导向，教师围绕教学目标开展教学活动；第二是激学导思，教师设计思考题，为学生创设自学条件，变被动学习为主动学习；第三是引议释疑，让学生和老师一起共议，开阔思路，未能解决的问题便作为精讲的素材；第四是精讲精练，学生在自学和讨论的基础上，通过练习来检验学习成果；第五是点拨提高，教师根据教材的难点和学生不懂之处进行讲解，讲分析问题和解决问题的方法；第六是归纳自结，学生根据教师的指导和讲解，自己总结和订正答案。

一年之后，林伟将改革的成果做了检验和总结，结果表明：实验班的教学过程中，教师与学生思维保持同步，实验班的学生数学知识的运用能力、阅读理解能力和思维能力都显著提高。改革卓有成效，新的教学模式由此很快在其他数学教师的课堂中被推广开来，而在这期间，林伟仍继续优化并细化着“学导法”教学模式。

因为数学课堂改革取得显著成绩，1995年的新学年，林伟被调任到雷州市第一中学任教。此后的十年，是林伟飞速发展的十年。每过几年，调任便与升迁一路同行，雷州市第二中学副校长，深圳市第二实验学校教学处主任、科研处主任、副校长……

变的是地域，不变的是对改革的探索。地域与地域的不同，带给林伟最直接、最明显的感受是学生的不同。因此，这也决定了在一个学校行之有效的课堂变革模式，并不能被直接复制到另一所学校。

在雷州市第一中学，林伟通过观察学生的课堂表现以及相关小测验，发现了学校学生的学习基础整体高于之前的乌石中学，也意识到之前探索出的“学导法”方案并不能适用于此时的雷州市第一中学。此外，课堂教学的问题则以另一种方式出现——教师讲得头头是道，学生听得津津有味，教学效果却并不理想。在广泛地对学生进行问卷调研后，林伟发现了问题的症结所在：一是学生思维的广度不够，综合能力差；二是思维深度不够，分析、鉴别能力差；三是思维变通性差，常受思维定势的束缚。以上种种因素，造成了学生的思维与教师的思维并不能同步发展，因而教学效果并不理想。

于是，改革继续，在“学导法”教学模式的基础之上，林伟进行了教学策略上的升级。一是加强启发诱导，调动学生思维的积极性；二是指导学生掌握正确的思维方法；三是完善学生的知识结构，为思维提供坚实的基础；四是注意对学生语言能力的培养。升级后的“学导法”有了新的命名，“思维学导法”。

2001 年，由林伟主持的“思维学导法与学生素质培养的实验研究”项目被中国教育学会确定为“十五”规划立项项目。通过开展该项目研究，林伟所带的实验班学习成绩出现了历史性突破，高考数学单科平均分不仅高于当地重点中学，还出现了 3 位 700 分以上的高分选手。

采访中，林伟多次强调教学研究的重要性：“学生是新的，老师是旧的，老师就像一面镜子，要准确捕捉到照镜子的学生的真实情况，再根据学生的实际情况调整教学方法。”而他自己，也在学习——实践——科研的发展之路中，不断探索、不断进步，林伟分享道：“作为一名教师，既要教学也要研究，既要做研究，也要写论文。因为教学是研究的基础和前提，而研究是教学的总结和提高。写论文时把研究的结果加以分析、概括、提炼，上升为理论，总结出规律性的东西。这样，有利于提高个人教学、研究的整体水平，又鼓舞教师去攀登新的高峰。”

班主任的工作秘籍

在林伟眼中，课堂模式、教学方法固然是重中之重，但有一件事情，却比他三十多年来不断研究完善的教学模式还要重要，那就是教师的人格魅力，林伟说：“不管是什么教法，学生如果被老师的人格魅力所影响，这比任何教法都重要，其实学生如果喜欢老师，不管怎么教，学生都会认真听，积极配合。”

而他自己收获学生喜欢的秘诀，则是事事都与学生同进退。每逢大型考试，林伟都会坐在教室里，和学生“并肩作战”，一起考试。有时候，一些学生做题目比林伟快，便沾沾自喜，眼看似乎老师在答题速度上被学生比下去的“尴尬”场面出现了，这时候，林伟通常会不急不慢地向学生展示出自己的试卷，慢悠悠地说：“那么你写的规范性、整洁性是不是和老师一样呢?”通过这样的“小策略”，林伟既给学生传达了考试的卷面要求，达到了教学效果，又拉近了与学生的距离，营造了与学生学在一起的氛围，让学生们学习起来更有动力。

事事共进退，从不因事的大小变化。还记得在乌石中学时，因为物资不充足，学生上课经常要把课桌在教室之间来回搬移，而这个过程，一般老师是不会参与的，但林伟却总会和学生们一起搬桌椅。林伟说，越是搬桌椅一般的小事情，越能拉近和学生的距离，让学生感到老师其实也是班级中的一员。

此外，林伟从不向学生们传达“老师是班级主人”的概念，于他而言，每一个学生才是班级的主人，班主任应该充分利用这一点，发挥学生各方面的主观能动性。

在林伟的班上，主题班会都是班干部根据学校的主题，轮流组织同学进行开展。林伟从来不会站在讲台旁看着学生发言，而是坐在教室后面听学生们开班会。久而久之，学生们感受到班主任的信任和独特的管理方式，更加积极主动地参与到主题班会中了。

在林伟看来，正是这些独具风格的学生管理模式，对他的课堂改革起到了推动作用——学生们喜欢他、认可他，因而愿意配合。

这几年，随着管理工作的增多，林伟逐渐从“台前”转为“幕后”。虽然讲台不再是他耗费时间最多的地方，却仍是他最牵挂的一方天地。

而业余时间，如今，林伟也更多地将其用于思考名师工作室的建设上，林伟说，名师工作室的建立，能够让老师将来即使不再站在讲堂上，也可以通过将自己的教育思想、理念传达给一批成长中的优秀教师，从而影响更多学生。他将自己的工作室培养路径确立为“浇根式”培养，即根据跟岗学习学员的实际需求，针对教师的专业情意与学科素养进行“浇根”，即浇专业情意之根、人文情怀之根、学科文化之根、教育思想之根。

作为名师工作室主持人，林伟给自己定下了相当严格的追求目标：站起来是一座山，内心充满激情和自信；坐下来是一本书，有丰富的内涵，能让人读而不烦；躺下去是一条路，能帮助别人和引领别人。

一座山、一本书、一条路，林伟说，他要用最初教育心，走最远教育路。

原载《课堂内外》2021年第3期

卓越教师适应性专长发展

王晓莉 赵 兰

借助“个人—情境”这一分析框架，来标识林伟老师适应性专长的表征。同时，以时间序列来组织，抓住时间轴中相同主题的更迭以聚焦于“发展”这一研究问题的核心来展示叙事。据此，本研究以时间维度嵌套互动维度：一方面，以时空的转换来分段呈现林伟老师适应性专长的发展；另一方面，以“个人—情境”互动来标示林伟老师教学适应性专长如何在与变革性的工作要求的互动中得以发展。在不同的时空序列中，适应性专长所凸显的面向有所差异，但又存在着呼应和累进的关系。通过对叙事的整体分析，能够具体展示教师适应性专长发展的过程，并剖析促进其生成和发展的诸多影响。

一、初入教职（1990—1994）：兼顾效率与创新

1988 年，林伟老师被调剂到广东省湛江市的一所专科师范院校，虽未有当老师的想法，但是课余时间他还是广泛阅读教育学和心理学的书籍。毕业时，他放弃“省指标”，被分配到离县城最远的渔港小镇的乌石中学教数学。“虽然心理上害怕返乡教书，但既然如此，欣然接受。”乌石中学是一所镇中学，没有太大的成绩压力，虽然条件较为艰苦，但他在较短时间内适应了新环境。

（一）情境中的问题：满堂灌

林伟老师被分到初三和高三教两个毕业班数学，同时担任初三班主任。为能成为一名“聪明”的教师，他认真备课，了解学生。他听从父亲的建议，没课的时候“搬着凳子”四处听课，观察和思考老教师的课。他渐渐发现“满堂灌”的问题，“老师是痛苦的，一讲就讲 45 分钟。学生也是痛苦的，不一定 45

分钟都能认真听课”。而且，老教师着重培养学生的解题能力，往往把数学课上成解题课而令学生十分厌烦。林伟老师认为解题技巧不是不重要，但不能为了讲题而讲题，从而牺牲了学生对数学的热爱。因此，他决定改革教学方法，并向校长提出了改革方案。校长对方案非常满意，并痛快地予以支持——“你要拿得出成绩”。不仅如此，当他把要进行改革的想法告诉学生的候，学生也一口答应：“伟哥，你怎么改我们都支持。”

（二）林伟老师的做法：提炼“学导法”

1991 年 9 月至 1994 年 5 月，林老师以实验班（学导法授课）和对比班（传统讲授法）的教学实验来探索课堂模式改革。反复调整实际教学操作规程，反思总结教学模式，总结出“学导法”模式。然而，林老师并没有止步于个人探索。他将此课堂教学模式推广到其他数学教师的课堂上，继续优化并细化，发展出“三二六”课堂教学模式、“三段五步”教学法、“四主五环节”等新的方法和程序，提出了“学导法”教学模式。同时，也实现了当时对校长的承诺，拿出了令人满意的成绩。

（三）适应性专长发展：兼顾效率与创新

林老师一到乌石中学就负责高中数学教学，第一年担任班主任工作，第二年接任团委书记，第三年担任政教处主任。同事们普遍认可林老师的快速晋升，都认为林老师“会说又会写”。林老师的适应性专长在四年的时间里也得到了快速的发展。首先，从认知方面来看，林老师能够在刚开始应工作时发现工作环境中所存在的问题，并且主动提出改革的建议。而且，他还善于从多种渠道寻求解决方法，迁移不同学科的知识，在课堂教学中灵活多变地采用不同方法。不仅如此，林老师非常重视让数据来说话，为及时了解学生们对于改革的态度和意见，进行了几次问卷调查，及时调整。其次，在元认知能力方面，林老师的做法能够兼顾效率和创新，在不改变以解题为主要教学内容的基础上丰富解题指导方法并将其拓展至对数学思维的培养。再次，在适应性倾向方面，年轻的林老师表现出很强的教育理想。“既然教书了，就要教出一个好的效果，不能成为一个庸俗平凡的教书匠。”他认为在工作中应该牢记“对家长高度负责，对党的教育事业高度负责”，加之他的个性不服输，认为自己是一个开心地“自讨苦吃”的教师。

二、快速成长（1995—2003）：不断学习，勤于反思

因为数学教改取得了显著成绩，1995 年 9 月，林老师被调到县级重点中学——雷州市第一中学任教，四年后又调到雷州市第二中学任副校长。这一阶段是林老师的快速成长期。“在世纪之交的飞速发展时期，我意识到自己只有不断地学习充实自己，反复实践提高，才能成为跨世纪的合格的人民教师。”他认为之前的“学导法”已不适合新的教学环境，又积极投入新一轮的创新，研究出“思维学导法”。

（一）情境中的问题：学生思维能力差

雷州市第一中学是县级重点中学，生源好，学生整体素质比较高。但林老师发现课堂上“教师讲得头头是道，学生听得津津有味，教学效果却并不理想”。于是林老师广泛开展问卷调查，发现“一是学生思维的广度不够，综合能力差；二是思维深度不够，分析能力差；三是思维变通性差，常受思维定势的束缚”。虽然乌石中学的问题和雷州市第一中学有一定的相似度，但雷州市第一中学学生的学习基础整体高于乌石中学。意识到之前的“学导法”不适用于雷州市第一中学，他萌生了继续“搞改革”的念头。

（二）林伟老师的选择：应对多变性课堂和新课改

“雷州市第一中学学生普遍基础好，所以要加大知识的容量，创造出新的适合学生的方法。”他将先前的“四主五环节”发展成“三主六环节”教学法，提出新的教改策略：一是加强启发诱导，调动学生思维的积极性；二是指导学生掌握正确的思维方法；三是完善学生的知识结构；四是培养学生的语言能力。当时的数学科组长了解他，非常支持他的教改。围绕着教改，林老师发表了教研论文。1998 年他被破格晋升为中学数学高级教师，成为广东省最年轻的中学高级教师，进而被提拔为雷州市第二中学的副校长。

除了行政工作，他还担任高三数学教学工作。他带领着老师搞教研，结合当时的启发式教学和目标教学，提出“思维学导法”，形成了“以导学为主线，启发式教学和目标教学结合”的整体手段。在雷州市第二中学开展的“思维学导法与学生素质培养的实验研究”项目，被中国教育学会确定为“十五”规划立项项目。实验班成绩也出现了历史性突破，高考数学科平均分高于当地重点

中学平均分。在这个阶段，林老师不断总结自己的改革实践，回忆这段时光，“心生感恩之情，在不同的职位能够得到不同的锻炼，正是这些压力，让我迅速成长了起来。而且，打交道的同伴对我的发展也有很大的影响”。

（三）适应性专长的发展：不断学习，勤于反思

在这一阶段，林老师的适应性专长得到进一步提升，其认知灵活性得到凸显。他并不照搬原来成功了的方法，而是开发新的方法以应对新的工作要求。在元认知方面，林老师不满足于现有的成绩，致力于不断提升自己的专业水平，认为“认真读有用的书，是成为学者型教师的日常功课”。他不断地看《中学数学教学能力》等教育学和心理学专著，订阅了多种教育类杂志，完成了1000万字的教育教学资料剪报。除此之外，林老师善于自我评估，把反思作为习惯，坚持写课后札记，“记载学生思维障碍和闪光的火花”，总结经验，改进教学。在适应性倾向方面，林老师能够主动挑战连自己都认为困难的任务，不满足于自己公开课的成绩，把概念课作为引入课，成功地完成了对自我的挑战。这个阶段，他对“要成为一名什么样的教师”有了新思考，从乌石中学时期的“超越自己，追求高尚”，发展为“追求高尚，追求卓越”。

这个阶段林老师获得了大量的“被动”的学习机会，被推荐参加市级公开课作为青年教师代表巡讲，受邀去大学讲座，这些机会一方面“逼着”林老师对自己的教学实践进行反思，另一方面也使他“感受到了集体对他的期待，同时也感受到了合作的魅力，促进了自己教学能力的快速成长”。林老师感慨万千地回忆当时激动的心情，被认可的成就感激励他进一步探索。林老师感性的改革环境与林老师不断奋进的努力相得益彰。推动着他的成长。

三、行至卓越（2003 至今）：形成个人理论

林伟老师于2003年被调入广东省发达城市深圳市的第二实验学校。深圳市第二实验学校作为课改实验学校，于2004年秋季启动新课改。在这期间，林老师历任教学处主任、科研处主任、教师发展处主任、校长助理和副校长，参与了学校课改的全过程。深圳市第二实验学校现已成为该市的一所重点实验学校。

（一）情境中的问题：初高中衔接不当

林伟老师发现深圳市第二实验学校学生在初高衔接时，出现数学成绩严重

滑坡，从而产生畏惧感，动摇数学学习信心的现象。“我发现造成这一现象的原因主要是初高中在学习内容、要求、思维和方法上的较大差异导致新高一学生对高中学习生活的种种不适应。”为了全体学生的全面发展，身为教学处主任的林老师认为高一数学教学的首要任务是做好初高中教学的衔接，包括教材教学内容、学习方法、学习心理的衔接等。

（二）林伟老师的做法：项目驱动引领校本教师发展

针对新学校新问题，林老师以项目驱动带领其他老师开展了“初高中过渡阶段数学学习状况分析及教学探究”，并出版了教材《初高中数学衔接教程》。同时，他成立课程建设委员会，建构校本课程体系，并且进一步建设学校教学文化。“与时代变化相契合，我提出了‘思维表达’型数学课堂，在学习过程中诸要素配置合理和谐的基础上，通过教师、学生、课堂之间的思维性对话产生互通，以培养学生的数学思维品质，构建高效课堂学习环境，实现从掌握知识与能力到提升思维与智慧的转向。”

（三）应性专长的发展：形成个人理论

林伟老师的教学成果得到了肯定，也因此获得了一系列的荣誉和奖项。其适应性专长在这个阶段仍然处于成长的状态。在认知方面，面对社会发展对教育的改革要求，他更加强调主动学习的重要性，“也没有人来教，所以这时候必须要看书，借鉴和整合别人的经验，然后再创造出来”。而且，他认为及时的反馈和调查才能使“课程保持勃勃生机和无穷活力”。更重要的是，在这个阶段他表现出明显的知识建构的旨趣，凝练出“为学而教，为理解而教”的教育理念。“为学而教，不教之教”，他将这句朗朗上口的理念挂在自己的办公室。在元认知方面，林老师自我评估的习惯也日益凸显，经常反思和总结名师何以成为名师，他认为教师首先要注意学习理论，其次要用实践来证明学过的理论。他用“雄鹰”来比喻教师的学习，要飞得高、飞得远，一个是理论学习，一个是课堂实践，这两只翅膀一定要硬，并且对教师的学习提出了“学习—实践—再学习—再实践”的模式化的路径。

在知识运用过程中，适应性专家能够兼顾效率和创新，因此适应性专长被看作一位专业人士的黄金法则。林伟老师作为我国课程改革发展历程中卓越教师的代表，能够主动地识别教学工作环境中的差异，尤其是把握新课改对教师教学工作提出的不同于以往的工作要求，不断地采用新的方案方法有效地、创发性地完成新的工作任务，是具备适应性专长的专家教师。

林伟老师的适应性专长具有如下特征：在认知方面，林老师表现出高度的认知灵活性，不满足于单一的解决方法，能够顺畅地迁移运用不同领域的知识，并且在整合既有经验的基础上提出创新的方法。在元认知方面，林老师表现可以极强的反思主动性，善于评估自己的思考和学习方式。这使得他不仅对自己，而且对学生也能从元认知的层面设置学习目标。并且，林老师还突出表现了以数据为本的思维方式，每次改革都以调查为前提。不仅如此，他还主动提炼个人教学理论。这些都是适应性专家必备的能力特征。而在适应性倾向方面，林老师不仅不会抵触频繁的教育改革，还认为改革给师生的成长创造了条件，在30多年的工作中，他对于接受新知、改变自我始终抱有开放积极的态度，自我发展的目标非常明确。从“合格的老师”到“学者型教师”再到“卓越教师”，他不断地拓展自我成长的目标。而在这个过程中，他始终把学生的发展当作改革的首要动力，正是对学生、对家长、对国家的教育工作强烈的责任感和使命感，不断激励着林伟老师持续改进，而这恰恰是教育情境区别于一般领域适应性专长研究所具有的价值基础，也是后期研究可以进一步拓展的方向。

尽管难以将林伟老师适应性专长发展悉数道来，但研究者和林老师在叙事探究中，一起谱写出新的生命经验的乐曲，某一乐章、某一旋律一触动到听众，将引起“启发”和“点头”，进而再次将新的经验纳入生命当中。正如林老师所说：“我不是停留在静态的知识传递的状态，而是处于一种人生体验的过程，一种生命活动的感同身受。”

摘自《全球教育展望》（2021年9月）（略有改动）

参考文献

[1] 徐世贵．教师快速成长的10个要诀［M］．天津：天津教育出版社，2017.

[2] 蒋宗尧．优秀教师修炼之道［M］．上海：华东师范大学出版社，2011.

[3] 刘长春，张文娣．中学数学变式教学与能力［M］．山东：山东教育出版社，2001.

[4] 乌美娜．教学设计［M］．广东：高等教育出版社，1994.

[5] 索桂芳．论课程教学设计［M］．河北：河北师范大学出版社，2001.

[6] 李兴贵，蒲大勇．数学教师“教”之“意蕴”［M］．北京：科学出版社，2017.

[7] 吴小玲．教师如何做好课堂教学设计［M］．吉林：吉林大学出版社，2008.

[8] 刘成伦．卓越班主任的修炼之道［M］．北京：北京时代华文书局出版社，2017.

[9] 赵国庆．思维教学研究百年回顾［J］．现代远程教育研究，2013（6）．

[10] 朱智贤，林崇德．思维发展心理学［M］．北京：北京师范大学出版社，1986.

[11] R. J. 斯腾伯格．成功智力［M］．吴国宏，等译．上海：华东师范大学出版社，1999.

[12] 安彩凰．我愿在这片沃土上耕耘［J］．北京教育，1995（9）．

[13] 徐世贵．科学求索世界，躬行历练人生——回眸我的专业化成长历程［J］．中小学教师培训，2013（3）．

[14] 孔企平. 西方数学教育中“Numeracy”理论初探［J］. 全球教育展望，2001（4）：56－59.

[15] 张奠宙，李士锜，李俊. 数学教育学导论［M］. 北京：高等教育出版社，2004.

[16] 高文. 学习科学的关键词［M］. 上海：华东师范大学出版社，2009：12.

[17] 李曼丽，丁若曦，张羽，等. 从认知科学到学习科学：过去、现状与未来［J］. 清华大学教育研究，2018，39（4）：29－39.

[18] 白改平，褚海峰. 目标设计步骤及其注意问题［J］. 中学数学教学参考（上旬），2009（01－02）.

[19] 冯光庭. 高中数学新课程高效创新教学法［M］. 武汉：武汉大学出版社，2008：85－86.

[20] 袁景涛，李时建，吕传汉. 基于培育数学核心素养的行动教学课例研析［M］. 上海：华东师范大学出版社，2019：103.

[21] 熊维壮. 高品质课堂的教师追求［J］. 教育科学论坛（上旬），2019（9）.

[22] 刘长铭. 我心中的好课有四个标准［J］. 课程教材教学研究（中教研究），2015（11）.

[23] 王光明，张楠，周九诗. 高中生数学素养的操作定义［J］. 课程. 教材. 教法，2016，36（7）：50－55.

[24] 陈松坡. 刍议新课程理念下的数学课堂教学设计［J］. 辽宁教育，2003（12）.

[25] 梁培军. 信息反馈在课堂教学中的实际操作［J］. 河南教育，2004（8）.

[26] 林伟. 思意数学——林伟数学教学研究［M］. 吉林：世界图书出版公司，2019.

[27] 林伟. 如何培养学生“会学”［N］. 教育导报，1992（6）.

[28] 林伟. 迁移在数学教学中的应用［N］. 教育导报，1992（8）.

[29] 林伟. 数学总复习中如何提高学生的思维能力［J］. 中学教师之友，1994（2）.

[30] 林伟. 寻找“数”与“道”的结合点［N］. 德育报，1994（4）.

[31] 林伟．“以题带本”复习法的尝试［J］．中学生理科应试，1994（7）．
[32] 林伟．数学教学中寻求育人的最佳结合点［N］．德育报，1994（9）．
[33] 林伟．函数总复习中的点拨式教学［N］．广东招生报，1995（1）．
[34] 林伟．数学教学中情感因素培养“四法”［N］．德育报，1995（2）．
[35] 林伟．数学教学中培养学生思维能力探讨［J］．湛江师院学院学报，1995（3）．
[36] 林伟．谈高三数学复习的几点体会［J］．湖南数学通讯，1996（4）．
[37] 林伟．数学教学引发学生思维的方法［N］．教学研究报，1996（11）．
[38] 林伟．数学教学中渗透创造性思维训练的尝试［J］．数学通报，1997（8）．
[39] 林伟．数学教学论［M］．四川：西南师范大学出版社，2001.
[40] 林伟．高中数学课堂教学有效策略实践与研究［J］．教师教育研究，2010.
[41] 林伟．思维学导式数学教学模式的探索与实践［J］．数学教学通讯，2013（2）．
[42] 林伟．师者行者——一位正高级教师教育教学研究与实践［M］．北京：光明日报出版社，2015.
[43] 林伟．思维学导式数学教学概论［M］．北京：光明日报出版社，2017.
[44] 林伟．在实践中积淀教育智慧［M］．江西：江西高校出版社，2017.
[45] 林伟．在研究中寻找数学真谛［M］．长春：东北师范大学出版社，2017.
[46] 林伟．“思维表达型”数学课堂的构建与实践［J］．数学教学通讯，2018（8）．
[47] 林伟．思意数学教学的实践探索［J］．数学教学通讯，2019（2）．
[48] 林伟．基于核心素养的思意数学课堂构建与实践［J］．数学教学通讯，2019（9）．
[49] 林伟．“强攻”不如“善退”［J］．中学教研，1995（07－08）．
[50] 林伟．培养数学问题意识和问题思维的教学实践［J］．教学与管理，1997（11）．
[51] 林伟．数学素质教育探索［J］．数学教师，1997（1）．

[52] 林伟. 注意挖掘数学中的美育因素 [J]. 中学数学研究, 1992 (9).
[53] 林伟. 习题教学探讨 [J]. 数学通报, 1996 (3).
[54] 林伟. 思意数学——林伟数学教学研究 [J]. 高等教育前沿, 2019 (8).
[55] 林伟. 高考数学试题中有关不等式题型及其解法评析 [J]. 理科考试研究, 1997 (11).
[56] 林伟. 思维学导式数学教学的基本内涵及其操作 [J]. 数学教学通讯(下旬), 2017 (2).
[57] 林伟. "三主六环节" 教学法研究与实践 [J]. 现代中小学教育, 1997 (2).
[58] 林伟. 构建"三二六"课堂教学模式, 提高课堂教学效率的实验与研究 [J]. 承德民族师专学报通讯, 2000 (6).
[59] 林伟, 罗朝举. "思意数学" 六种课型教学模式构建与探索 [J]. 数学教学通讯(下旬), 2020 (5).
[60] 陈峥嵘, 邱云萍, 莫少勇, 林伟. 思意数学教学设计与课堂教学实践 [J]. 数学教学通讯(下旬), 2020 (5).
[61] 林伟. 以名师工作室为引领, 构建教师发展共同体 [J]. 广东教育, 2018 (12).
[62] 林伟, 罗朝举, 陈峥嵘. "思意数学" 复习课教学模式构建与实践 [J]. 中学教研(数学), 2020 (7).
[63] 林伟, 罗朝举, 陈峥嵘. "思意数学" 习题课教学模式构建与实践 [J]. 中学教研(数学), 2020 (10).
[64] 林伟. 思意数学的探索与实践 [J]. 广东教育, 2020 (10).
[65] 林伟. 思意数学的教学理论探索与实践路径 [J]. 中学数学杂志, 2020 (11).
[66] 陈峥嵘, 罗朝举, 林伟. "思意数学" 讲评课教学模式构建与实践 [J]. 数学教学通讯(下旬), 2021 (3).
[67] 陈峥嵘, 林伟. "思意数学" 课题研究课教学模式构建与实践 [J]. 数学教学通讯(下旬), 2021 (5).

[68] 林伟，罗朝举，陈峥嵘．“思意数学”概念课教学模式构建与实践［J］．中学教学参考，2021（6）．

[69] 方观生．岭南教育之光——岭南名师教学主张［M］．广州：南方日报出版社，2021.

[70] 林伟．“思意数学”的课型与课堂教学实施［J］．教学与管理，2021（11）．

[71] 林伟. 追梦：“思意数学”人生［J］．南粤名师，2022（4）．

后　记

回望教林三十余载，行走人生，安安静静读书、认认真真教书、实实在在写书、踏踏实实做事，虽没有惊心、没有动魄，但也绝不是单调枯燥的重复，我越来越向往丰富的简单生活的思意。所幸终于走进了一个实实在在、豁然开朗的过程，以无为的心态去进行有为的追求，一个过程就开辟了一个领域，一个领域就别有一番天地。在平凡的岗位上，用心在所做、该做、爱做、能做的事情上，在有限的区间里求最大值。

遥望三十多年教育教学生涯，“衣带渐宽终不悔，为伊消得人憔悴。”苦乐两相随，怀着对教育的淳朴守望，找到激情和信心，历练教育的胆识与底气，继而磨砺出直面教育人生的从容与自信，用教育智慧不断积淀职业的幸福力，是我真正走得远的原因，于是也想总结一下过往，产生一些超拔的思意。“物有甘苦，尝之者识；道有夷险，履之者知。”教学生涯凝聚了我太多起起伏伏的生活际遇，我也试图找到一个更好的方式去把握自己思想和感情的脉搏。其实不管是春暖秋瑟，还是大喜悦、大悲凉，人在其间总得要停顿下来闭闭眼，听听心跳，回归于思考的境界，求得理性的严峻。“人生万事须自为，跬步江山即寥廓。”特别是近几年来，我感觉自己面对教育，增加了一些理性思考，也许是这些年来承担国家、省、市一些项目的研究工作，“学所以益才也，砺所以致刃也。”想将自己的教育主张整理成体系写出来，将自己怎样成为一名优秀教师的经历与体会写出来，正是在这种感慨下，我整理出了《思意数学教学论》，这是《思意数学——林伟数学教学研究》《“思意数学”让学生在实践中领悟数学意涵》的姐妹之作，供有志于成为一线优秀教师的年轻老师参考借鉴。

《思意数学教学论》结集之际，衷心感谢人民教育出版社中数室主任、编审，中国教育学会中学数学教学专业委员会副理事长，人教版初中、人教 A 版高中数学教材副主编李海东；广东省教育研究院数学教研员、研究员吴有昌；深圳大学教授、深圳市数学学会理事长张文俊分别为本书作了序言，感谢东莞市第十高级中学罗朝举老师、英德市英德中学林丽华老师提供了教学设计，并付诸实践，感谢赵兰在百忙之中对书稿修改、润色，并提出很多宝贵意见，感谢《教育家》记者李香玉，《南方都市报》记者何思敏，《课堂内外》记者彭一皓，华南师范大学王晓莉、赵兰对我的研究成果进行报道，感谢恩师邱良儒为本书题字，感谢多年来始终给予我信任、鼓励与帮助的领导、同事、朋友、学生和家人，想必他们也都会为此而感到快乐和欣慰。

在撰写本书的过程中，笔者查阅了大量的书籍资料及网上资源，吸收了其中的一些成果或观点，在此向一些学者老师表示感谢。

由于水平有限，本书尚有许多不妥之处，敬请读者批评指正。

林 伟

2022 年 11 月 20 日